Interpretationen

Gedichte von Heinrich Heine

Interpretationen

Gedichte von Heinrich Heine

Herausgegeben von
Bernd Kortländer

Philipp Reclam jun. Stuttgart

Universal-Bibliothek Nr. 8815

Gesamtherstellung: Reclam, Ditzingen. Printed in Germany 1995

ISBN 3-15-008815-1

Inhalt

Vorbemerkung

»Ich habe es, wie die Leute sagen, auf dieser schönen Erde zu nichts gebracht. Es ist nichts aus mir geworden, nichts als ein Dichter. Nein, ich will keiner heuchlerischen Demuth mich hingebend diesen Namen geringschätzen. Man ist viel, wenn man ein Dichter ist, und gar wenn man ein großer lyrischer Dichter ist in Deutschland, unter dem Volke, das in zwey Dingen, in der Philosophie und im Liede, alle andern Nazionen überflügelt hat.« (*Geständnisse*, DHA 15,55) Mit dieser nicht ohne hörbares Tremolo vorgetragenen Selbsteinschätzung als Lyriker war es Heine sehr ernst. Auch für sein Grab wünschte er sich nur den Satz: »Hier ruht ein deutscher Dichter.« (*Lutezia*, DHA 14/2,84) Und in der Tat ist es insbesondere die Lyrik, genauer gesagt: ein bestimmter Teil seiner lyrischen Produktion, dem Heine sein Renomée in der Weltliteratur verdankt. Berühmt ist er, aufs Ganze gesehen, vor allem als Verfasser stimmungsvoll-gebrochener Lieder voller Schmelz und Musikalität, als herausragender deutscher Vertreter der europäischen Romantik. Sogar die permanente Krise der Heine-Rezeption in Deutschland ließ den Liederdichter Heine weitgehend unberührt. Schon Karl Kraus bemerkt in seinem Essay *Heine und die Folgen* (1910), daß dasselbe Bürgertum sich in wüstem Antisemitismus ergehen und wenig später von Heine-Liedern zu Tränen rühren lassen konnte. Selbst in den dunkelsten Zeiten der Naziherrschaft blieb der Dichter von *»Ich weiß nicht was soll es bedeuten«*, *»Du bist wie eine Blume«* oder *»Leise zieht durch mein Gemüt«* lebendig im Bewußtsein der Deutschen, wobei die Berichte von der Unterschrift »Dichter unbekannt« unter dem Text der »Loreley« wohl kaum mehr sind als ein ›bewältigungs-strategisch‹ ausgestaltetes Aperçu (vgl. Anm. auf S. 53). Auch in unseren literaturfernen Medienzeiten sind, wie eine *Spiegel*-Umfrage (Heft 51, 1994) gezeigt hat, die

Eingangszeilen der »Loreley« noch bei 35 %, der Name des Verfassers allerdings nur bei 14 % der Deutschen bekannt. Wenn heute auch die politischen, zeitkritischen Seiten von Heines Lyrik – und nicht nur von dieser – positiv gesehen werden (wie dieselbe Umfrage zeigt, kennen immerhin 28 % der Deutschen das *Wintermärchen*, wobei allerdings 70 % Ostdeutsche den 14 % Westdeutschen aufhelfen müssen), so ist das vor allem eine Entwicklung der letzten 25 Jahre und für den Gesamtverlauf der Heine-Rezeption ganz und gar untypisch.

Ein wesentlicher Punkt in der Wirkungsgeschichte gerade der Gedichte aus dem *Buch der Lieder* und dem Zyklus *Neuer Frühling* aus den *Neuen Gedichten* ist ohne Zweifel die unglaubliche Zuneigung der Musiker zu diesen Texten. Über 10 000 Heine-Vertonungen sind gezählt worden, und es gibt kaum einen bekannten Liederkomponisten zwischen Franz Schubert und Günther Bialas, der sich nicht wenigstens einmal an einem Heine-Lied versucht hätte. Neben der schieren Masse sind es selbstverständlich insbesondere Schuberts Lieder, Schumanns Zyklus *Dichterliebe* und die Vertonungen durch Mendelssohn Bartholdy und Brahms, die heute für eine ständige weltweite Präsenz Heinescher Texte in Konzertsälen und Rundfunkprogrammen sorgen.

Nun verfügte Heine, wie man weiß, neben dem romantischen Ton über verschiedene andere Möglichkeiten lyrischen Sprechens und hat diese Möglichkeiten vielfältig eingesetzt. Beispiele dafür, wie etwa die beiden Balladen *Belsatzar* und *Die Grenadiere*, oder *Nachtgedanken* und *Die schlesischen Weber*, um nur einige zu nennen, sind neben Heine-Liedern seit je weit verbreitet in Anthologien und im Lesepublikum verwurzelt. Die professionellen Textexegeten haben denn auch bei der Interpretation einzelner Heine-Gedichte nicht dieselbe Einseitigkeit walten lassen wie die Musiker, aber auch bei weitem nicht deren Emsigkeit gezeigt. Blättert man in den drei vorliegenden Heine-Bibliographien bzw. in den bibliographischen Verzeichnissen der *Heine-Jahrbücher*, so wird man bald feststellen, daß im Vergleich zu der seit den 70er Jahren sintflutartig angeschwollenen Gesamtzahl der schriftlichen Äußerungen zu Heine die Interpretationen von Einzelgedichten durchaus im überschaubaren Rahmen geblieben sind. Die von Siegfried Seifert und Albina A. Volgina herausgegebene *Heine-Bibliographie 1965–1982* (Berlin/Weimar 1986) etwa weist unter 3117 Titeln nur etwa 150 Einzelinterpretationen zu Gedichten nach. Ein Unternehmen wie das vorliegende Buch, also einen Sammelband, der nur Gedichtinterpretationen enthält, hat es bislang in der Heine-Forschung noch nicht gegeben.

Heine hat insgesamt vier Gedichtsammlungen publiziert (in Klammern die Zahlen der darin gedruckten Gedichte, wobei die Texte der Zyklen jeweils einzeln gezählt sind): 1827 das *Buch der Lieder* (243); 1844 die *Neuen Gedichte* (181); 1851 den *Romanzero* (62); 1854 im Rahmen der *Vermischten Schriften* die *Gedichte. 1853 und 1854* (33). Zu den in diesen Sammlungen gedruckten Gedichten kommen aus deren Umkreis 227 zum größten Teil bei Lebzeiten des Autors gänzlich ungedruckt gebliebene Texte. Wenn die zahlenmäßige Verteilung im vorliegenden Band (*Buch der Lieder*: 3; *Neue Gedichte* und Umkreis: 7; *Romanzero* und Umkreis: 3; *Gedichte. 1853 und 1854*: 1) die *Neuen Gedichte* zu bevorzugen scheint, so hat das seinen Grund in der besonderen Vielfalt dieses Bandes, der eine Art Scharnier ist zwischen den frühen und den späten Heine-Gedichten. Mit dem Zyklus *Neuer Frühling* umfaßt er noch den *Buch der Lieder*-Ton, den Ton des ›deutschen Heine‹ der 20er Jahre vor der Übersiedlung nach Paris im Mai 1831. Dieser Ton wird dann in den *Neuen Gedichten* selbst – zum Beispiel mit den *Verschiedenen* – bereits aus der Perspektive neuer Erfahrungen in der französischen Hauptstadt, dem »Gipfel der Welt«, wie Heine sagt, kritisiert. Mit den *Zeitgedichten* im selben Band mischt Heine sich schließlich in die aktuelle Lyrikdebatte im Deutschland der 1840er Jahre ein. Gedichte wie die Personalsatire auf den preußischen König *Der Kaiser von China* oder das melancholische »*Wo wird einst des Wandermüden*« könnten bereits ebenso gut dem *Romanzero* entstammen.

Der Blick auf die bisherige Rezeption zeigt, daß bestimmte Gedichte immer wieder im Mittelpunkt des Interesses von Lesern und Interpreten stehen. Ihnen konnte und wollte auch dieser Band nicht ausweichen. Von den Texten, die in ihm besprochen werden, gehören zu dieser Gruppe: *Die Grenadiere*, »*Ich weiß nicht, was soll es bedeuten*« (aus dem *Buch der Lieder*); »*Leise zieht durch mein Gemüt*«, *Doktrin*, *Nachtgedanken*, *Die schlesischen Weber* (aus den *Neuen Gedichten* und ihrem Umkreis); *Das Sklavenschiff*, *Die Wanderratten* (aus dem *Romanzero* und seinem Umkreis). Auch die Gedichte »*Das ist der alte Märchenwald*«, »*Wo wird einst des Wandermüden*« und *Enfant perdu* sind der Kategorie der bekannten Texte zuzuordnen, vielleicht nicht ganz so verbreitet wie die zuerst genannten (immerhin werden Verse aus dem zweiten Gedicht häufig auf Todesanzeigen zitiert). Weniger im Zentrum eines populären Heine-Interesses steht »*Auf diesem Felsen bauen wir*« aus der Abteilung *Verschiedene* der *Neuen Gedichte*, das dafür im literaturwissenschaftlichen Diskurs eine prominente Rolle spielt. Die beiden Gedichte *Der Kaiser von China* und »*Wie langsam kriechet sie dahin*« stehen hier stellvertretend für die personalsatirischen Gedichte der beiden letzten Gedichtsammlungen bzw. für die späte Lyrik der Matratzengruft, die in ihrer ganz einzigartigen Mischung aus existentieller Qual und spielerischer Ironie bisher nicht angemessen gewürdigt wurde.

Die Auswahl versucht, einen breiten Blick auf die verschiedenen Möglichkeiten von Heines lyrischer Sprache zu geben. Es finden sich Beispiele für den stimmungsvollen ebenso wie für den reflexiven und den erzählenden Ton; für die komische niedrige und die pathetische hohe Lage; für kurze und lange, sehr musikalische und recht prosaische Texte; für Lieder und Balladen, Fabeln und Satiren.

Was diese Auswahl dagegen nicht versucht, ist die Etablierung eines neuen Kanons von Heine-Gedichten. Wie schreibt Heine in der *Romantischen Schule*: »Die Geschichte der Literatur ist eben so schwierig zu beschreiben wie die Naturgeschichte. Dort wie hier hält man sich an die besonders hervortretende Erscheinungen.« (DHA 8/1,216)

B. K.

Das ist der alte Märchenwald!
Es duftet die Lindenblüte!
Der wunderbare Mondenglanz
Bezaubert mein Gemüte.

Ich ging fürbaß, und wie ich ging,
Erklang es in der Höhe.
Das ist die Nachtigall, sie singt
Von Lieb und Liebeswehe.

Sie singt von Lieb und Liebesweh,
Von Tränen und von Lachen,
Sie jubelt so traurig, sie schluchzet so froh,
Vergessene Träume erwachen.

Ich ging fürbaß, und wie ich ging,
Da sah ich vor mir liegen,
Auf freiem Platz, ein großes Schloß,
Die Giebel hoch aufstiegen.

Verschlossene Fenster, überall
Ein Schweigen und ein Trauern;
Es schien als wohne der stille Tod
In diesen öden Mauern.

Dort vor dem Tor lag eine Sphinx,
Ein Zwitter von Schrecken und Lüsten,
Der Leib und die Tatzen wie ein Löw,
Ein Weib an Haupt und Brüsten.

Ein schönes Weib! Der weiße Blick,
Er sprach von wildem Begehren;
Die stummen Lippen wölbten sich
Und lächelten stilles Gewähren.

Die Nachtigall, sie sang so süß –
Ich konnt nicht widerstehen –
Und als ich küßte das holde Gesicht,
Da war's um mich geschehen.

Lebendig ward das Marmorbild,
Der Stein begann zu ächzen –
Sie trank meiner Küsse lodernde Glut,
Mit Dürsten und mit Lechzen.

Sie trank mir fast den Odem aus –
Und endlich, wollustheischend,
Umschlang sie mich, meinen armen Leib
Mit den Löwentatzen zerfleischend.

Entzückende Marter und wonniges Weh!
Der Schmerz wie die Lust unermeßlich!
Derweilen des Mundes Kuß mich beglückt,
Verwunden die Tatzen mich gräßlich.

Die Nachtigall sang: »O schöne Sphinx!
O Liebe! was soll es bedeuten,
Daß du vermischest mit Todesqual
All deine Seligkeiten?

O schöne Sphinx! O löse mir
Das Rätsel, das wunderbare!
Ich hab darüber nachgedacht
Schon manche tausend Jahre.«

Bernd Kortländer

Die Sphinx im Märchenwald

I

Die Vorrede ist eine Textform, die Heine wie kein anderer beherrschte. Seine Vorreden legen Spuren zum Verständnis und stiften Zusammenhänge. Die Interpretation des Gedichts in der *Vorrede zur 3. Auflage* des *Buchs der Lieder* von 1839 paßt deshalb gut an den Anfang dieses Sammelbandes, der Beiträge zu zeitlich und thematisch sehr verschiedenen Gedichten enthält. Heine hat seine Vorreden meist erst nachträglich geschrieben; Vorworte sind sie nur von ihrem Ort in den Büchern her. Das hängt damit zusammen, daß die Texte oft schon erschienen waren, in Zeitungen, Zeitschriften oder Separatausgaben und dann erst in Buchausgaben gesammelt und bevorwortet wurden. Dieser mehr zufällige Zusammenhang hat Folgen für die Schreibhaltung, aus der die Vorreden entstehen. Heine schrieb wie sein eigener Leser, betrachtete die Texte von einer nicht nur zeitlich, sondern auch gedanklich distanzierten, erhöhten Position aus. Er gab Hinweise auf Entstehungszusammenhänge, konnte es sich leisten, entschuldigend auf kleinere Flüchtigkeiten oder zeitbedingte Besonderheiten hinzuweisen und machte Andeutungen über das rechte Verstehen.

Im vorliegenden Fall wird das durch die besondere Struktur der Gesamtvorrede, die sich aus dem Gedicht und einem folgenden kurzen Prosastück zusammensetzt, zusätzlich kompliziert. Im Prosateil beklagt sich Heine beim Musengott Apollo, daß er sich »seit so vielen Jahren nicht mehr vorzugsweise mit Maaß und Gleichklang der Wörter beschäftigen konnte«, vielmehr »die Flamme, die einst in brillanten Feuerwerkspielen die Welt ergötzte, plötzlich zu weit ernsteren Bränden« verwenden mußte (DHA 1/1,15). Das ist ein deutlicher Hinweis an den Leser, der sagen will, daß in Heines Gegenwart die Prosa des politischen, philosophischen, religiösen, ästhetischen Kampfes die Beschäftigung mit Versen weitgehend verdrängt hat. Und tatsächlich hatte im Verlauf der 30er Jahre die lyrische Produktion gegenüber den 20er Jahren abgenommen. Prosaarbeiten wie *Französische Zustände, Die Romantische Schule, Zur Geschichte der Religion und Philosophie in Deutschland* traten in den Vordergrund. Andererseits hatte Heine in den 30er Jahren kontinuierlich weiter gedichtet, immer wieder auch Gedichte publiziert – so die Gruppe der *Verschiedenen* im ersten *Salon*-Band von 1834 – und dann für das Jahr 1838 ein größeres Comeback als Lyriker versucht. Im Januar 1838 war ein Manuskript mit dem Arbeitstitel »Nachtrag zum Buch der Lieder« bzw. »Buch der Lieder. Zweiter Band« nach Hamburg abgeschickt worden (vgl. Francke; DHA 2). Dieser Publikationsplan scheiterte an den Bedenken und Zensurängsten des Verlegers Julius Campe und seiner Berater, mit dem Redakteur und ehedem jungdeutschen Skandalautor Karl Gutzkow an der Spitze. Es kam zu Auseinandersetzungen, von Heine in den *Schriftstellernöthen* dokumentiert, die sich bis weit in das Jahr 1839 hinzogen. Heines zweiter Lyrikband konnte schließlich erst 1844 unter dem Titel *Neue Gedichte* erscheinen, aber noch immer behauptete ihr Autor, sie seien »wohl als der zweite Theil des *Buchs der Lieder* zu betrachten« (DHA 1/1,567).

Heines intensives Bemühen um den zweiten Lyrikband wie auch seine freudige Anteilnahme an der raschen Abfolge der beiden Neuauflagen des *Buchs der Lieder* von 1837 und 1839 (Brief an Campe, 23. Januar 1839; HSA 21,303 f.) zeigt, daß ihm daran gelegen war, als Lyriker im Bewußtsein des Publikums präsent zu bleiben. Er nahm deshalb unter den gegebenen Umständen um so lieber die Gelegenheit der Vorrede zu dieser 3. Auflage zum Anlaß, seine Ambitionen nachdrücklich und vor allem in lyrischer Form zu unterstreichen.

Das Gedicht entstand im Januar 1839 und ging noch im

selben Monat an den Verlag. Die 3. Auflage des *Buchs der Lieder* wurde im August 1839 ausgeliefert; fast gleichzeitig, am 3. September, erschien der Text unter dem Titel *Die Liebe* in der *Zeitung für die elegante Welt*, damals Heines Hauptorgan auch in der Auseinandersetzung mit den Hamburger Gegnern. Im überlieferten Manuskript trug es noch den Titel »Die Sphynx«.

II

Schon von den Entstehungshintergründen und dem Ort innerhalb des Gesamtwerks her ergibt sich ein erster Zugang zum Gedicht. Ganz offenbar beugt sich sein Autor aus einer gegenüber der Schreibsituation der Gedichte im *Buch der Lieder* sehr veränderten Position zurück über die frühe Lyrik und fixiert Elemente seiner Lektüreerfahrung mit den eigenen Texten: Erfahrungen, die sowohl das früher Geschaffene bestätigen wie auch die Veränderungen und Erweiterungen reflektieren, die sich seitdem ergeben haben. Reich-Ranicki spricht von einer »nachträglich komponierten Ouvertüre, die schon die wichtigsten Motive der Oper vorwegnimmt« (S. 10).

Heine hatte in der Vorrede zur 2. Auflage des *Buchs der Lieder* von 1837 bereits vehement auf dem Zusammenhang aller seiner Schriften bestanden und in den *Geständnissen* aus der Rückschau diesen grundlegenden Zusammenhang im Blick auf seine Lyrik mit dem Satz beschrieben, er sei trotz seiner »exterminatorischen Feldzüge gegen die Romantik [. . .] doch selbst immer ein Romantiker« geblieben, und mit ihm werde »die alte lyrische Schule der Deutschen geschlossen, während zugleich die neue Schule, die moderne deutsche Lyrik«, von ihm eröffnet werde (DHA 15,13). Dieses Grundmuster vom Oszillieren zwischen »tödlichsten Schlägen« und »unendlicher Sehnsucht« (ebd.) im Verhältnis zur romantischen Poesie ist für das »Sphinx«-Gedicht mit zu bedenken.

Gleich mit dem ersten Vers eröffnet Heine dem Leser ganz verschiedene Perspektiven. Zum einen führt er ihn in eine Sphäre des Phantastischen, des Imaginären, Poetischen, verpflanzt ihn aus der historischen Welt der Realitäten in die ahistorische des Märchens, des Magisch-Mythischen, in das ›tausendjährige Fabelreich‹ der Romantik, aus dem er buchstäblich erst mit der letzten Zeile des Gedichts (»manche tausend Jahre«) wieder entlassen wird. Dabei stiftet die erste Zeile den Übergang von der rückerinnernd vorausgesetzten Lektüre des *Buchs der Lieder* zur Reflexion auf die Lektüre in diesem Gedicht: Der »Märchenwald« verweist – genau wie das einleitende »Das ist [. . .]« – einerseits auf den Raum, den die Gedichte des »Liederbuches« abstecken, andererseits aber auch bereits auf den Raum, in dem sich der Leser des Gedichts selbst wiederfindet. Dieser Raum des Gedichts wird im Verlauf der ersten Strophe weniger beschrieben als durch Merkwörter evoziert: Die komplette Strophe besteht aus einer Ansammlung solcher Merk- und Stichwörter: »Märchenwald«, »Lindenblüte«, »Mondenglanz«, »alte«, »wunderbare«, »duftet«, »bezaubert« und schließlich »Gemüte« als, mit Droste-Hülshoffs gleichnamigem Gedicht zu reden, »der Seele Iris« sind typische, zugleich ausgesprochen abgenutzte Ingredienzien des Romantischen. Die Häufung sowohl wie der bloß vorzeigende Gestus unterstreichen den Verweischarakter dieser Strophe: Ziel ist nicht historisch fixierbare Erinnerung, sondern Beschwörung eines ganz bestimmten Bildarsenals. Die Kulissen stehen, die Hauptpersonen können auftreten.

Gleichzeitig ist die erste Strophe Brücke von Frankreich nach Deutschland, dem Land der »Lindenblüte« und der »Nachtigall«, dem Land, »das in zwey Dingen, in der Philosophie und im Liede, alle andern Nazionen überflügelt hat« (*Geständnisse*, DHA 15,55). Heine nimmt sowohl die Situation der sich zurückerinnernden Vorrede wie seine persönliche Lage als Emigrant in Paris auf – die Vorrede trägt die Unterschrift »Geschrieben in Paris [. . .]«. Das Wiedereintauchen in den »alten Märchenwald« bei der Lektüre der Jugendgedichte ist zugleich eine Wiederbegegnung mit dem romantischen Deutschland.

Dieses Wiedereintauchen erfolgt im übrigen zugleich auf der Ebene der Form des Gedichts. Heine bedient sich einer leicht variierten Form der Chevy-Chase-Strophe, einer frei gefüllten, zwischen Vier- und Dreihebern alternierenden Strophe mit dem Reimschema abcb, die für balladeske, eine Geschichte wiedergebende Stücke schon im *Buch der Lieder* häufig Verwendung findet (vgl. in diesem Band den Beitrag von Perraudin). Sie ermöglicht es ihm, jene rhythmischen und klanglichen Effekte zu erzielen, die für ihn das Wesen des lyrischen Sprechens ausmachen: Wohllaut, Zäsur, Musikalität des Reims (DHA 10,327 f.). Heine zieht noch einmal alle sprachlichen und rhetorischen Register sowohl auf der klanglich-lautlichen, der Bild- wie auf der Wortebene und erreicht tatsächlich jene Dichte und jenen Schmelz, die die Texte z. B. der *Heimkehr* auszeichnet.

Verfolgen wir jetzt zunächst den Auftritt der Hauptperson mit Beginn der zweiten Strophe: das lyrische Ich durchschreitet den zuvor entworfenen Raum. Diese Bewegung ist ein weiterer Verweis auf die besondere Situation des Gedichts als Vorwort zu einer Gedichtsammlung. In ihr bildet sich das Sichzurückbeugen des Autors als Leser auf die Gedichte des *Buchs der Lieder* ab: der Leser wandert mit dem lyrischen Ich in den »Märchenwald« hinein, folgt ihm in die märchenhafte Welt der poetischen Texte. Dieses Motiv der Wanderung (vgl. das wiederholte »ich ging« in V. 5) durch den »Wald« als poetischen Raum spiegelt ganz den Stil des *Buchs der Lieder* (vgl. *Lyrisches Intermezzo* LIV und LVIII). Heine setzt einige zusätzliche Farbnuancen in den Kulissen: Das altertümliche Wort »fürbaß«, das gleich zweimal verwendet wird, unterstreicht den Ablauf außerhalb der historischen Zeit; die Nachtigall schließlich als Verkörperung des Liedes, der romantischen Kunst, auch des Genusses und der Sinnenfreude, läßt sich »in der Höhe« vernehmen mit ihren Gesängen von »Lieb und Liebeswehe«. Sie wird in der Folge zur verbindenden Klammer, die in der Begegnung mit der Sphinx wiederauftaucht, und der schließlich die beiden reflektierenden Schlußstrophen vorbehalten sind.

Die dritte Strophe geht auf Inhalt und Form des romantischen Liedes der Nachtigall ein, versucht den Grundton des *Buchs der Lieder* einzufangen. Sie tut das mittels zweier paradoxer Formeln: ›trauriger Jubel‹ und ›frohes Schluchzen‹ sind die Kennzeichen einer zerrissenen, aus Gegensätzen zusammengesetzten Welt und des diese abbildenden Weltschmerzes, wie er insbesondere in den 20er Jahren des 19. Jahrhunderts die Grundstimmung der Intellektuellen nicht nur in Deutschland, sondern in ganz Europa war (vgl. Perraudin). Die Zerrissenheit und der Sinnverlust, die nicht einmal von der verbindenden Kraft der Liebe, wie noch im romantischen Konzept, überwunden werden können, sind immer wieder neu variiertes Thema der Gedichte im *Buch der Lieder* (vgl. Brief an Immermann, 10. Juni 1823; HSA 20,90–94; Kortländer). Bereits Heine selbst hat auf die verschiedenen Ebenen dieses Themas verwiesen: Es reflektiert zunächst die Schwierigkeiten der Individuen mit sich selbst, mit einander und mit den gesellschaftlichen Bedingungen und Verhältnissen, dann – auf einer Metaebene – die Schwierigkeiten einer Versöhnung von Kunst und Leben, etwa im Sinne der romantischen Universalpoesie, aber auch die Schwierigkeiten, Welt und Leben als ein Ganzes zu verstehen.

III

Der Ein- und Überleitung der ersten drei Strophen fällt die Aufgabe zu, rückerinnernd die direkte Verbindung zum *Buch der Lieder* herzustellen. Sie führen den Leser tief in den »Märchenwald« der frühen Lyrik zurück. Mit dem erneuten Aufbruch von Strophe 4 (»Ich ging fürbaß [. . .]«)

verändert sich die Szenerie: statt des erinnerten Ortes fast vergessener Jugendträume ist der Wald jetzt Ort der poetischen Gegenwart des lyrischen Ich. Zwar bleiben beide Erfahrungen, die vergangenen wie die gegenwärtigen, auf denselben Erfahrungsraum (»Märchenwald«) bezogen; dem Leser wird andererseits deutlich signalisiert, den räumlichen und zeitlichen Abstand nicht zu übergehen.

Als erstes Bild auf der neuen Ebene gerät ein großes, verödetes Schloß in den Blick, das zwei Strophen hindurch mit allen Zeichen von Tod und Abgestorbenheit ausgestattet wird. Ähnlich wie in der ersten türmt sich in der fünften Strophe das einschlägige Wortmaterial: »Verschlossene«, »Schweigen«, »Trauern«, »stille«, »Tod«, »öden«. Das Schloß ist ein gängiges Märchenmotiv und paßt insofern gut in die Szenerie des Märchenwaldes. Es findet sich im *Buch der Lieder*, das eher im bürgerlichen Ambiente zu Hause ist, nur sporadisch (z. B. *Lyrisches Intermezzo* LX; *Heimkehr* XV).

An einer Stelle allerdings, dem Sonett *An A. W. Schlegel*, wird es in einer Weise verwendet, die an das Märchen vom Dornröschen und deren Zauberschloß und zugleich an die Verwendung in unserem Gedicht erinnert. In diesem Sonett ist es Wohnsitz der romantischen Muse, und in der Tat gehört das Schloß, insbesondere in dem geheimnisvoll-verwunschenen Zustand, zu den gängigen Requisiten romantischer Kulisse. Es ist Zeichen für eine poetisch verklärte Vergangenheit, wobei der dem Motiv implizite Verweis auf die feudal-vorrevolutionäre Epoche mehr oder weniger stark akzentuiert wird.

Auch eine Passage in Heines Prosa der 30er Jahre bringt in ähnlicher Weise ein Schloß ins Spiel. In den 1835 entstandenen *Florentinischen Nächten* schildert der Ich-Erzähler in der ersten Nacht, wie er als Kind zusammen mit seiner Mutter eine Reise in das »Schloß« genannte Stammhaus der mütterlichen Familie unternimmt, ein bescheidenes Landhaus, das, durch Einquartierungen und Verfall ruiniert, »ein kummervolles Bild der Vergänglichkeit [...]« geworden war (DHA 5,201). Der Knabe erlebt es als Ort des Verfalls, der Tränen seiner Mutter, des Todes und des Schauers. Das Schloß des Gedichts wird ebenso bedrohlich dargestellt mit der Aura von Verlassenheit, Vergänglichkeit, Trauer und Tod. Es ist ganz und gar kein Dornröschenschloß mehr, wie noch im frühen Sonett, dessen Zauberschlaf nach dem erlösenden Besuch des Prinzen sich in lebendigste Bewegung verwandelt; die poetische Beschwörung führt den Leser jetzt an einen verödeten romantischen Musensitz ohne Leben und Hoffnung. Ganz offenbar gibt es hier keine prinzessinenhafte Muse mehr wach zu küssen, sondern allenfalls mythologische Ungeheuer. Nicht Poesie und Freude gehen an solch einem Ort zusammen, sondern Poesie und Schrecken.

IV

Im Sonett *An A. W. Schlegel* wie in *Florentinische Nächte* kommt es im Schloß jeweils zu merkwürdigen Begegnungen mit ›marmornen‹ Frauengestalten: Im Sonett liegt im Schloß »wie'n holdes Marmorbildnis, / Die schönste Maid in Zauberschlaf versunken«. Der Gruß des Ankommenden weckt sie auf; sie sinken sich in die Arme. Der Knabe in den *Florentinischen Nächten* findet im verwahrlosten Garten des Schlosses die Statue einer griechischen Göttin, die im Gegensatz zu den anderen Statuen des Parks – »von der Boßheit der Menschen und der Zeit verschont geblieben« (DHA 5,201) – zwar von ihrem Postament gestoßen war, aber unverstümmelt im hohen Gras lag:

> [...] eine schauerliche Beängstigung stieß mich von ihr ab, eine knabenhafte Lüsterheit zog mich wieder zu ihr hin, mein Herz pochte, als wollte ich eine Mordthat begehen, und endlich küßte ich die schöne Göttinn, mit einer Inbrunst, mit einer Zärtlichkeit, mit einer Ver-

> zweiflung, wie ich nie mehr geküßt habe in diesem Leben. Auch nie habe ich diese grauenhaft süße Empfindung vergessen können, die meine Seele durchflutete, als die beseligende Kälte jener Marmorlippen meinen Mund berührte [. . .]. (DHA 5,202 f.)

Aus der »schönsten Maid«, dem lediglich ›wie'n Marmorbild‹ aussehenden Dornröschen, ist eine veritable griechische Marmorgöttin geworden; die romantische Muse trägt ein griechisches Gewand. Sie hat damit zwar nicht ihre Schönheit und Verführungskraft, wohl aber ihr Leben verloren und ähnelt auf diese Weise anderen marmornen Schönheiten, die Heines Werk insgesamt in großer Zahl bevölkern (Sternberger; Wehres).

Betrachten wir jetzt die Strophen 6 und 7 des Gedichts, in denen ebenfalls eine Marmorfigur eingeführt wird, die hier die Stelle des Dornröschens bzw. der Götterstatue einnimmt: die Sphinx. Heine griff damit ein Motiv auf, das zwar in der dekorativen Plastik, teilweise auch in der Malerei der Zeit einen festen Platz hatte, aber in der Literatur – ganz im Gegensatz zur 2. Hälfte des 19. Jahrhunderts – noch keine sonderliche Rolle spielte (Demisch, S. 191–194). Der Ort, an dem die Sphinx liegt, »vor dem Tor« (21), erinnert an ihre Funktion als Grab- oder Tempelwächterin im griechischen Kulturraum, eine Funktion, die sich bis weit in das 18. Jahrhundert hinein in der Plazierung von Sphingen an Eingängen und Treppen spiegelt. Auch sonst bezieht Heine sich ausschließlich auf die griechische Version der Sphinx: Erst in Griechenland war sie weiblich (im alten Ägypten dagegen männlich), eine Mischung aus Löwe und Frau; und hier wurde sie Teil der Mythologie in Gestalt der thebanischen Sphinx, die Vorbeiziehende, welche ihr Rätsel nicht lösen konnten, tötete und erst von Ödipus bezwungen wurde. Heine setzte sich später im 9. Gedicht des Zyklus *Zum Lazarus* aus *Gedichte. 1853 und 1854* (DHA 3/1,203) in ganz eigentümlicher Weise mit diesem Mythos auseinander; auch früher bereits zitiert er ihn gelegentlich und spielt am Schluß unseres Gedichts darauf an (weitere Anspielungen in *Die Romantische Schule* DHA 8/1,127; *Über die französische Bühne*, 1. Fassung, DHA 12,504; *Lutetia*, DHA 13/1,145; *Romanzero*, dort das Gedicht *Rhampsenit*, 3/1,11–13). Er konnte der Sphinx als Dekorationsstück in Parks und Innenhöfen vielfach begegnen, sei es in Berlin in dem von ihm häufig besuchten Park von Schloß Sanssouci (vgl. Brief an Keller, 27. April 1822; HSA 20,51), sei es in Paris, zum Beispiel im kleinen Innenhof des Louvre, dem »Cours du Sphinx« (DHA 12,504). Kennzeichnend für die Entwicklung der Figur in der Plastik des 18. Jahrhunderts ist eine deutliche Erotisierung, eine Betonung der Brüste und der Lippen, teilweise unterstützt durch eine Abschwächung der bedrohlichen Momente, etwa wenn auf dem Rücken der Sphinx im Park von Schloß Sanssouci einige Putti spielen (Demisch, S. 178). Auch hier folgt Heine mit seiner Beschreibung, in der ebenfalls die Brüste, die gewölbten Lippen, das holde Gesicht auffallen, dem vorgegebenen Muster.

Was durchaus in diese Linie paßt, die Sphinx dieses Gedichts aber von der Marmorgöttin aus den *Florentinischen Nächten* ebenso wie von allen Geliebten, Märchenprinzessinnen und Göttinnen des *Buchs der Lieder* unterscheidet, ist das, was in ihren Augen und auf ihren Lippen zu erkennen ist: »Der weiße Blick, / Er sprach von wildem Begehren; / Die stummen Lippen wölbten sich / Und lächelten stilles Gewähren.« Ganz offensichtlich hat in diesem Gedicht im Vergleich zu den Texten des *Buchs der Lieder* eine Art Rollenwechsel stattgefunden. Der weibliche Part ist nicht mehr stumm besetzt, nicht lediglich als Objekt im Spiel. Dieses Gesicht signalisiert im Gegenteil höchste Bereitschaft: »Lüsten« reimt sich hier ebenso deutlich auf »Brüsten« wie »Begehren« auf »Gewähren«. Das ist bei den entrückten, gestorbenen, davongelaufenen oder einfach nur indifferent-gefühllosen Geliebten im *Buch der Lieder* ganz anders. Dort ist es stets der Mann, der sich – meist vergeblich – müht und verzehrt und schließlich mit gebrochenem Herzen zurückbleibt. Hier dagegen ist auf Seiten des Mannes trotz der erotischen Einladung Widerstand vorhanden, den erst die Verführungskraft der Nachtigall bricht. Ihr Gesichtsausdruck trennt die Sphinx zugleich deutlich von der Statue aus den *Florentinischen Nächten*: deren Gesichtszüge waren neutral als »reinschön« beschrieben, ihr »straffgeteilter, edler Busen« als »griechische Offenbarung« gepriesen worden. Während dort lediglich die »süße Empfindung« des Knaben bei der Berührung mit den »eiskalten Lippen« angesprochen wird, hat hier der Kuß eine direkte Wirkung auf die Statue: »Lebendig ward das Marmorbild, / Der Stein begann zu ächzen« (33 f.). Was in den Versen 35–44 folgt, ist die Beschreibung einer orgiastischen Hinwendung der zum Leben erwachten Statue zu ihrem männlichen Erwecker, wobei der Mann jeweils der im Wortsinn ›Leidende‹ ist: »Sie trank meiner Küsse lodernde Glut [. . .]«; »Sie trank mir fast den Odem aus [. . .]«; »wollustheischend, / Umschlang sie mich [. . .]«; »Derweilen des Mundes Kuß mich beglückt, / Verwunden die Tatzen mich gräßlich«. Diese Form der Zuneigung sprengt völlig den aus dem *Buch der Lieder* gewohnten Rahmen einer schmachtenden, sich verzehrenden oder auch munter tändelnden und ironisch sich kostümierenden Liebe, die wohl unglücklich ist, aber doch nie gewalttätig. Der Liebhaber wird nicht mehr bloß, wie etwa in *Heimkehr* XIV, vergiftet durch die Tränen, die er selbst forttrinkt von der Hand des stumm und passiv bleibenden »unglückselgen Weibes«, er wird vielmehr von einer wirklichen Inkarnation der *femme fatale* mit den Löwentatzen der Leidenschaft liebkost und gräßlich verwundet und zugerichtet.

Die Richtung, in die die Erweiterung der Liebesdarstellung geht, ist unübersehbar: Die körperliche Seite der Liebe, die Sexualität, die im *Buch der Lieder* nur in sublimierter Form anwesend ist, gelangt hier zum überdeutlichen Ausdruck: »wollustheischend, / Umschlang sie mich [. . .]«. Die Sphinx ist eine Inkarnation der Wollust, und wohl deshalb auch konnte Heine diese Geliebte nicht als Frau, nicht einmal als eiskalte Marmorgöttin darstellen, sondern nur als Fabelwesen, als Ungeheuer, dem das paradoxe Ineinander von Lust und Leid Teil seiner Natur ist. In den Figuren der Diana und der Herodias aus den »Wilde-Jagd«-Capita des *Atta Troll* hat er diesen Typus der ›liebeswahnsinnigen Frau‹ noch weiter ausgebaut (dort heißt es in Cap. XIX über Diana: »Spät zwar, aber desto stärker / Ist in ihr erwacht die Wollust, / Und es brennt in ihren Augen / Wie ein wahrer Höllenbrand.«).

V

Betrachten wir noch einmal den entscheidenden Moment der Verwandlung der Sphinx, den Kuß. Mit ihm wird dem leblosen »Marmorbild« Leben eingehaucht, eine der traditionellen rituellen Funktionen des Kusses, dem die magische Vorstellung zugrundeliegt, daß mit dem Atem die Seelen ausgetauscht würden. In verschiedenen Märchen hat das Motiv des Kusses diese lebensspendende bzw. eine das Leben zurückgebende Kraft (*Froschkönig, Dornröschen* etc.), und auch in Heines Werk taucht der Kuß gelegentlich als Symbol der Versöhnung des Gegensätzlichen auf, besonders exponiert in *Seraphine* VII aus den *Verschiedenen* (s. die Interpretation dieses Gedichts in diesem Band). Dort besiegeln die Küsse die ›frohe Botschaft‹ einer zur Sinnlichkeit befreiten Liebe, ein Evangelium, das allerdings in den Erfahrungen der übrigen Gedichte der *Verschiedenen* eher konterkariert als bestätigt wird (vgl. dazu z. B. Sammons, S. 199 f.).

Wenn Heine mit dem Vorwort-Gedicht jetzt die Verheißung des zwischenzeitlich in den *Verschiedenen* verkündigten neuen Evangeliums an jenes *Buch der Lieder* heranträgt, dessen Liebesvorstellung noch ganz geprägt ist von der

»dummen Leiberquälerei« (*Seraphine* VII, V. 7), so tut er dies keineswegs in Form der reinen Lehre, sondern bereits in Gestalt der höchst gemischten Praxis. Und die besagt für den Typus einer um die Körperlichkeit erweiterten Liebesvorstellung Ähnliches wie für jenen Typus einer spirituellen Liebe, wie er im *Buch der Lieder* vorherrscht: Auch eine Liebe, die Sexualität nicht ausspart, ist kein dauerhafter Ausweg aus dem grundlegenden Dilemma von Vereinzelung, Unglück und Zerrissenheit. Ist die ›romantische‹, spirituelle Liebe des *Buchs der Lieder* auf ›traurigen Jubel‹ und ›frohes Schluchzen‹ verwiesen, so endet die körperliche Liebe nicht weit ab bei Oxymera wie »entzückende Marter« und »wonniges Weh« (man beachte immerhin das Gefälle von »Schluchzen« zu »Marter«). Heine kann an der Gültigkeit seines frühen *Buchs der Lieder* auch unter der Perspektive eines umfassenderen Begriffs von Liebe grundsätzlich festhalten. Dolf Sternberger fällt es schwer, angesichts »solcher Einsicht in eine gleichsam natürliche Zweideutigkeit und Zwiespältigkeit der Wollust als tödlicher Sucht, als eines offenbar pathologischen Phänomens« (Sternberger, S. 293) zurückzufinden zu seinem Thema, das ja gerade »Abschaffung der Sünde« lautet.

In den beiden Abschlußstrophen, die den Leser zugleich in die Lektüre des *Buchs der Lieder* entlassen, wird das fundamentale und in der historischen Zeit unlösbare Dilemma der Liebe, die Unaufhebbarkeit des Gegensatzes von »Todesqual« (47) und »Seligkeiten« (48), noch einmal besonders betont. Die Sphinx als Inkarnation dieses rätselhaften, unaufgelösten Gegensatzes, als das mythologische ›Rätseltier‹ schlechthin, wird hier von der Nachtigall direkt als Sinnbild der Liebe angesprochen. Das Gedicht schließt mit der romantischen Chiffre vom ›tausendjährigen Reich‹ und schlägt damit den Bogen zurück zum »Märchenwald« der ersten Zeile.

VI

Neben der kritischen Erweiterung und gleichzeitigen Bestätigung seiner früheren Liebesvorstellung hat Heine dem Gedicht in den Motiven der Nachtigall, aber auch des Schlosses und des »Marmorbildes« eine weitere Bedeutungsebene gegeben. Es geht in ihm auch um die Kunst und insbesondere um das Verhältnis von Kunst und Leben (vgl. bereits Hofrichter, S. 107). Wir hörten schon, daß die wie eine Marmorstatue ruhende Maid aus dem Sonett *An A. W. Schlegel*, die dort erweckt wird vom angedichteten Prinzen der Romantik, die romantische deutsche Muse darstellt: »Aufwachend lächelt Deutschlands echte Muse, / Und sank in deine Arme liebestrunken« heißt es abschließend in naiv-optimistischem Ton, der diesem Huldigungsgedicht angemessen ist. So einfach ging es dann später nicht mehr. In der *Romantischen Schule* spielt das Motiv der Statue eine wichtige Rolle bei Heines Beurteilung der Kunstperiode und der Kunst Goethes im besonderen. Heine bezieht sich zunächst auf den Pygmalion-Mythos (auf den unser Gedicht entfernt ebenfalls anspielt) und betont, daß der Meister zwar seine Schöpfung zum Leben erwecken konnte, diese aber kinderlos blieb. So auch die Goetheschen Meisterwerke: Sie »zieren unser theueres Vaterland, wie schöne Statuen einen Garten zieren, aber es sind Statuen. Man kann sich darin verlieben, aber sie sind unfruchtbar [...] Die That ist das Kind des Wortes, und die goetheschen schönen Worte sind kinderlos. Das ist der Fluch alles dessen, was bloß durch die Kunst entstanden ist.« (DHA 8/1,155) Was hier negativ »bloß durch die Kunst entstanden« heißt, wird nur wenige Seiten später positiv als »Vollendung« (S. 157) angesprochen. Das Dilemma der Kunst liegt eben darin, daß sie, wenn sie sich nicht mit dem Leben einläßt, folgenlos bleibt, wenn sie sich aber mit ihm einläßt, ihren absoluten Anspruch aufgibt. Die wild-verzweifelte Umarmung mit der Sphinx reproduziert im Ineinander von Lust und Qual ebenfalls nur die Unauflöslichkeit dieses Dilemmas, die notwendige Gleichzeitigkeit von Gelingen und Mißlingen einer Versöhnung von Kunst und Leben. Auch das gehört zum Rätsel der »schönen Sphinx«: Die Liebe zu dieser wachgeküßten Muse endet für ihren Erwecker tödlich – eine typisch weltschmerzliche Vorstellung im übrigen; aber mit seinem Verstummen verstummt zugleich die Muse. Man erinnert sich an Heines Wort, mit ihm habe »die Muse der Romantik auf immer Abschied von dem alten Deutschland« genommen (an Laube, 20. November 1842; HSA 22,39): »[...] ich bin ihr letzter Dichter« (*Geständnisse*, DHA 15,13).

Die Rückkehr in den romantischen »Märchenwald« war darüber hinaus die Wiederbegegnung mit Deutschland. Und dem Liebeskampf mit der Sphinx hat sich deutlich die von Liebe und Haß, »Todesqualen« und »Seligkeiten« bestimmte Haltung Heines zu diesem Deutschland eingeprägt, jenem Land, das er den Franzosen im Schlußabschnitt von *Zur Geschichte der Religion und Philosophie in Deutschland* als eine Art schlafenden Riesen geschildert hatte, dessen Erwachen aus dem »tausendjährigen Staub« (DHA 8/1,118), ähnlich wie die Erweckung der Sphinx, die schrecklichsten Folgen haben werde. Das Schwanken zwischen »unendlicher Sehnsucht« und »tödlichsten Schlägen«, mit dem Heine seine Beziehung zur Romantik charakterisierte, ist auch für die Einstellung zumindest gegenüber jenem poetischen Deutschland typisch, jener Inkarnation des romantischen »Märchenwaldes«.

Schließlich führt der gescheiterte Versuch, das Rätsel der Liebe zu lösen und die Versöhnung zu stiften, auf die allgemeine Ebene jener dialektischen Bögen, aus denen Heines Werk seine Spannung bezieht: den Gegensatzpaaren von Geist und Körper, Spiritualismus und Sensualismus, Christentum und Heidentum. Auf dieser Ebene geht es, wie es bereits im *Buch der Lieder* an einer Stelle heißt, um »das Rätsel des Lebens« (*Die Nordsee. Zweyter Zyklus*, dort das Gedicht *Fragen*, V. 5). Scheitert die Beantwortung der Rätselfrage, die Versöhnung der Gegensätze, im *Buch der Lieder* an der einseitigen Betonung des Geistigen, so scheitert sie hier an der unbändigen Gewalttätigkeit der Körperlichkeit in der Liebe der Sphinx. Der Kuß, der den Stein zum Leben erweckt, weckt damit einen Dämon, der seinen Erwecker auffrißt. Die Sphinx verkörpert nicht nur den als unauflöslich erkannten Widerspruch von Glück und Leid der Liebe, sondern ebenso den Widerspruch von Bestie und »holdem Gesicht« im Menschen ganz allgemein.

Heine projiziert, den traditionellen Männerphantasien wie dem Zeitgeist folgend, dieses Moment der Bedrohung in eine weibliche Figur. Wie sehr er damit seinerseits den Zeitgeist befeuerte, zeigt die Wirkung seiner Sphinx-Figur. Als Metapher einer dämonisierten Weiblichkeit, als Inkarnation der *femme fatale*, hat sie, ähnlich wie die verwandten Figuren der Diana und Herodias aus dem *Atta Troll*, in der gesamten europäischen Kulturgeschichte deutliche Spuren hinterlassen (vgl. Praz, Kap. IV). Das gilt für die Literatur von Baudelaire bis Oscar Wilde, das gilt insbesondere für die Maler von Gustave Moreau über Rops, Séon, Rodin und Fernand Khnopff (*Die Kunst oder die Zärtlichkeit oder die Sphinx* von 1896), die sich des Motivs ausgiebig bedient haben und teilweise, wie Franz von Stuck in seinem Ölbild *Kuß der Sphinx*, unmittelbar auf Heines Gedicht zurückgreifen (Demisch, S. 194).

Heine ging es in seinem Vorreden-Gedicht noch nicht in erster Linie um den Kitzel einer schwarzen Romantik, wenngleich er die Morbidität der Szene gespürt und unterstrichen hat. Die beiden letzten Strophen, in denen die romantische Kunst in Gestalt der Nachtigall sich der grundlegenden Rätselstruktur ihres Gegenstandes und damit zugleich ihrer selbst vergewissert, entlassen den Leser des Gedichts aus der Umklammerung durch die Sinne. Das Rätsel aber bleibt ungelöst, und die »schöne Sphinx« wird weiter – wie damals in Theben – alle diejenigen tödlich verwunden, die ihr begegnen und ihr Rätsel nicht zu lösen vermögen.

Literaturhinweise

Demisch, Heinz: Die Sphinx. Geschichte ihrer Darstellung von den Anfängen bis zur Gegenwart. Stuttgart 1977.

Francke, Renate (Hrsg.): Heinrich Heine. Neue Melodien spiel ich. Nachtrag zum *Buch der Lieder.* Leipzig 1982.

Hofrichter, Laura: Heinrich Heine. Biographie seiner Dichtung. Göttingen 1966.

Praz, Mario: Ritter, Tod und Teufel. Die schwarze Romantik. München ^{3}1988.

Reich-Ranicki, Marcel: Heine und die Liebe. Düsseldorf 1992.

Sammons, Jeffrey L.: Heinrich Heine. A Modern Biography. Princeton 1979.

Sternberger, Dolf: Heinrich Heine und die Abschaffung der Sünde. Hamburg 1972.

Waseem, Gertrud: Das kontrollierte Herz. Die Darstellung der Liebe in Heinrich Heines *Buch der Lieder.* Bonn 1976.

Wehres, Ulrike: Die Metapher als auslösendes Moment für literarisches Verstehen – verifiziert an der Steinmetaphorik Heinrich Heines. Frankfurt a. M. [u. a.] 1985.

Die Grenadiere

Nach Frankreich zogen zwei Grenadier,
Die waren in Rußland gefangen.
Und als sie kamen ins deutsche Quartier,
Sie ließen die Köpfe hangen.

Da hörten sie beide die traurige Mär:
Daß Frankreich verloren gegangen,
Besiegt und zerschlagen das große Heer, –
Und der Kaiser, der Kaiser gefangen.

Da weinten zusammen die Grenadier
Wohl ob der kläglichen Kunde.
Der eine sprach: Wie weh wird mir,
Wie brennt meine alte Wunde.

Der andre sprach: Das Lied ist aus,
Auch ich möcht mit dir sterben,
Doch hab ich Weib und Kind zu Haus,
Die ohne mich verderben.

Was schert mich Weib, was schert mich Kind,
Ich trage weit beßres Verlangen;
Laß sie betteln gehn, wenn sie hungrig sind, –
Mein Kaiser, mein Kaiser gefangen!

Gewähr mir Bruder eine Bitt:
Wenn ich jetzt sterben werde,
So nimm meine Leiche nach Frankreich mit,
Begrab mich in Frankreichs Erde.

Das Ehrenkreuz am roten Band
Sollst du aufs Herz mir legen;
Die Flinte gib mir in die Hand,
Und gürt mir um den Degen.

So will ich liegen und horchen still,
Wie eine Schildwach, im Grabe,
Bis einst ich höre Kanonengebrüll,
Und wiehernder Rosse Getrabe.

Dann reitet mein Kaiser wohl über mein Grab,
Viel Schwerter klirren und blitzen;
Dann steig ich gewaffnet hervor aus dem Grab, –
Den Kaiser, den Kaiser zu schützen.

MICHAEL PERRAUDIN

»Der schöne Heros, der früh dahinsinkt . . .«

Poesie, Mythos und Politik in Heines *Die Grenadiere*

Heine war in seiner Art immer ein experimenteller Schriftsteller, der auf der Suche nach Ausdruckskraft, plausibler Selbstdarstellung und Leserpopularität stets daran interessiert war, neue Gattungen, Töne und Stoffe auszuprobieren. Und er zog Konsequenzen aus seinen Experimenten: Fehlschläge, wie der historische Roman oder das tragische Drama, wurden nicht weiter verfolgt, Erfolge wie die semifiktive Reisebeschreibung wurden wiederholt und weiterentwickelt. Das Gedicht *Die Grenadiere* stellt, zusammen mit seinem offenkundigen Gegenstück, der Bibelromanze *Belsatzar*, ein solches erfolgreiches Experiment dar. Es sind Gedichte, die deutsche balladeske Stile mit den diesen anhaftenden, ihnen durch die Romantik verliehenen und Heine wohlbewußten reaktionären Implikationen verwenden (vgl. DHA 8/1,234), in welchen aber diese Stile für im wesentlichen progressive politische Inhalte gewaltsam adaptiert werden. Später, als er in der relativ ungezwungenen

Atmosphäre des Paris der 1840er Jahre die politische Versdichtung zu einem wichtigen Bestandteil seines Schreibens zu machen begann (mit seinen *Historien* und verschiedenen *Zeitgedichten*, vgl. DHA 2,109 ff.; 3/1,9 ff., 324 ff.), tat er das vornehmlich in Versionen der politisch-volksliedhaften Erzählmanier, an der er sich zuerst in *Die Grenadiere* und *Belsatzar* versucht hatte. Heines früheste Dichtungen, jene, die in die Ende 1821 publizierten *Gedichte* eingingen und später mit Auslassungen den Zyklus *Junge Leiden* im *Buch der Lieder* bildeten, sind besonders experimentell: dort wird eine frappierende Vielfalt von Gattungen und Formen ausprobiert – ein Ansatz, der sich auch in der Aufteilung der *Gedichte* nach Genres (*Traumbilder, Minnelieder, Sonette* u.s.w.) spiegelt (vgl. DHA 1/2,642). Gewisse programmatische Gedichte dieser Periode – vor allem *Die Weihe* und das *Traumbild »Ich kam von meiner Herrin Haus«* – bekunden gerade die Intention des Dichters, eine Pluralität der Gattungen zu verfolgen und seine Meisterschaft darin zu demonstrieren (DHA 1/1,431 ff. und 40 ff.; vgl. Perraudin, S. 119 ff., 166 f.). Zu dieser Zeit mehr als zu jeder anderen war Heine ein Dichter, der sich auf der Suche nach einem eigenen Stil befand – und aus dieser Not eine Tugend zu machen wußte.

Trotz dieses Kontexts ästhetischer Diversifikation jedoch bleibt *Die Grenadiere* ein leicht mysteriöses und überraschendes Gedicht, das den Kommentatoren oft als ein »Fremdkörper« unter Heines Schriften jener Zeit erschienen ist (Sammons, S. 41; Beyer, 1911, S. 115; Berendsohn, S. 29 usw.). Gründe für diese Einschätzung sind die bonapartistische Ideologie des Gedichts, eine Haltung, die Heine erst wieder 1827 im *Buch Le Grand* klar zum Ausdruck bringt (DHA 6,181–201), aber auch seine Manier, die Absenz des »erotischen Subjektivismus« (Beyer, 1911, S. 115) – der aggressiven poetischen Subjektivität und ausdrücklich amourösen Orientierung –, der fast alle anderen seiner frühen Gedichte, sogar die anderen narrativen *Romanzen* kennzeichnet. *Die Grenadiere* und *Belsatzar* sind interessant und aufschlußreich zunächst als Beleg für Elemente in Heines jugendlichem Denken, die in seinem Frühwerk insgesamt nicht auffallen. Darüber hinaus sind sie ein Hinweis darauf, daß die amouröse Niedergeschlagenheit, die seine gewöhnliche Attitüde in den frühen Dichtungen ist, weniger als psychische Notwendigkeit zu betrachten ist (wie dies in manchen Studien der letzten Zeit geschah, vgl. Schneider, S. 28 ff., 48 ff.; Futterknecht, S. 139 ff.), denn als eine aus hauptsächlich ästhetischen Überlegungen gewählte Manier.

Die Datierung des Gedichts ist unklar. Später, in den französischen *Poèmes et légendes* von 1855, behauptete Heine, es sei bereits 1816 entstanden (vgl. HSA 13,12 und 127). Das ist mit ziemlicher Sicherheit eine Lüge, wie andere Werke aus seinen frühesten Jahren erweisen. Das stark frankophobe Gedicht *Deutschland* (»Kam aus fernem Frankenlande / Einst die Hölle schlau, gewandt [. . .]«, anscheinend aus dem Jahr 1815; DHA 1/1,512; 1/2,1166–1168) und sogar das liberal-nationalistische *»Sohn der Thorheit! Träume immer«* von 1819/20 (»[. . .] Such' ich jetzt den goldnen Frieden, / Den das deutsche Blut ersiegt', / Seh' ich nur die Kette schmieden, / Die den deutschen Nacken biegt [. . .]«, DHA 1/2,1120) sind mit dem den *Grenadieren* zugrunde liegenden Kosmopolitismus unvereinbar, wenn auch die wachsende politische Unzufriedenheit von *»Sohn der Thorheit!«* schon den Weg dorthin weist. Beyer (1914) glaubt, daß Heine mit seiner Zurückdatierung gegenüber seiner französischen Leserschaft »seinen [deutschen] Jugendpatriotismus [zu] verschweigen« suchte. Doch das ist nicht ganz überzeugend: sein Publikum in Frankreich hatte keinen Grund anzunehmen, daß jugendliche »Deutschtümelei« bei Heine überhaupt in Frage kam. Irgendeine andere Überlegung hat die irreführende Datierung motiviert. Beyer entscheidet schließlich, das Gedicht sei geschrieben »an einem Septembertag 1820 in Düsseldorf« (s. a. DHA 1/2,

699; Berendsohn, S. 29), als Heine nach Ende des Bonner Sommersemesters 1820, in dem er die Vorlesungen A. W. Schlegels über *Metrik, Prosodie und Deklamation* gehört hatte, seiner Heimatstadt eine kurze Visite abstattete. Dort sei er zufällig (wie im 10. Kapitel des *Buch Le Grand* erzählt wird, DHA 6,195–200) seinem alten Freund, dem französischen Tambourmajor Le Grand begegnet, der, dem Tode nah, aus russischer Gefangenschaft zurückkehrte. Dann sei ihm, Heine, das Gedicht auf der Stelle eingegeben worden. Diese poetische Geschichte hätte Heine selbst in mancher Hinsicht gewiß gefallen. Es stimmt, daß die Beschreibung der Rückkehr des Studentendichters nach Düsseldorf im *Buch Le Grand* mit einiger Wahrscheinlichkeit in Memoirenmaterial (vgl. DHA 15,1018–1022) – und sogar in Erfahrungen – wurzelt, die aus dieser Zeit datieren. Der befreundete Tambour und vor allem sein Tod in Heines Armen erscheinen wenig wahrscheinlich, aber es ist möglich, daß Heine tatsächlich heimkehrende französische Gefangene des russischen Feldzugs zu sehen bekam (vgl. Holzhausen, 1913). Natürlich ist die Annahme einer sofortigen inspirativen Niederschrift unnötig. Gedichte sind Arbeit, auch wenn die Konvention, und besonders jene von Heines eigener Epoche, es anders haben will. Was Schlegel betrifft, so ist man unsicher über Heines Behauptung eines engen persönlichen Verhältnisses zu ihm (Werner, Bd. 1, S. 39), und die Wirksamkeit des universitären Unterrichts sollte auch nicht überschätzt werden. Andererseits jedoch wird Heine um 1820 metrisch und in seiner poetischen Wortwahl wesentlich geschickter, als er sich in der Nähe Schlegels befand (eine Gewandtheit, die auch unser Text aufweist; vgl. Beyer, 1911, S. 88 ff.), und außerdem werden in seiner Dichtung damals neue gattungsmäßige Wege eingeschlagen, die Vorlieben Schlegels zu entsprechen scheinen: Sonette, Übersetzungen, insbesondere von Byron, und Balladen oder Romanzen (vgl. Beyer, 1911, S. 88 ff., 125 ff., und – etwas spekulativ – Futterknecht, S. 194–199). Es läßt sich zumindest sagen, daß Aspekte von *Die Grenadiere* auf den Kontakt mit Schlegel zurückgehen können.

Ich neige jedoch zu einer späteren Datierung des Gedichts, nämlich 1821 in Berlin. Napoleon selbst starb am 5. Mai 1821 (die Nachricht davon erreichte Deutschland im Juli). Vielleicht wurde Heines Gedicht als Reaktion darauf geschrieben, vielleicht auch nicht: durch den Text selbst wird dies weder bestätigt noch ausgeschlossen. Auf jeden Fall war seine Publikation im Dezember hinsichtlich der neuen Stimmung, die auf den Tod des Kaisers folgte, publizistisch sehr passend. Eine Rezensentin bemerkte zum Gedicht: »Freilich wird Napoleon darin gefeiert, aber der Tod hat eine reinigende Kraft, darum darf man dies kleine Lied schön finden« (Elise von Hohenhausen; zit. nach: Galley/Estermann, Bd. 1, S. 26). Es gibt zudem Anzeichen dafür, daß Heine in Berlin, dem Preußentum der Stadt zum Trotz, einer breiten Vielfalt kosmopolitischer, darunter auch bonapartistischer Meinungen begegnete (im Salon der Varnhagens, bei Dichtern wie Grabbe, den er aus Köchys Literaturkreis kannte, und anderen; vgl. DHA 6,361; Mende, S. 23 f.), die an seinen früheren Aufenthaltsorten, Bonn und Göttingen, nicht verbreitet waren (s. dagegen Holzhausen, 1903, S. 74 ff.). Schließlich deuten die literarischen Resonanzen des Gedichts – das werden wir später sehen – generell, wenn auch nicht eindeutig, in diese Richtung.

Stilistisch ist *Die Grenadiere*, wie angemerkt, eine Übung (»Stilübung«; Berendsohn, S. 192) in der germanischen Volksballade. Das Gedicht ist eine Frucht jenes »Studiums des Volksliedes«, dessen Heine sich im Zusammenhang mit den *Gedichten* rühmte (Brief vom 30. Dezember 1821; HSA 20,47), seiner Aufnahme vor allem von Herders Sammlung *Stimmen der Völker* (die er im Januar 1821 aus der Göttinger Universitätsbibliothek entlieh, vgl. Kanovsky, S. 133, aber wahrscheinlich schon früher kannte), von Herders Aufsatz zur Ideologie der Wiedererweckung des Volkslieds, *Auszug aus einem Briefwechsel über Ossian und die Lieder alter Völker*, und von Arnims und Brentanos Sammlung *Des Knaben Wunderhorn*, die Heine schon vom Anfang seiner Karriere an geläufig war (wie textliche Anzeichen in einer seiner frühesten Dichtungen bezeugen; vgl. Perraudin, S. 123 f., 149 ff.). Es ist aber auch das Produkt genauer Kenntnisse der Balladenimitationen seiner dichterischen Vorgänger. Um zu präzisieren: *Die Grenadiere* ist in einer Strophenform geschrieben – vierzeilige Strophen abwechselnd vier- und dreifüßiger Zeilen mit Kreuzreim (abab), alternierendem starkem und schwachem Zeilenausgang und gemischter (ein- oder zweisilbiger) Füllung –, die generell die Gattung heroische Ballade suggeriert. Die Form ist eine Variante – mit abab- statt abcb-Reim und durch weibliche statt männliche Ausgänge an den dreifüßigen Zeilen aufgeweicht – der »Chevy-Chase-Strophe«, jener Form der englisch-schottischen Urballade *Ballad of Chevy Chase*, die Herder aus seiner wichtigsten Quelle, Percys *Reliques of Ancient English Poetry* (1765), übersetzt hatte. Bezeichnenderweise beginnt Heine plötzlich, diese besondere Form ungemein häufig und sorgfältig zu verwenden (in sechs der sechzehn *Romanzen* in *Gedichte*, in einem der *Vermischten Gedichte*, dagegen keinmal in den – im ganzen früheren – Zyklen *Traumbilder* und *Minnelieder*; vgl. Beyer, 1911, S. 126). Es ist auch eine Form, die bei Heines Vorgängern und allgemeinen Vorbildern äußerst selten in reiner Form vorkommt: wohl einmal bei Herder, einmal in Goethes Balladen, niemals in denen Uhlands, in einer Handvoll Fällen bei Bürger, nicht mehr als dreimal im ganzen *Wunderhorn*. Was hier vorliegt – zu einer Zeit, in der sich Dichter und Leserschaft solcher technischer Einzelheiten in höchstem Maße bewußt waren –, ist ein poetischer Profilierungsversuch.

Verschiedene andere Merkmale des Gedichts sind als Aspekte seines volksballadesken Bezugssystems zu sehen. Seine Rhythmen sind verhältnismäßig frei (unregelmäßige Füllung), seine Syntax umgangssprachlich mit einer Vermeidung elaborierter Hypotaxe. Es alliteriert und assoniert häufig (9–12: »weinten [. . .] wohl [. . .] wie weh wird [. . .] wie [. . .] Wunde«; 21–24: »Bruder [. . .] Bitt [. . .] wenn [. . .] jetzt sterben werde [. . .] meine Leiche [. . .] Frankreich [. . .] Frankreich«; etc.). Der Schluß ist onomatopoetisch (»wiehernder Rosse Getrabe«, »Schwerter klirren und blitzen«). Eine bescheidene Anzahl Archaismen oder archaisch erscheinender Sprachformen, Herders Balladen und deren Derivate nachahmend, wird verwendet: Wörter wie »Kunde« und »Mär«, Kollokationen wie »ich trage [. . .] Verlangen«, »wie weh wird mir«, syntaktische Deviationen wie »gürt mir um den Degen«, »die Flinte gib mir«, Elisionen wie »viel Schwerter« und »eine Bitt«. Es ist in verschiedener Hinsicht aufschlußreich, die Manier des Gedichts mit Herders eigener Analyse der Charakteristika und Qualitäten des Volkslieds (und gleichzeitig seinem Rezept für deren Nachahmung) im *Briefwechsel über Ossian* in Beziehung zu bringen: »Symmetrie der Worte, der Sylben, [. . .] der Buchstaben«, »Elisionen«, »Inversionen«; auch der »Refrain des Verses« (vgl. Heines Wiederholung von »Kaiser, [. . .] Kaiser«), möglicherweise der »Nothdrang des Inhalts, der Empfindungen« sowie das »sinnlich, klar, lebendig anschauend«. Andererseits werden andere Vorschriften wiederum nicht befolgt: »Alle Gedichte [. . .] wilder Völker sind Handlung«, sagt Herder; Heines Gedicht ist hauptsächlich Dialog. Und Herders berühmte »Sprünge« und »Würfe« – Sprünge der Imagination, die der logischen und temporalen Ordnung nicht gehorchen, und plötzlich auftauchende Bilder von erregender Kraft – sucht er eigentlich nicht herzustellen (Herder, S. 164 ff.). Heines Gedicht ist selbstverständlich eine »Kunstballade«, eine Balladenimitation durch einen modernen Dichter: allein der napoleonische Stoff schließt Illusionen aus. Doch ist darüber hinaus deutlich zu erkennen, daß Heine schon zu diesem Zeitpunkt mit Sorgfalt und Intelligenz an dem Projekt arbeitet, »den Geist der Volkslied-Formen zu erfassen« (so sollte er es 1823 nennen), »und mit der Kenntniß desselben nach unserem Bedürfniß gemodelte, neue Formen zu bilden« (DHA 10,221).

Der Gattungshintergrund des Gedichts hat einen weiteren Aspekt: Heine war immer ein zu Anspielungen neigender Autor, mit der Gewohnheit, seine literarischen Werke, vor allem seine Gedichte, um Reminiszenzen an frühere literarische Texte herum zu gestalten, aus denen zusätzliche Bedeutung geschöpft werden konnte (vgl. Kuttenkeuler, S. 28; Perraudin, bes. S. 1–36). Im literarischen Kontext seiner Zeit war dies auch sonst weit verbreitet. *Die Grenadiere* enthält eine Reihe solcher Reminiszenzen, die den Leser gleichsam durch das balladeske Erbe des Dichters zurückleiten, vernehmbare metrische, motivische, szenische und phraseologische Echos, die Heine und in großem Maße auch seiner kleinen, aber poetisch sehr bewanderten Leserschaft erkennbar gewesen sein müssen. Es klingen insbesondere folgende Werke an: Goethes Pseudo-Volksballade der 1790er Jahre über die dauerhafte Treue und Sehnsucht eines Gefangenen, *Das Blümlein Wunderschön* (das Metrum, der in *Die Grenadiere* rekurrierende Reim auf »-angen«, die Zeile »Und trage darnach Verlangen«); das berühmte, von Brentano selbst verfaßte *Wunderhorn*-Gedicht soldatischer Treue und der Rache des Liebhabers, *Rewelge* (Wiederauferstehung der Soldaten, Dialog zweier, einmal mehr, einmal weniger standhafter Soldaten, die »letzte Bitte« und der Refrain »Ach Bruder«, die wachestehenden Leichen); Bürgers archetypische »Schauerballade« *Lenore* von 1773 (der geisterhafte Ritt über die Gräber, mit begleitenden lautmalenden Effekten); und am wichtigsten Herders Übersetzung der schottischen Ballade über Vatermord, bleibende Schuld und familiäres Verlassen, *Edward* (»[. . .] Und was soll werden dein Weib und Kind? / Edward, Edward! / [. . .] Die Welt ist groß, laß sie bettlen drinn [. . .]«), die die Phrasierung für Heines fünfte Strophe liefert – den emotionalen Höhepunkt der *Grenadiere* (s. a. Kaufmann,

S. 208 f.). Die Verbindung mit *Rewelge* wird bestätigt durch Heines späteres Zitieren des Gedichts (ungenau, also darauf hindeutend, daß er es aus dem Kopf kannte) in der Beschreibung der heimkehrenden napoleonischen Soldaten im *Buch Le Grand* (DHA 6,198 f.). Außerdem sind mehrere dieser Gedichte selbst miteinander verbunden: Bürgers Gedicht war eine Huldigung an Herder, vor allem an *Edward*, Brentano wurde durch *Lenore* angeregt. Mit diesen Anspielungen schließt Heine sich bewußt einer beachtlichen Tradition von Volks- und »Kunst«-Balladen an – und behauptet dabei seinen Status und seine kreative Geschicklichkeit im Vergleich zu den Vorbildern. Die Anlehnung ist aber nicht bloß technisch, sondern auch auf bedeutsame Weise thematisch. Alle diese Vorbilder betreffen die Themen von Treue oder unentrinnbarer Schuld durch Verrat – die Treue des Soldaten, das Vergehen und die Bestrafung der Geliebten, die Freveltat, auf die unendliche Sühne folgt. Das ist der thematische Komplex, der mit dem Volkslied assoziiert ist, ein im impliziten Gegensatz zur modernen Zeit und ihrer Unbeständigkeit stehendes utopisches ethisches System; dem schließt Heine sich an (und wie seine Vorbildtexte zeigen, ist er nicht der erste, der dies tut). Das ist in einem bedeutenden Sinne der »Geist der Volkslied-Formen«, den es zu erfassen gilt (DHA 10,221).

Zugleich ist klar, daß Heine demonstrativ versucht, die Gattung der germanischen Volksballade in originelle Richtungen zu führen, indem er sie mit neuen Stoffen kombiniert. Das tat er mit *Belsatzar*, das in einem anderen balladesken Stil geschrieben war und wieder eine Reihe spezifischer balladesker Reminiszenzen enthält, aber in Verbindung nun mit einem biblischen Stoff und mit einem sowohl judaistischen als auch revolutionären Subtext (vgl. Mommsen, S. 458 ff.). Bei *Die Grenadiere* und dessen modernem napoleonischen Sujet ist der Bruch noch auffälliger. Ein zeitgenössischer Rezensent hielt das Gedicht sogar für eine unmögliche Hybride (Galley/Estermann, Bd. 1, S. 39).

Für Heine aber gab es gültige Affinitäten zwischen Stoff und Form, die durch das Gedicht aufgehellt wurden. Welche Affinitäten das waren, wird aus seinen späteren Schriften zu Napoleon deutlich (denn *Die Grenadiere* ist der Beginn einer langen Beschäftigung): die Ära Napoleons als »heroisches Zeitalter« (DHA 12/1,130), eine Zeit großer Männer und edler Taten voller Mut und Selbstaufopferung, die nun durch ihre Antithese, die Bedeutungslosigkeit, Falschheit und Absurdität der Restauration, ersetzt worden ist. »Du sublime au ridicule il n'y a qu'un pas«, sagt der Dichter des *Buch Le Grand* in Anlehnung an ein napoleonisches Bonmot (DHA 6,200 f.,829). Zu der Schilderung eines solchen Zeitalters paßt die »heldische Ballade« genau.

Ideen. Das Buch Le Grand ist Heines hauptsächliche Ausarbeitung dieser Konzeption der napoleonischen Zeit als goldenes Zeitalter. Die »Kriegstaten« sowohl des Kaisers als auch der Soldaten seiner *Grande Armée* (durch den Tambour Le Grand verkörpert) werden als die epischen Taten einer jetzt vergangenen heldischen Epoche dargestellt. Napoleon selbst wird in verschiedenen legendären Erscheinungsweisen gezeigt – als gefallener epischer Heros, klassischer Gott und Messias (DHA 6,193–195,199). Die Apotheose Napoleons, die der Text enthält, gibt Heines Sicht jedoch nicht vollständig wieder. In journalistischen Texten aus Frankreich in den 1830er und 40er Jahren ist Heine dem historischen Napoleon gegenüber oft äußerst kritisch (»ein Feind der Freyheit [. . .], ein Despot«, unter dessen Herrschaft »die Aecker brach [lagen] und die Menschen zur Schlachtbank geführt [wurden]«; DHA 13/1,56; 12/1, 251 f.). Er ist sich andererseits aber der Kraft des bonapartistischen Mythos bewußt – besonders im französischen Volk (DHA 12/1,125–130). Es ist ein Mythos, dessen Wirkungen schädlich sein können (DHA 13/1,56), in dem aber auch die tiefsten Erinnerungen und Ideale der Französischen Revolution enthalten sind (»[. . .] Sinnbild der siegenden Volksgewalt«; DHA 12/1,127). Für Heine suggerierte Napoleon immer das Mythische; was sich in den verschiedenen Phasen seines Schreibens wandelt, ist seine eigene Einstellung zum Mythos, das Maß, in dem er selbst daran teilnimmt oder nicht. Doch sogar im *Buch Le Grand* ist die Lage nicht ganz einfach. Nach der Veröffentlichung beklagte er, daß man ihn für einen Bonapartisten halte: »Ich stellte Bonaparte nur so hin als Gestalt« (Werner, Bd. 1, S. 156). Ein Jahr später in *Reise von München nach Genua* geht er dann explizit auf den Unterschied zwischen dem mythischen und dem historischen Napoleon ein und kritisiert diesen wegen »Aristokratismus« und »Ver[rat an der] Freyheit« (DHA 7/1,67 bis 69,337), zollt jenem jedoch Anerkennung: »Seine ungeheure Geschichte wird endlich ein Mythos« – ein Mythos, der »die große Aufgabe unserer Zeit [. . .] die Emanzipation« (DHA 7/1,67,69) bedeutet. Im selben Text spricht er aber gleichzeitig auch mit einer Stimme, die im Mythos verfangen ist, gleichsam bonapartistisch inspiriert an einer napoleonischen ›heiligen‹ Stelle: »›Wir sind auf dem Schlachtfelde von Marengo.‹ Wie lachte mein Herz! [. . .] Ich sah im Morgennebel den Mann mit dem dreyeckigen Hütchen, [. . .] in der Ferne erscholl es wie ein schaurig süßes ›Allons enfants de la patrie‹« (DHA 7/1,68,71). Diese Episode hymnischer Begeisterung, aus dem Geist des Mythos geboren, ähnelt auf frappierende Weise der Stimmung der mit subtiler Doppeldeutigkeit relativierten »dithyrambischen« Passage am Ende der *Harzreise* (DHA 6,136–138); sie ist aber auch eine Kurzform der poetisch-mythischen Hymne in der Mitte des *Buch Le Grand*.

Für Heine hatte der Mythos als Äußerungsform immer seine Reize: nicht nur die Möglichkeiten, die er zu andeutender und symbolisierender literarischer Bedeutung bietet, sondern auch und vor allem seine Unverbindlichkeit. In einer modernen, zunehmend säkularisierten Zeit erlaubte der Mythos die Heranziehung von Glaubenssystemen, an die jedoch nicht unbedingt geglaubt werden mußte; er ermöglichte den Ausdruck enthusiastischer Anhänglichkeit, ohne daß man später darauf festgelegt würde. Heine, dessen auktoriales Ziel immer Selbstdarstellung ohne Selbstenthüllung war, kam das zutiefst entgegen. Das ist der intendierte Charakter des napoleonischen Teils des *Buch Le Grand* (wenn auch die zeitgenössische Leserschaft diese Absicht übersah; Werner, Bd. 1, S. 156), und in gewissem Sinne ist es auch der Charakter der *Grenadiere*, weniger ein Bekenntnis zum Bonapartismus als ein Versuch in der Gattung der bonapartistischen Eloge.

Der andere Faktor, der sogar Heines enthusiastischste bonapartistische Momente abschwächt, ist die ständige Präsenz des Volkes. Im mittleren Teil des *Buch Le Grand* gibt es zwei Helden, nicht nur den Kaiser, sondern auch Le Grand, Symbol eines Kollektivs. Im mit dem *Buch Le Grand* eng verbundenen *Die Nordsee* III wird trotz einer langen Passage, die Napoleon als den neuesten Hegelschen Großen Mann der Geschichte darstellt (DHA 6,159 f.), schließlich bekundet, daß das Epos des frühen 19. Jahrhunderts keinen individuellen Helden hat: »Frankreichs Heldenjugend ist der schöne Heros, der früh dahinsinkt, [...] durch Unglück und Verrath« (DHA 6,163). Gemeint ist das sich emanzipierende Volk der Französischen Revolution. Dabei ist auch zu bedenken, daß das Trommeln Le Grands zuerst die Episoden der Revolution und erst in zweiter Linie Napoleons Schlachten evozierte (DHA 6,191,193). Diese Implikation muß ebenfalls auf *Die Grenadiere* mit seinen anonymen Volkshelden und seinem volkstümlichem Stil zurückprojiziert werden (gleichsam ein Volksepos im Kleinformat; denn ein Epos ist wohl eine Form von »heroischer Ballade«). Auch *Die Grenadiere* ist letztendlich eine Stellungnahme für den Geist der Revolution (s. a. Brief vom 14. April 1822; HSA 20,49).

Diese Verbindungen sagen sehr viel aus über die Intentionen, die dem Gedicht zugrundeliegen. Und doch ist es eine Merkwürdigkeit in Heines Werk dieser Zeit und die napoleonisch-balladeske Kombination bei weitem nicht selbstverständlich. Was kann sie angeregt haben? Eine Möglichkeit ist die Handvoll zeitgenössischer französischer Dichter, die ihre Unzufriedenheit mit der bourbonischen Restauration mittels napoleonischer Elogen zum Ausdruck brachte, und insbesondere Pierre-Jean de Béranger, der Star des französischen literarischen Radikalismus in den Jahren um 1820 (vgl. Touchard, Bd. 1, S. 197 ff.). Béranger schrieb zu dieser Zeit Satiren gegen die Bourbonen und ihre Welt, aber auch *chansons* – volksliedartige Gedichte, für den mündlichen Vortrag konzipiert (mit dazugehörigen Melodien) –, die den edlen, bonapartistischen Geist des ›gemeinen Volks‹ in Frankreich artikulierten. Die Ästhetik zeitgenössisch berühmter Gedichte wie *Le vieux drapeau*, *La vivandière* und *Le cinq mai* entspricht genau der der *Grenadiere*. Es gibt sogar ein Gedicht von Béranger namens *Les deux grenadiers* – erst 1828 in einer seiner Gedichtsammlungen veröffentlicht, obwohl Béranger seine Gedichte oft zuerst in Zeitungen publizierte –, das bemerkenswerte Ähnlichkeiten mit Heines Gedicht aufweist: ein Dialog zwischen zwei sich nach Napoleon sehnenden ehemaligen Grenadieren des Rußlandfeldzuges, der in dem Ausruf des radikaleren der beiden kulminiert: »Adieu femme, enfants et patrie! / Vieux grenadiers, suivons un vieux soldat« (Béranger, Bd. 2, S. 335 ff.; vgl. Holzhausen, 1903, S. 104 f.; Touchard, Bd. 2, S. 512 f.). Das ist tatsächlich eine interessante Übereinstimmung. Auf jeden Fall läßt sich mutmaßen, daß eine Bekanntschaft mit Béranger und seiner literarischen Richtung – etwa aus Heines breiter Berliner Zeitungslektüre (vgl. DHA 6,46) – zur Komposition der *Grenadiere* beitrug. Es ist außerdem sehr wahrscheinlich, daß der Wunsch, nicht als Epigone Bérangers zu erscheinen, im Jahre 1855 die falsche Datierung des Gedichts vor seinem französischen Publikum motivierte (HSA 13,12; 13, Komm.-Bd., 179).

Es gibt jedoch ein weiteres Element des zeitgenössischen

literarischen Bonapartismus in Heines Gedicht. Der prominenteste europäische Napoleon-Anhänger – genauer: ein Enthusiast der Französischen Revolution und Kritiker wie auch Bewunderer Napoleons – war Byron (Autor unter anderem einer Reihe bemerkenswerter napoleonischer Oden in einem an Béranger erinnernden Ton; Byron, S. 84 ff.). Die berühmteste Byronsche Napoleon-Darstellung findet sich im 1816 veröffentlichten dritten Gesang von *Childe Harold's Pilgrimage* (1816), aus dem Heine Auszüge übersetzte (DHA 1/1,558–562). Dort wird die Ära Napoleons als eine Zeit der Größe gefeiert (Str. 35), die durch einen Geist moderner Ernüchterung (Str. 4 f.) und durch politische Knechtschaft (Str. 19) ersetzt wurde; Napoleon selbst ist ein lädierter Held (»There sunk the greatest, nor the worst of men [. . .]«), sein »spirit antithetically mixt« und zerrissen (Str. 36; Byron, S. 210–214). Darin ist er mit Byrons eigenen gequälten Helden klar verwandt – Childe Harold selbst, Manfred und den anderen, und daher mit Byrons eigenem berühmtem dichterischen Ich, das in diesen Figuren implizit (und manchmal explizit) ist. Der Heine der *Gedichte* wurde vielfach als ein »deutscher Byron« wahrgenommen; wenigstens fünf Rezensionen äußerten sich zu dieser Identität (Galley/Estermann, Bd. 1, S. 23 ff.). Und sie war beabsichtigt: Die Sonette, wie auch verschiedene andere Texte in den *Gedichten*, enthalten zahlreiche Byron-Anspielungen und bemühen sich energisch, eine byronische Persona zu vermitteln (vgl. Perraudin, S. 86 f.). Zudem hat Heines Schicksalstragödie *William Ratcliff* (1821/22 in Berlin geschrieben) einen Helden, der sowohl als eine unmißverständliche Darstellung seines Autors, des Dichters der *Gedichte*, erkannt werden soll wie als eine byronische Inkarnation (mit einer längeren Textstelle, die ein klares Echo von Byrons *Manfred* und dessen bekanntem Inzestproblem ist; DHA 5,71,97,102–104). Und schließlich wird das Leitmotiv von Heines Stück, ein rekurrierendes Signal der das Werk dominierenden Schuld- und Vergeltungsthematik, durch gesungene Fragmente aus Herders *Edward*-Ballade kreiert, dem Gedicht, das der Kern der *Grenadiere* war. Die Verbindung bestärkt zusätzlich meine Datierung des Gedichts; aber wichtiger noch, sie weist auf den byronischen Kontext in Heines Denken, in dem das Gedicht verwurzelt ist.

William Ratcliff selbst ist ein schwaches und – selbst wenn man seinen Gattungshintergrund in Betracht zieht – anscheinend etwas neurotisches Stück, und es ist für *Die Grenadiere* nicht unbedingt schmeichelhaft, in seine thematische Nähe gerückt zu werden. In der Tat ist das schwierigste Problem, das bei den *Grenadieren* begegnet, die Entscheidung, wie man die thematischen Verbindungen zu bewerten hat, die es zwischen dem Gedicht, trotz seines vielfach behaupteten atypischen Charakters, und Heines anderen, ›persönlicheren‹ frühen Werken doch gibt. Hat das Gedicht einen Unterton adoleszenter Neurose, ist sein Thema der unendlichen Treue eine unreflektierte Replik auf die sentimentale Ablehnung, die Heine anscheinend erlebte und auf jeden Fall thematisierte? Ist die Vorstellung eines verlorenen goldenen Zeitalters heroischen Edelmuts (ob napoleonisch oder volkstümlich), im Gegensatz zu einer dissonanten und unehrenhaften Gegenwart ein wunscherfüllender Transfer privater Erbitterung? Gewiß könnte *Die Grenadiere* ein Liebesgedicht genannt werden. Eine solche Betrachtungsweise scheint signalisiert zu werden, wenn etwa Klaus Briegleb von den *Grenadieren* als Heines »essentiellem Adoleszenzgedicht« spricht (Briegleb, S. 182). Jedoch ist es auch möglich, und vielleicht ergiebiger, die Kausalität umzukehren und die frühen Gedichte, zu denen *Die Grenadiere* gehört, als eine Manifestation des tiefverwurzelten Idealismus anzusehen, des kräftigen Bewußtseins anderer und besserer Möglichkeiten als die der gegenwärtigen Wirklichkeit, der sein romantisch-klassisches Erbe war, den er aber auf originelle Weise in die Richtung politischer und sozialer Emanzipation und Revolte umlenkte. Als Heine 1837 in einer Vorrede zum *Buch der Lieder* behauptete, »daß meine poetischen, eben so gut wie meine politischen, theologischen und philosophischen Schriften, einem und demselben Gedanken entsprossen sind« (DHA 1/1, 566), war es diese Verbindung, die er andeuten wollte. *Die Grenadiere* selbst basiert eindeutig auf einem romantisch-idealistischen Schema (vgl. Hinck, S. 49; Voigt, S. 130; Weber, S. 268), gleichsam eine Adaptation der Antithese zwischen Philister und romantischem Begeisterten in Eichendorffs berühmtem Gedicht *Die zwei Gesellen* von 1818 – oder in Heines eigener, ähnlich strukturierter Romanze *Gespräch auf der Paderborner Heide* (DHA 1/1,108–111). Das Gedicht *Die Grenadiere* mit seiner revolutionären Romantik ist am Ende weniger als ein Abbild adoleszenter Traumata zu sehen, denn als ein bedeutendes und reflektiertes frühes Symptom einer (vielleicht auch selbst psychologisch deutbaren, doch vornehmlich geistesgeschichtlich zu ergründenden) weltanschaulichen Neigung, der Verschränkung von Denkweisen des deutschen Idealismus mit emanzipatorischer Politik, die Heines ganzes künftiges Schreiben prägen sollte.

Literaturhinweise

Béranger, Pierre-Jean de: Œuvres complètes. Paris 1837.

Berendsohn, Walter: Die künstlerische Entwicklung Heines im *Buch der Lieder*. Stockholm 1970.

Beyer, Paul: Der junge Heine. Berlin 1911.

– Zur Entstehung von Heines *Grenadieren*. In: Kölnische Zeitung. Nr. 570. 17. Mai 1914.

Briegleb, Klaus: Opfer Heine? Versuche über Schriftzüge der Revolution. Frankfurt a. M. 1986.

Lord Byron: Poetical Works. Hrsg. von Frederick Page. Oxford 1970.

Futterknecht, Franz: Heinrich Heine. Ein Versuch. Tübingen 1985.

Galley, Eberhard / Estermann, Alfred (Hrsg.): Heinrich Heines Werk im Urteil seiner Zeitgenossen. Hamburg 1981 ff. (Heine-Studien.)

Herder, Johann Gottfried: Briefwechsel über Ossian [...]. In: Sämtliche Werke. Hrsg. von Bernhard Suphan. Bd. 5. Berlin 1891.

Hinck, Walter: Die deutsche Ballade von Bürger bis Brecht. Göttingen 1968.

Holzhausen, Paul: Heinrich Heine und Napoleon I. Frankfurt a. M. 1903.

– Heinrich Heine und die Gefangenen des russischen Feldzuges. In: Frankfurter Zeitung. Nr. 8. 8. Januar 1913.

Kanovsky, Walter: Heine als Benutzer der Bibliotheken in Bonn und Göttingen. In: Heine-Jahrbuch 12 (1973) S. 129–153.

Kaufmann, Hans: Heinrich Heine. Geistige Entwicklung und künstlerisches Werk. Berlin ³1976.

Kuttenkeuler, Wolfgang: Heinrich Heine. Theorie und Kritik der Literatur. Stuttgart 1972.

Mende, Fritz: Heinrich Heine. Chronik seines Lebens und Werkes. Berlin 1981.

Mommsen, Katharina: Heines lyrische Anfänge im Schatten der Karlsbader Beschlüsse. In: Wissen aus Erfahrung. Festschrift für Herman Meyer. Hrsg. von A. von Bormann. Tübingen 1976. S. 453–473.

Perraudin, Michael: Heinrich Heine: Poetry in Context. A Study of *Buch der Lieder*. Oxford [u. a.] 1989. S. 81–118 [Früher u. d. T.: Heine, the German Byron. In: Colloquia Germanica 19 (1986) S. 242–273.]

Sammons, Jeffrey: Heinrich Heine, the Elusive Poet. New Haven (Conn.) 1969.

Schneider, Manfred: Die kranke schöne Seele der Revolution. Heine, Börne, das »Junge Deutschland«, Marx und Engels. Frankfurt a. M. 1980.

Touchard, Jean: La gloire de Béranger. 2 Bde. Paris 1968.

Voigt, Jürgen: Ritter, Harlekin und Henker. Der junge Heine als romantischer Patriot und als Jude. Frankfurt a. M. [u. a.] 1982.

Weber, Werner: Heinrich Heine. *Die Grenadiere*. In: Wege zum Gedicht II. Interpretationen von Balladen. Hrsg. von Rupert Hirschenauer [u. a.]. München 1976. S. 267–269.

Werner, Michael (Hrsg.): Begegnungen mit Heine. Berichte der Zeitgenossen. 2 Bde. Hamburg 1973.

Wülfing, Wulf: Zum Napoleon-Mythos in der deutschen Literatur des 19. Jahrhunderts. In: Mythos und Mythologie in der Literatur. Hrsg. von Helmut Koopmann. Frankfurt a. M. 1979. S. 81 bis 108.

Ich weiß nicht, was soll es bedeuten,
Daß ich so traurig bin;
Ein Märchen aus alten Zeiten,
Das kommt mir nicht aus dem Sinn.

Die Luft ist kühl und es dunkelt,
Und ruhig fließt der Rhein;
Der Gipfel des Berges funkelt
Im Abendsonnenschein.

Die schönste Jungfrau sitzet
Dort oben wunderbar,
Ihr goldnes Geschmeide blitzet,
Sie kämmt ihr goldenes Haar.

Sie kämmt es mit goldenem Kamme,
Und singt ein Lied dabei;
Das hat eine wundersame,
Gewaltige Melodei.

Den Schiffer im kleinen Schiffe
Ergreift es mit wildem Weh;
Er schaut nicht die Felsenriffe,
Er schaut nur hinauf in die Höh.

Ich glaube, die Wellen verschlingen
Am Ende Schiffer und Kahn;
Und das hat mit ihrem Singen
Die Lore-Ley getan.

Jocelyne Kolb

Die Lorelei oder die Legende um Heine

Wie die Lorelei für den Fischer in seinem Kahn, ist Heines Loreleigedicht nicht ohne Gefahr für Interpreten, die sich immer wieder von diesem Text fast magisch angezogen fühlen. Als berühmtestes aller Heine-Gedichte wird es meistens mehr zitiert als analysiert – so, als würde das Gedicht keine Fragen aufwerfen. Je mehr man sich aber mit dem Gedicht befaßt, um so mehr häufen sich die Fragen. Das geschieht nicht zuletzt (und daran erkennt man sofort, daß dieses Werk von Heine stammt), weil sich die oft apodiktischen Aussagen darüber in einer eingefahrenen und häufig voraussehbaren Polarität manifestieren. Ist das Gedicht innovativ oder konventionell? Sentimental oder ironisch? Echt oder eine Lüge? Wie ist das eine oder das andere überhaupt zu erkennen? Was macht das Lied der Lorelei so »wundersam« und »gewaltig« (15 f.), und was bedeutet dieses Lied überhaupt? Wie soll man die Gestalt der Lorelei verstehen? Ist sie »die Figuration des Romantischen überhaupt« (Wetzel, S. 46), oder, wie andere Kritiker behaupten, die Allegorie für eine deutsche Gesellschaft, die den Juden Heinrich Heine verachtet und ausgrenzt? Welche Rolle spielt das Gedicht im Zyklus *Die Heimkehr*, in dem es als zweites steht, und darüber hinaus innerhalb des Gesamtzusammenhangs des *Buchs der Lieder*. Und welche Bedeutung hat es für unser Verständnis von Heine überhaupt? S. S. Prawer behauptet, alle Wege im *Buch der Lieder* führten zu dem Felsen der Lorelei (S. 24). Gleichermaßen kann man das Loreleigedicht als Kristallisationspunkt der Heine-Rezeption, oder wenigstens als exemplarisch dafür, ansehen: an diesem Gedicht lassen sich die ungleichen Wogen dieser Rezeption erkennen, die ruhigen wie die stürmischen.

Der Ruf der Lorelei

Man verbindet das Loreleigedicht vor allem mit zwei Ereignissen: mit Silchers Vertonung von 1837 und mit dem Schicksal des Liedes während der Nazizeit, als man die lächerliche Lösung erfand, den Text mit dem Vermerk »Verfasser unbekannt« zu drucken.[1] Beides hängt miteinander zusammen, denn das Gedicht ist durch die Vertonung so tief ins nationale Bewußtsein eingedrungen, daß man seinen jüdischen Autor zu einer Zeit, da er zur *persona non grata* wurde, nicht mehr aus dem Gedächtnis streichen konnte. Wie Kolbe bemerkt, gab es »[k]einen Männergesangverein, keine Jungfer am Klavier, die an diesem ›Felsenriffe‹ vermeintlicher, ungewollter Nationalsentimentalität vorbeigekommen wäre« (S. 204). Die wenig erfreuliche Tatsache, daß das Gedicht durch seine Isoliertheit von Heines Werk und durch Silchers Sentimentalität ständig mißverstanden worden ist, wird dadurch erträglich, daß eben dies dem Lied und seinem Autor während des Dritten Reichs zum Überleben verhalf. Fast wie eine Reaktion auf die Vertonung von Silcher und die Vertreibung Heines durch die Nazis, hat es in den späten Sechziger Jahren eine sogenannte Heine-Renaissance gegeben, bei der man sich hauptsächlich auf seine Prosa und auf eine politische Deutung seiner Werke konzentriert hat. Die Lyrik, vor allem die frühe Lyrik aus dem *Buch der Lieder*, wurde vermieden und das Loreleigedicht entweder gar nicht oder abschätzig behandelt, es sei denn,

1 Diese Beobachtung hat zuerst der im Juli 1933 aus Deutschland vertriebene Walter A. Berendsohn in seinem Buch *Der lebendige Heine im germanischen Norden* (Kopenhagen 1935, S. 21) angestellt. Dort heißt es: »Die Denkmäler Heines werden entfernt, seine Bücher verbrannt und verboten, sein Name in den Bann getan, obwohl man in grober Unwissenheit manchmal seine Verse im Kampf verwendet. Die ›Loreley‹ in seiner Fassung wird weiter abgedruckt und gesungen, aber darunter steht ›Verfasser unbekannt‹«. Diese Behauptung wurde seitdem von zahllosen Zeitzeugen bestätigt. Leider ist bis heute trotz intensivster Recherche kein einziger konkreter Beleg aufgetaucht.

man konnte eine politische Aussage darin vermuten. Neuerdings wird das Gedicht als verschlüsselte Aussage über Heines Judentum entziffert. Ob es sich also um die sentimentale, politische, antisemitische oder jüdische Heine-Rezeption handelt, alle Aspekte lassen sich am Beispiel des Loreleigedichts aufzeigen.

In der Mehrzahl der Interpretationsversuche wird Heines Loreleigedicht aus dem Kontext gerissen, was für das Textverständnis so fatal ist wie für Heine-Interpretationen üblich. Daraus resultieren zwei gegenläufige Tendenzen in der Interpretationsgeschichte des Gedichts. Wohl am häufigsten wird es als sentimentales Volkslied gelesen, als Beispiel einer ungebrochenen, melancholischen Stimmungslyrik, die in der Romantik und vor allem in Heines Biographie – in der unglücklichen Liebe zu seiner Kusine Amalie – ihre Wurzeln hat; diese Lesart konzentriert sich auf die Mittelstrophen, wo das »Märchen aus alten Zeiten« (3) – die Geschichte des Fischers und der »schönsten Jungfrau« (9) – gegen den Hintergrund einer deutschmythischen Rheinlandschaft erzählt wird. Man könnte dies die ›naive‹ Lesart nennen, wenn es ihre negative, hämische Variante nicht zu bedenken gäbe, am bekanntesten in der Form einer feindlichen Kritik von Karl Kraus (*Heine und die Folgen*, 1910) und Theodor W. Adorno (»Die Wunde Heine«, in: *Texte und Zeichen* 2, 1956, 291–295). Kraus und Adorno verdammen dieses repräsentative Gedicht als »Lüge«, ein Vorwurf, der sonst im antisemitischen Kontext als Leitmotiv der Anti-Heine-Kritik wiederholt wird (zu dem Vorwurf der Lüge siehe vor allem Kortländer, 1991, wie auch sein Nachwort zum *Buch der Lieder*). Auf diese Adornosche Variante mußte geantwortet werden, was in einem eloquenten Aufsatz von Heißenbüttel geschah, in dem Heine als früher Vertreter der Moderne dargestellt wird.

Heine-Leser, deren Vertrautheit mit den Texten über das Loreleigedicht und ein paar andere berühmte Gedichte wie *»Du bist wie eine Blume«* oder *»Leise zieht durch mein Ge-*

müt« hinausgeht, wissen, wie gern und geschickt Heine die melancholischen, ja sentimental klingenden Stimmungen in solchen Gedichten zu brechen weiß. Da solche Leser Heine mit Ironie und ›Stimmungsbruch‹ statt mit Melancholie verbinden, ist eine Reihe von Interpretationen entstanden, die man im Gegensatz zu der ersten eine »sentimentalische« nennen kann (Brummack nennt das Loreleigedicht »ein, im Schillerschen Sinne, sentimentalisches Gedicht«, S. 103). Bei dieser zweiten Lesart wird hinter jedem Wort, fast hinter jeder Silbe, nach Heines berühmter Ironie gefahndet (man denke z. B. an Arendt oder Brunotte).

Diese verschiedenen Lesarten (wie auch die politische und jüdische) haben alle etwas für sich, aber sie sind insofern anfechtbar, als sie voneinander nicht genug Notiz nehmen. Es ist gerade die Koexistenz entgegengesetzter Positionen, die Heines Werk kennzeichnet. Diese Kontraste steigern das Schwierige, aber auch das Spannende an Heine und lassen sich besonders gut am Loreleigedicht beobachten. Bei der zuerst erwähnten Lesart des Gedichts handelt es sich um ein gängiges Mißverständnis in der Rezeption des gesamten *Buchs der Lieder*: besonders bei Heines Zeitgenossen wurden nur diejenigen Gedichte wahrgenommen, in denen Heine wie im Loreleigedicht eine melancholische Stimmung erzeugt, während andere (so z. B. *Heimkehr* XVIII, XXV, XLV, LXVI) ignoriert wurden. Die Vorstellung der Eindeutigkeit hat durch die Vertonung von Silcher an Einfluß gewonnen, und die Unmenge an Vertonungen von Heine-Gedichten ist für die einseitige Vorstellung vom *Buch der Lieder* großenteils verantwortlich (s. dazu Riethmüller und die Bibliographie von Metzner). Dies spiegelt dasselbe eingeschränkte Verständnis wie in der Byron-Rezeption wider, ein Verständnis, das die ironische, humoristische, rebellische und politische Seite ignoriert und verdrängt (zur zeitgenössischen Rezeption Heines s. Mayser, Destro und Perraudin) und sich inzwischen eine eigene Realität geschaffen hat, die nicht mehr wegzudenken ist. Aber man sollte das Kind nicht mit dem Bade ausschütten, denn die Vorstellung eines melancholischen Gedichts wie auch eines zerrissenen Dichters mit Weltschmerz hat etwas Wahres: die Stimmung im Loreleigedicht gibt es tatsächlich. Nur ist diese, besonders im Kontext des gesamten Zyklus, keine eindeutige.

Elemente der Romantik sind im Loreleigedicht durchaus erkennbar. Die strophische und ryhthmische Form des Volkslieds, sowie auch bei der Wiedergabe des »Märchens« die bewußte Wahl von archaisierenden Wörtern wie »sitzet« (9) und »blitzet« (11) und »Melodei« (16) oder der unreine Reim von »Weh« mit »Höh« (18 und 20) sollen eine Lieblingsform der Romantik beschwören, also die »alten Zeiten« (3) der ersten Strophe. Aber der Kontrast zwischen diesem Stil im Mittelteil des Gedichts und der schlichten Sprache der ersten und der letzten Strophe schafft eine Distanz zu den »neuen Zeiten«, die Heine im *Buch der Lieder* dichterisch gestaltet. Motivisch wird das Gedicht durch das Thema der unglücklichen Liebe und die Macht der Musik mit der Romantik verbunden, egal wie man die Bedeutung des Lieds versteht. Jedoch ist ein anderes Element vielleicht am ehesten romantisch zu nennen: Durch die gleichzeitige Anerkennung und Distanzierung von literarischen Konventionen, die die romantische Ästhetik mit derjenigen der Moderne verbindet (und die ›Postmoderne‹ vorwegnimmt) entspricht der Text eher dem weitergefaßten Rahmen der europäischen Romantik. In diesem Sinn kann man auch von romantischer Ironie sprechen (Kolb, 1987; Preisendanz, 1991). Aber wie ironisch ist denn das Gedicht im gängigen, nicht romantischen Sinn?

Ironie inner- und außerhalb des Gedichts

Heines wohlverdienter Ruf als großer Ironiker kommt ihm nicht immer zugute. Die Vermutung, daß man ihn oft nicht beim Wort nehmen kann (in Kapitel 19 der *Reise von München nach Genua* spricht er von »exoterischer« und »esoterischer« Bedeutung), stellt Hindernisse in den Weg einer unvoreingenommenen Lektüre – besonders im Falle der Gedichte aus dem *Buch der Lieder*. Die Tendenz ist psychologisch verständlich: man möchte nicht von Heine zum Besten gehalten werden und wappnet sich, indem man unreflektiert und ununterbrochen seine Ironie antizipiert; aber gerade diese defensive Haltung nimmt der Ironie einen Großteil ihres Reizes. Die fast zum Reflex gewordene Annahme, daß hinter jedem Wort Ironie stecken muß, ist genauso mißlich wie die entgegengesetzte Ablehnung der ›Stimmungsbrechung‹. Hilfreich bei dem Dilemma, diese Zweigleisigkeit zu begreifen, sind manche Äußerungen Heines in seinen Briefen, zum Beispiel in dem berühmten Brief an den Dichter Immermann vom 24. Dezember 1822, wo er von »meinen kleinen maliziös-sentimentalen Liedern« spricht (HSA 20,61). In einem anderen Gedicht aus der *Heimkehr* liefert Heine das Bild für diese ambivalente Haltung, die er in den zwanziger Jahren immer wieder »zerrissen« nennt; es ist das Bild des Doppelgängers in *Heimkehr* XX, in dem die konträren Stimmen und Stimmungen koexistieren: diejenigen eines liebeskranken Mannes und seines zweiten Selbstes, das ihn beobachtet und »nachäfft«.

Um das Zwiespältige dieser Ästhetik hervorzuheben, hat man, wie schon angedeutet, von ›Stimmungsbruch‹ gesprochen. Eine Stimmung kann man aber nicht brechen, wenn es keine gibt, und existiert sie, muß man bereit sein, sich dieser Stimmung hinzugeben. Vielleicht ist es überhaupt irreführend, von ›Stimmungsbrechung‹ zu reden, denn die Stimmung bleibt bei Heine trotz des Kontrastes oder des Witzes bestehen, genau wie in vielen Gedichten im *Buch der Lieder* der Traum beim Aufwachen im Gedächtnis und im Gemüt bleibt. Wichtig ist vor allem, daß man nicht enttäuscht wird, wenn es keine ›Stimmungsbrechung‹ gibt, oder daß man wenigstens diese ›Enttäuschung‹ als Teil von Heines Ästhetik akzeptiert: wenn jede Erwartung, auch die einer Brechung, eines Witzes oder einer Ironie, in Erfüllung ginge, dann müßte man sich fragen, worin eigentlich die Kunst liegt und mit Adorno die »fertige, präparierte Sprache« kritisieren und die »dichterische Technik der Reproduktion« rügen. Genau dieses Voraussagbare gibt es nicht. Heine ist ein Autor, den man immer wieder von neuem und auf den Kontext hin – gattungsmäßig oder historisch – lesen muß, wenn man ihm gerecht werden will. Daß man sein Ziel verfehlen kann, ist eines der Risiken, die man in Kauf nehmen muß, wenn man eine Interpretation unternimmt; die Gefahr ist immer vorhanden, daß man Ironie da findet, wo sie ins eigene Konzept paßt.

Die Ironien von »Ich weiß nicht, was soll es bedeuten« liegen eher außerhalb als innerhalb des Gedichts. Rezeptionsgeschichtlich kann man als Form der Ironie zur Kenntnis nehmen, daß dieses Gedicht während des Dritten Reichs von denselben Leuten offenbar als unverzichtbar empfunden wurde, die seinem Autor als Juden alles »Deutsche« absprachen. Diese Ironie ist literaturgeschichtlich mit derjenigen verwandt, die Kortländer erwähnt, wenn er kopfschüttelnd bemerkt, daß »ausgerechnet Heines Haltung, die vor allem anderen den Vorzug hat, durch und durch ehrlich und ohne Illusion zu sein, von der Kritik von rechts wie von links einmütig mit dem Vorwurf der Frivolität und der Verlogenheit belegt wurde« (Kortländer, S. 390).

Vom Gedicht selbst kann man kaum behaupten, es sei typisch für den ›Ironiker‹ Heine; es ist eher eines der konventionell anmutenden Gedichte im Zyklus. Deshalb konnte es in das sentimentale Lager der deutschnationalen Mythologie aufgenommen – oder besser, von ihm angeeignet – werden. Die Ironie ist in den angrenzenden Gedichten des *Buchs der Lieder* zu finden, die (und das ist das Typische und das Originelle an Heine) das Loreleigedicht in einem anderen Licht erscheinen lassen. Zwar gibt es eine Distanzierung im Gedicht durch die Stimme des lyrischen Ichs in der ersten und letzten Strophe, aber diese Distanzierung ist nicht derjenigen einer ›Stimmungsbrechung‹ gleichzusetzen, da sie in der ersten Strophe selbst die Stimmung des Ungewissen, Traurigen und Vergangenen einführt. Die Distanzierung im Rahmen des Gedichts ist auch nicht die Ironie des Humoristen, wie beispielsweise Arendt es sieht, wenn er vom lyrischen Ich in der letzten Strophe behauptet, es sei über das Schicksal des Schiffers »belustigt« (Arendt, S. 18). Sie ist nur ironisch im Sinne der romantischen Ironie. Es ist das selbstreflektierende Element, das Schiller »sentimental« nennt und das alles in Frage stellt (»Ich weiß nicht«, »Ich glaube«). Durch diesen Rahmen tritt das lyrische Ich in den Vordergrund und trennt sich bewußt von der Geschichte der Lorelei; doch ist die Trennung nicht rein oder endgültig, denn (und hieran erkennt man wieder Heine) das lyrische Ich ist durch seine Nähe zu dem Fischer doch mit dem »Märchen« verbunden.

Von »ironischer Brechung« zu sprechen, scheint mir deshalb fragwürdig. Die Suche nach Ironie läßt sich nur aus dem verbreiteten Irrglauben herleiten, man müßte dem berühmten Heine-Ton und den Heineschen Kennzeichen überall auf die Spur kommen. Inwiefern ist es ein »bewußter Stimmungsbruch«, wenn Heine von »wildem Weh« schreibt, und wo ist der »Verfremdungseffekt« der letzten Strophe, wie Heinz Politzer es formuliert (S. 461)? Man stolpert zwar über die metrische Extrasilbe in der Zeile »Und das hat mit ihrem Singen die Lorelei getan« (24), was uns beim Lesen verlangsamt und uns zum Nachdenken bringt, aber ist das wirklich eine »Brechung«, wie Brunotte behauptet (S. 243)? Nicht solche Details sind das Typische an Heine; das Heineschste aller Kennzeichen ist die Macht des Kontexts, die etwas von einem Zauber enthält und die verlorengeht, wenn man ein Gedicht isoliert zu interpretieren trachtet.

Der Zauber des Zusammenhangs

Heine legte großen Wert auf die Anordnung seiner Gedichte im *Buch der Lieder* wie in den anderen Zyklen. Überhaupt entspricht die Form des Zyklus seinen ästhetischen Zielsetzungen, denn er kann durch die Gegenüberstellung von verschiedenen Tönen und Stilebenen seine Leser gleichzeitig zum Denken anregen wie auch Empfindungen in ihnen wecken. Müller-Seidel nennt dies das »erhöhte Bewußtsein« (S. 116). Die Spannung zwischen Denken und Empfinden tritt im Loreleigedicht durch die Trennung der ersten und letzten Rahmenstrophen von der ›Handlung‹ der Mittelstrophen zutage. In der Zusammenstellung der ersten drei Gedichte von *Die Heimkehr* wird das noch deutlicher. Für Norbert Altenhofer ist es das erste Gedicht *»In mein gar zu dunkles Leben«*, das *Heimkehr* II erhellt; für Müller-Seidel und Kortländer ist es das dritte *»Mein Herz, mein Herz ist traurig«*. Altenhofer betont die poetologische Verbindung, Müller-Seidel und Kortländer unterstreichen vor allem den thematischen Kontrast der Gedichte; sie treffen sich darin, daß sie im Loreleigedicht die dichterische Bearbeitung von emotionellen Erlebnissen und literarischen Vorbildern wahrnehmen. Müller-Seidel führt aus: »Brentanos Ballade beschwört die Lorelei unmittelbar. Heines Gedicht dagegen beschwört die von Brentano erzählte Geschichte« (S. 112).

Die drei ersten Gedichte der *Heimkehr* haben ein gemeinsames Kompositionsprinzip, das wiederum für die Struktur des ganzen Zyklus bestimmend ist. Jedes Gedicht beginnt mit der Melancholie des lyrischen Ichs, aber in der zweiten Strophe wendet sich der Blick von dem melancholischen lyrischen Ich zu einem scheinbar neuen Thema, um erst in der letzten Strophe wieder zu dem lyrischen Ich zurückzukehren. Man muß als Leser die Verbindung zwischen der ersten und zweiten Strophe selbst herstellen, was auch für die Suche nach Verbindungen im ganzen Zyklus als beispielhaft angesehen werden kann. In *Heimkehr* I läßt sich dieses Prinzip leicht verfolgen, da es nur drei Strophen gibt. Auf die Melancholie des lyrischen Ichs folgt das Bild von Kindern, die in der Dunkelheit ihre Angst durch das Singen von Liedern vertreiben. In der dritten Strophe bezieht dann das lyrische Ich dieses Bild auf sich und auf sein literarisches Verfahren:

Ich, ein tolles Kind, ich singe
Jetzo in der Dunkelheit;
Klingt das Lied auch nicht ergötzlich,
Hat's mich doch von Angst befreit.
(DHA 1/1,207)

Es ist dasselbe Bild, das Heine in seinem späten Gedicht *Enfant perdu* aus dem *Romanzero* wieder aufgreift.

In *»Mein Herz, mein Herz ist traurig«* wird die Melancholie der ersten Strophe wie im Loreleigedicht durch eine Flußlandschaft versinnbildlicht, nur erscheint sie hier in verwandelter Form. Das lyrische Ich steht jetzt da, wo die Lorelei saß (»Ich stehe, gelehnt an der Linde, / Hoch auf der alten Bastei«; DHA 1/1,209), und das Wasser unten ist nicht der Rhein, sondern ein namenloser Stadtgraben (»Da drunten fließt der blaue / Stadtgraben in stiller Ruh«). Perspektive und Landschaft sind nicht mehr mit Märchen und Illusion, sondern mit Alltag, Arbeit und Ochsen verbunden. Es gehört zu Heines Kennzeichen, daß er dasselbe Wort unterschiedlich benutzt und in diesem Fall dasselbe Bild anders gestaltet; das ist einer der Gründe, weshalb man ihn so genau lesen muß. Hier zeigt er auch, mit welchen Mitteln er das Volkslied und die Volksballade neu auszuformen weiß.

Diese wenigen Details können als exemplarisch gelten für

die Vielschichtigkeit, die ein Gedicht im Verhältnis zu anderen bekommt, einem Verhältnis, wie Altenhofer es zusammenfassend formuliert, »des Exponierens, Weiterführens, Vertiefens, Wiederaufnehmens, Revozierens« (S. 156). Das Prinzip der Assoziation und des Arrangements könnte man anhand des Loreleigedichts mit vielen Details weiter ausführen, aber ein letztes Beispiel soll genügen. Meines Erachtens liefert die Struktur von *Die Heimkehr* ein überzeugendes Argument für die Theorie, daß Heine im Loreleigedicht eine Anspielung auf seine Situation als Jude in Deutschland macht. Bei dieser Interpretation wird die Lorelei mit ihrer »malign indifference« (Prawer, S. 25) nicht als »archetypisch verwandelte Amalie« dargestellt (Jaspersen, S. 133), sondern sie wird zur Repräsentantin der deutschen Gesellschaft.[2] Demnach wäre die Randstellung des lyrischen Ichs im Loreleigedicht der Randstellung Heines in der deutschen Gesellschaft gleichzusetzen; innerhalb des Gedichts wäre demzufolge seine Situation mit derjenigen des Fischers identisch. Wie Veit es ausdrückt, fühlt sich der Fischer – und gleichzeitig das lyrische Ich – von der Lorelei als Vertreterin einer deutschen Kultur der »post-ghetto period« angezogen, nur möchte er seine Identität als Jude nicht aufgeben (S. 240).

Daß das Schweigen oft einen beredteren und tieferen Effekt haben kann als das Sprechen, ist eine alte Binsenweisheit, und das gilt auch in diesem Fall: die Indizien für einen Bezug auf Heines jüdische Identität sind wie bei der Ironie außerhalb des Gedichts zu suchen. Biographisch sind solche Indizien reichlich vorhanden. Die Frage seiner jüdischen Identität hat Heine zwischen 1822 und 1825, der Entstehungszeit der *Heimkehr*-Gedichte und des *Rabbi von Bacherach*, intensiv beschäftigt. In Berlin war er Mitglied des Vereins für Cultur und Wissenschaft der Juden; in Göttin-

2 Varianten dieser Lesart findet man bei Politzer (S. 460), Veit (S. 240 f.), Neumann und Hermand.

gen ist er dem Antisemitismus der Burschenschaften ausgesetzt gewesen. Und schließlich ließ er sich im Sommer 1825 mit sehr gemischten Gefühlen protestantisch taufen, wie die Briefe aus dieser Zeit und das Gedicht *An Edom* (1824) bezeugen. Das Loreleigedicht selbst ist 1824 erschienen und wohl spät im Jahre 1823 entstanden, also mitten in dieser Zeit. Außerdem enthielt *Die Heimkehr* bei der ersten Auflage eine Widmung an Rahel von Varnhagen, selbst eine konvertierte Jüdin, die von Heine mit ihrem christlichen Namen Friederike angeredet wird (Prawer, S. 37 und 113).

Aber solche positivistischen Details unterstützen eher die Theorie, als daß sie überzeugen; die besten Beweise finden sich in der Struktur der *Heimkehr* selbst. Wenn man das Kompositionsprinzip der ersten drei Gedichte betrachtet, sieht man, wie die letzte Strophe die erste erhellt. Wenn man dieses strukturelle Prinzip auf *Die Heimkehr* als Ganzes ausweitet, dann kann man hoffen, in den letzten Gedichten des ganzen Zyklus etwas über den Anfang zu erfahren. Dem ist tatsächlich so, denn die letzten drei Gedichte handeln alle von Religion: von Antisemitismus in *Donna Clara*; von Konversion und ihren psychischen Folgen in *Almansor*; und von unglücklicher Liebe und der romantischen Verschmelzung erotischer und katholischer Ikonen in *Die Wallfahrt nach Kevlaar.* Diese erhellende Symmetrie liefert nicht zuletzt eine Erklärung dafür, warum Heine in seiner Umarbeitung der *Heimkehr* für das *Buch der Lieder* fünf neue Gedichte hinzufügt (auch in der endgültigen, 5. Auflage sind sie dabei): außer den drei letzten noch *Götterdämmerung* und *Ratcliff*, in denen poetologische und religiöse Themen genauso angesprochen werden wie in den anderen Gedichten. Das Gedicht *Donna Clara* kann man sogar als Umkehrung des Loreleigedichts lesen, als Vorläufer von *Der Apollogott* (dem Gedicht, in dem Veit und Preisendanz eine Beziehung zum Loreleigedicht und folglich zu einer jüdischen Thematik feststellen): in *Donna Clara* triumphiert die jüdische *persona* über die Frau, die mit ihrem Antisemitismus und ihren Allüren sich als Kusine der Lorelei entpuppt. Vor allem die dramatische Nennung des Namens in der letzten Zeile von *Donna Clara* und dem Loreleigedicht stärkt die Bindung: *Heimkehr* II endet mit den Zeilen »Und das hat mit ihrem Singen / Die Lore-Ley getan« (23 f.), während in *Donna Clara* die Nennung des Namens die Pointe setzt:

Ich, Sennora, Eu'r Geliebter,
Bin der Sohn des vielbelobten,
Großen, schriftgelehrten Rabbi
Israel von Saragossa.
(DHA 1/1,319)

Was die anderen Gedichte am Ende des Zyklus betrifft, erweckt die Liebeskrankheit des Sohnes in *Die Wallfahrt nach Kevlaar* natürlich eine Assoziation zu der Liebeskrankheit im ganzen *Buch der Lieder*. Das erinnert aber auch an eines der wichtigsten Vorbilder für das Loreleigedicht, Brentanos Ballade »Lore Lay« aus dem Roman *Godwi* (1802), in dem zum ersten Mal der Berggeist vom Lurleiberg in der Gestalt einer schönen, aber gefährlichen Frau erscheint. Bei Brentano hat das Gedicht eine starke katholische Komponente, und die Verbindung zu *Die Wallfahrt nach Kevlaar* wird um so glaubwürdiger, wenn man bedenkt, was Kolbe zu Brentanos Gedicht sagt: »Lureley stirbt im Angesicht des Bischofs den romantisch katholischen Liebestod« (S. 207). Die erste Zeile von Brentanos Gedicht, *»Zu Bacharach am Rheine«*, stellt für Neumann (S. 206) noch eine Verbindung zwischen dem Loreleimotiv und der jüdischen Problematik her, weil der Ort Bacharach für Heine in seinem Romanfragment *Der Rabbi von Bacherach* jüdische Assoziationen hat. Da Heines Gedichte im *Buch der Lieder* von solchen Anspielungen leben, wie Michael Perraudin in seinem brillanten Buch detailliert nachgewiesen hat, sind solche Verbindungen mehr als pure Spekulation. Besonders Perraudins Interpretationen der Gedichte *Die Weihe* (wo die

Marienkapelle nicht nur katholische, sondern auch jüdische Assoziationen enthält) und *Im Hafen* (wo die jüdischen Anspielungen sich als ebenso versteckt wie glaubhaft erweisen) wären hier zu bedenken (S. 119–142). Eine solche Lesart darf nicht zu eng betrachtet werden; es handelt sich, wie gesagt, um Anspielungen, und die halten sich die Waage mit den anderen Themen der unglücklichen Liebe, aber vor allem mit den poetologischen Bemühungen im *Buch der Lieder*.

Das Echo der Lorelei

Die Frage bleibt: wie soll man das Loreleigedicht als Ganzes verstehen, und vor allem, was hat innerhalb des Gedichts das Lied der Lorelei selbst zu bedeuten? Arendt fragt nach der Bedeutung des Worts »Märchen« für Heine und weist darauf hin, daß es immer als Kontrast zur Realität und zum Politischen auftaucht (was in der Gegenüberstellung von *Heimkehr* II und III bestätigt wird). Gleichfalls muß man nach der Bedeutung des Worts »Lied« für Heine fragen. Es ist das »Lied« der Lorelei (»und singt ein Lied dabei«, 14), das den Fischer verführt und woran er zugrunde geht, oder genauer ihr »Singen« (»Und das hat mit ihrem Singen / Die Lore-Ley getan«, 23 f.). Wieso? Beutler spricht von der »abgründigen Macht der Melodie [...], die den Schiffer in den Strudel, in die Tiefe zieht«, und fügt hinzu: »Musik, wie sie keine Zeit vorher, wie erst die Romantik sie geschaffen hatte« (S. 364). Das mag auf den ersten Blick richtig wirken, besonders wegen der bewußt romantischen Dimension des Gedichts, nur scheint mir hier etwas anderes im Spiel zu sein. Man muß bedenken, wie wenig Heine sich für Musik interessierte und von ihr verstand. Die Musik ist für ihn nur ein Vorwand, seine Gedanken über Poesie und Politik auszudrücken; seine Sänger sind eigentlich Dichter – man denke in diesem Kontext wieder an den Apollogott (zum

Verhältnis Heines zur Musik s. Mann, 1971, und Kolb, 1984). Daß die »wundersame / Gewaltige Melodei« (15 f.), wie Beutler sagt, den Schiffer »in den Strudel« zieht, ist gewiß richtig; aber die »Melodei« bedeutet für Heine nicht das, was sie für einen Autor wie Brentano oder E. T. A. Hoffmann bedeutet und was auch Beutler darunter versteht. Heine übernimmt ein romantisches Motiv – genau wie er die Formen der Volkspoesie übernimmt – und benutzt es für seine eigenen Zwecke. Man darf sich also fragen, ob hier wie sonst bei Heine die Musik eine Kodierung von Poesie oder Zeitgeschichte ist, vielleicht von beiden gleichzeitig.

Daß das Wort Lied für Heine in erster Linie eine poetische Bedeutung hat, wird aus dem Titel *Buch der Lieder* sofort ersichtlich. Für viele Interpreten von *Heimkehr* II liegt es auf der Hand, daß das Lied der Lorelei mit Dichtung, und zwar mit der Dichtung der Romantik, identisch ist (s. etwa Feuerlicht, Kolbe, Veit und Wetzel). Das ist überzeugend, aber ist das die einzig mögliche Bedeutung des Liedes der Lorelei? Besonders wenn man aufgrund des ›Arrangements‹ der *Heimkehr* eine versteckte Anspielung auf Heines zerrissene jüdische Identität vermuten kann, scheint es sinnvoll, nach dessen verschlüsseltem Code der Musik nicht nur für poetische, sondern auch für politische Themen zu fragen (man denke z. B. an die berühmte Stelle in Kapitel 19 von *Die Reise von München nach Genua*, wo die ›esoterische‹ Bedeutung der italienischen Oper mit Revolution gleichzusetzen ist). Die Zusammenstellung der Gedichte kommt uns wiederum zu Hilfe, da in *Heimkehr* III nicht nur die Landschaft, sondern darüber hinaus das Lied in den Alltag einbezogen wird. Die »gewaltige Melodei« der Lorelei wird ersetzt durch Gepfeife und Gesumm: »Ein Knabe fährt im Kahne, / Und angelt und pfeift dazu« (DHA 1/1, 209) und von dem »Mühlrad« heißt es: »Ich höre sein fernes Gesumm« (DHA 1/1,209). Da aber die Konfrontation mit der Realität in *Heimkehr* III eine gleich tödliche Wirkung auf das lyrische Ich zu haben droht wie das Lied der Lorelei auf den Fischer in *Heimkehr* II (die letzte Zeile des Gedichts lautet: »Ich wollt', er schösse mich todt«; DHA 1/1, 211), bietet die Banalität des Alltags – die dem Zeitgeschichtlichen gleichzusetzen ist – ebensowenig eine poetische Lösung für den Dichter wie das Märchen. Da wären wir also mitten in der Problematik von *Ideen. Das Buch Le Grand* (1827); man könnte sogar von der Gegenüberstellung der ersten drei Gedichte in *Die Heimkehr* dasselbe behaupten wie Sammons von der *persona* des »Grafen vom Ganges« in Kapitel 5 von *Ideen. Das Buch Le Grand*: »Hier werden die beiden widersprüchlichen Elemente der Persona deutlich, wie sie im ›Buch Le Grand‹ in Erscheinung treten: Die romantische Empfindsamkeit, die gekoppelt ist mit der Dichtung und den Leiden des Eros, und die Wachsamkeit für die gegenwärtige, vor allem die politische Realität« (Sammons, dt. Fass., S. 327).

Es kommt aber nicht darauf an, dem Lied der Lorelei einen ausschließlich poetischen oder zeitgeschichtlichen Sinn zu geben. Wie im *Buch Le Grand* ist die Dichterpersona des *Buchs der Lieder* auf der Suche nach ihrem Stil, der wie die Gedichte selber zwischen dem Poetischen im romantischen Sinn und dem Zeitgeschichtlichen oder Alltäglichen (was in *Die Heimkehr* das Religiöse mit einschließt) schwankt und schwebt. Die Suche nach dem eigenen poetischen Stil ist im Loreleigedicht das Hauptthema; und Heine erreicht diesen Stil durch Echos. Das Loreleigedicht ist ein ›Echogedicht‹, und dieses Echo ist der Inhalt des Liedes, das die Lorelei singt.

Der Name der Lorelei ist eine Zusammensetzung aus ›Lei‹, was ›Fels‹ bedeutet, und ›luren‹ oder ›lauern‹, weil man auf das Echo im Felsen lauert[3]; Brentano macht aus diesem Echo eine schöne aber gefährliche Frau, und Heine

3 S. den ausführlichen Kommentar von Pierre Grappin zu Bd. 1 der DHA (1/2,876–888). Heine schreibt »Lore-Ley«, was die Etymologie, also das Echo, noch mehr betont.

macht das Echo dieser Frau zum Gestaltungsprinzip des Gedichts. Formell gesehen kann man den Rahmen des Gedichts ein Echo nennen: in der ersten Zeile der letzten Strophe ist »Ich glaube« (21) ein Echo auf die erste Zeile »Ich weiß nicht, was soll es bedeuten«. Die Wiederholungen (die oft als falsche Einfachheit kritisiert worden sind) soll man als Echo vernehmen: die Wiederholung vom Wort »golden« (»Ihr gold'nes Geschmeide«, 11; »ihr goldenes Haar«, 12; »mit goldenem Kamme«, 13) wird variiert und untermauert durch die Wiederholung von »kämmen« und »Kamm« (»Sie kämmt ihr goldenes Haar«, 12; »Sie kämmt es mit goldenem Kamme«, 13). Das Volksliedschema mit dem alternierend weiblichen und männlichen Reim unterstreicht wiederum diese Echofunktion. In der Struktur des ganzen *Heimkehr*-Zyklus bekommen die ersten drei Gedichte, die wie die erste Strophe des Loreleigedichts einen Rahmen bilden, ihr Echo in den letzten Gedichten.

Das Loreleigedicht ist ein »Echogedicht«, und der Inhalt des Liedes, das die Lorelei singt, ist dieses Echo. Auf zwei Ebenen ist *»Ich weiß nicht, was soll es bedeuten«* ein Echogedicht – innerhalb und außerhalb des Textes. Innerhalb finden sich Echos auf andere literarische Werke, und außerhalb sind im ganzen Zyklus, wie wir schon gesehen haben, Echos auf dieses Gedicht zu vernehmen: wie Prawer sagt, »all ways lead directly to the rock of the Lorelei«. Das »alte Märchen« in der ersten Strophe kann man generell als emblematisch für alle literarischen Werke der Vergangenheit auffassen, so wie das »alte Stück« in *Ideen. Das Buch Le Grand* nicht nur das zitierte Stück, sondern auch Heines literarische Vorgänger bezeichnet. Im Loreleigedicht gibt es natürlich Echos von Brentano, Eichendorff (*Waldgespräch*) und Loeben (*Der Lurleyfels*); Heines Reimpaar »blitzet« und »sitzet« (9, 11) ist sogar ein Echo, in umgekehrter Reihenfolge, auf das erste Reimpaar bei Loeben. Heines griechisches Vorbild klingt thematisch in den Sirenen bei

Homer an, weshalb die »alten Zeiten« nicht nur auf die Romantik anspielen. Man hört sogar ein Echo von Goethes Gedicht *Der Fischer* und, in verwandelter Form, von Goethes Erlebnislyrik überhaupt; aber Heines ›Erlebnis‹ wird nicht nur von Menschen, sondern auch bewußt von seiner Lektüre bestimmt. Nicht zuletzt kann man bei der literarischen Rezeption des Loreleigedichts von Echos reden, bei Thomas Mann in *Felix Krull* etwa oder Erich Kästners *Der Handstand auf der Loreley*, vielleicht sogar bei Celans *Todesfuge*.

Die negative Heine-Rezeption ist, wie gesagt, teilweise auf das Loreleigedicht zurückzuführen; Karl Kraus hörte überall Echos von Heines Manier, ohne diese Echos vom Original unterscheiden zu wollen. Gleichermaßen muß man bei der eigenen Heine-Lektüre die Echos anderer Texte mit Heines eigenem innovativen Stil in Verbindung bringen, was am Loreleigedicht nur gelingen kann, wenn man auch auf die Echos der anderen Gedichte der *Heimkehr* und des *Buchs der Lieder* hört.

Literaturhinweise

Arendt, Dieter: Heinrich Heine: ». . . Ein Märchen aus alten Zeiten . . .«. In: Heine-Jahrbuch 8 (1969) S. 3–20.

Beutler, Ernst: *Der König in Thule* und die Dichtungen von der Loreley. In: E. B.: Essays um Goethe. Bd. 2. Wiesbaden 1947. S. 307 bis 369.

Brummack, Jürgen: Lyrik nach der Romantik: Das *Buch der Lieder*. In: J. B. (Hrsg.): Heinrich Heine. Epoche – Werk – Wirkung. München 1980. S. 80–112.

Brunotte, Ulrike: Zum Verhältnis von Schicksal und Ironie in der *Loreley* Heinrich Heines. In: Heine-Jahrbuch 24 (1985) S. 236 bis 245.

Destro, Alberto: Das *Buch der Lieder* und seine Leser. Die Prämissen einer mißlungenen Rezeption. In: Zu Heinrich Heine. Hrsg.

von Luciano Zagari und Paolo Chiarini. Stuttgart 1981. S. 59 bis 73.
Feuerlicht, Ignace. Heine's *Lorelei*: Legend, Literature, Life. In: German Quarterly 53 (1980) S. 82–94.
Heißenbüttel, Helmut: Materialismus und Phantasmagorie im Gedicht. Anmerkungen zur Lyrik Heinrich Heines. In: Heinrich Heine. Ästhetisch-politische Profile. Hrsg. von Gerhard Höhn. Frankfurt a. M. 1991. S. 101–115.
Hermand, Jost: Ahasvers Rheinfahrt. Heines *Lorelei*. In: J. H.: Mehr als ein Liberaler. Über Heinrich Heine. Frankfurt a. M. [u. a.] [2]1993. S. 29–36.
Kolb, Jocelyne: Heine and Music: Let It Sound No More. In: Heine-Jahrbuch 23 (1984) S. 90–113.
– »Die Puppenspiele meines Humors«: Heine and Romantic Irony. In: Studies in Romanticism 26 (1987) S. 399–419.
Kolbe, Jürgen: Das hat mit ihrem Singen die Loreley getan: Ein sagenhafter Einfall und einige Folgen. In: Balladenforschung. Hrsg. von Walter Müller-Seidel. Königstein i. Ts. 1980. S. 204–215.
Kortländer, Bernd: Nachwort. In: Heinrich Heine. *Buch der Lieder.* Stuttgart 1990. S. 368–397.
– Poesie und Lüge. Zur Liebeslyrik des *Buchs der Lieder.* In: Heinrich Heine. Ästhetisch-politische Profile. Hrsg. von Gerhard Höhn. Frankfurt a. M. 1991. S. 195–213.
Jaspersen, Ursula: Heinrich Heine. *Ich weiß nicht, was soll es bedeuten.* In: Die deutsche Lyrik. Form und Geschichte. Bd. 2. Hrsg. von Benno von Wiese. Düsseldorf 1957. S. 128–133.
Mann, Michael: Heinrich Heines Musikkritiken. Hamburg 1971. (Heine-Studien.)
Metzner, Günter: Heine in der Musik. Bibliographie der Heine-Vertonungen. 12 Bde. Tübingen 1989 ff.
Müller-Seidel, Walter: Probleme der literarischen Wertung. Stuttgart 1965. S. 110–116.
Neumann, Peter Horst: »Judas Wüstenlieder sind unsere deutschen Volksgesänge«. Über das Lorelei-Gedicht und Heines Selbstverständnis als Deutscher und Jude. In: Merkur 42 (1988). S. 199 bis 209.
Perraudin, Michael: Heinrich Heine. Poetry in Context. A Study of *Buch der Lieder.* Oxford [u. a.] 1989.
Politzer, Heinz: Das Schweigen der Sirenen. In: Deutsche Vierteljahrsschrift für Literaturwissenschaft und Geistesgeschichte 41 (1967). S. 444–467.

Prawer, S. S.: Heine's Jewish Comedy. A Study of his Portraits of Jews and Judaism. Oxford 1983.

Preisendanz, Wolfgang: Heinrich Heine: Der Apollogott. In: Gedichte und Interpretationen. Deutsche Balladen. Hrsg. von Gunter E. Grimm. Stuttgart 1988. S. 283–301.

– Der Ironiker Heine. Ambivalenzerfahrung und kommunikative Ambiguität. In: Heinrich Heine. Ästhetisch-politische Profile. Hrsg. von Gerhard Höhn. Frankfurt a. M. 1991. S. 101–115.

Riethmüller, Albrecht: Heines *Lorelei* in den Vertonungen von Silcher und Liszt. In: Archiv für Musikwissenschaft 3 (1991) S. 169 bis 198.

Sammons, Jeffrey: Heinrich Heine. The Elusive Poet. New Haven 1969. [Dt. Fassung von Kap. 5 in: Heinrich Heine. Hrsg. von Helmut Koopmann. Darmstadt 1975. (Wege der Forschung. 289.) S. 307–347.]

Veit, Philipp F.: Lore-ley and Apollogott. In: Analecta Helvetica et Germanica. Eine Festschrift zu Ehren von Hermann Böschenstein. Hrsg. von A. Arnold [u. a.]. Bonn 1979. S. 228–246.

Wetzel, Heinz: Heinrich Heines *Lorelei*: Stimmungszauber oder Bewußtseinsbildung. In: Germanisch-Romanische Monatsschrift N. F. 20 (1970) S. 42–54.

Leise zieht durch mein Gemüt
Liebliches Geläute.
Klinge, kleines Frühlingslied,
Kling hinaus ins Weite.

Kling hinaus, bis an das Haus,
Wo die Blumen sprießen.
Wenn du eine Rose schaust,
Sag ich laß sie grüßen.

Frieder Reininghaus

Eine Frühlings-Epistel Heines mit Mendelssohns Musik

Wie wird Musik? Gewiß nicht bloß aus den vermittelten Umständen ihrer verzweigten Präexistenz, Gewohnheiten also, sondern nur zu oft aus den großen oder kleinen Tragödien des Lebens. Wie Ovid schon, von Pan und der Nymphe Syrinx berichtend, mitteilte: aus enttäuschter Hoffnung, Verlust von Geliebtem, aus Entsagung. Wie nichts anderes ist solcher Stoff das Lebenselixier der artifiziellen Musik (und oft genug auch noch dort, wo diese nichts als Musik sein wollte und konnte). Das Triebleben der Klänge läßt sich ohne das vielfältig gebrochene Verhältnis zu dem der Körper und Seelen kaum denken. In dieser Sphäre geht es, bei aller entwickelten Rationalität der Tonkünste, mitunter recht wundersam zu.

Blaue Wunder, graue Wunder in viel buntem Plunder. Neben Goethe hat keiner so viel und folgenreich an der Rezeptur der Heil- oder Zaubersäfte experimentiert, welche die Haus- und Hof-Apotheken des deutschen Kunstlie-

Gruß.

(Heine.)

Andante. Op. 19 Nº 5.

des bestückten, wie Heinrich Heine. Der hat in der sich durch Religionskritik, Philosophie, Politik und technischen Fortschritt entzaubernden Welt den Zauber des Liedes beschworen, Phantasmagorien des falschen Scheins und zugleich Vorschein des unerreichbaren richtigen Lebens entworfen, hat dazu deutschem Gemüt und deutscher Gemütlichkeit die Roßkuren des Trommelschlags verordnet, den er als Evangelium einer neuen Zeit in seiner Kindheit vernahm und der ihm in einem an literarischen Kämpfen wie an Liebeslust nicht armen Leben nicht mehr aus dem Sinn kam: Verheißung und Drohung blieb.

Im November des Jahres 1830, in dem erstmals Funken des revolutionären Aufruhrs von Paris nach Brüssel, zu den Arbeitern der Textilfabriken in Aachen, auf einige deutsche Städte – Hamburg, Braunschweig, Kassel, Leipzig, Dresden, selbst Berlin – dann auf das Großherzogtum Hessen und vor allem auf Polen übergesprungen waren, schrieb Heine in Hamburg, das eben auch von judenfeindlichen Umtrieben heimgesucht wurde, auf Anregung des dort amtierenden Musikdirektors Johann Albert Gottlieb Methfessel (1785–1869) eine Suite von neuen Gedichten. Der Mann, der den »Gott, der Eisen wachsen ließ« (und keine Knechte mochte), auf unsterbliche Weise hatte hochleben lassen und vorzugsweise die Männerchöre mit »hellem, hohem Klang« versorgte, wollte sich auf der Grundlage feiner gewirkter Lyrik nobilitieren. So kam der Grundstock für die Sammlung *Neuer Frühling* zustande (*Prolog*, Nr. II, VI–IX, XVI bis XVIII, XX, XXII–XXIII, XV, XIX, XXXVI–XXXVIII, XL und XLI) *»Leise zieht durch mein Gemüt«* ist das sechste Lied in diesem Zyklus. Hochgemut und neckisch berichtet der Autor zu Anfang der Reihe von den »holden Hindernissen«, die ihn in höchst Privates, »Lust und Leid«, einbinden, »Während Andre kämpfen müssen / In dem großen Kampf der Zeit« (*Prolog*; DHA 2,11).

»Und dein Lied ist lauter Liebe« (*Neuer Frühling* II; DHA 2,12): Bewährt ist das Arsenal der Metaphern dieser

Vierzeiler – der Wald, in dem es wieder kräftig grünt, »Fast jungfräulich lustbeklommen« (ebd.); nach »Nebeldecken« und »Schneegestöber« endlich »schauersüßer Zauber« (*Neuer Frühling* I; DHA 2,12) – »die Sonne lacht herunter«; die Anrede an die »Nachtigall«: »Wie Du flötest selig-trübe / Schluchzend langgezogne Töne« (*Neuer Frühling* II; DHA 2,12). Unwiderruflich war Ironie das Gewürz von Heines Stil geworden. Leise, doch unüberhörbar, träufelt sie aus den Zeilen. Doch wurde sie von den wenigsten begriffen, welche nun in immer dichterem Takt diese Gedichte in Musik setzten. Das Hauptkontingent des *Neuen Frühlings* entstand, neben *Nachträgen zu den Reisebildern*, parallel zu Entwürfen für »ein politisches Büchlein«, mit dem der von den deutschen Unruhen »auf die unerquicklichste Weise« aufgeregte Dichter sich ins Getümmel der Gegenwart zu stürzen trachtete (Brief an Theodor von Kobbe, 28. Oktober 1830; HSA 20,419). In der ihm eigenen Bescheidenheit ließ er wissen: »Auch ich werde sprechen, noch sehr viel ehe die Veilchen kommen, und vielleicht das Bedenklichste [. . .]« (Brief an Carl Herloszsohn, 16. November 1830; HSA 20,420). Varnhagen teilte er mit, daß sein Vorhaben dazu beitrage, »in Deutschland, wo man stockreligiös ist, die Gefühle in Religionsmaterien zu emanzipiren [. . .]«; gern sei er bereit, »das Leid, das mir durch das Geschrey der Frommen bevorsteht«, zu tragen (Brief vom 19. November 1830; HSA 20,422).

Heinrich Heine bemühte sich im Dezember 1830 um die Stelle eines Ratssyndikus in Hamburg – vergeblich. Er suchte sich mehrfach mit dem reichen Onkel Salomon Heine auszusöhnen – noch vergeblicher. Über Monate hinweg wägte er die Folgen der Emigration ab. Er verließ die »schöne Wiege« seiner Leiden, als die Veilchen sprießten. Am 19. Mai traf er in Paris ein: neuer Frühling des Lebens. Die für Methfessel zu Papier gebrachten Lieder waren der freundliche Abschiedsgruß an die alte Heimat: an das, was sie liebenswert gemacht hatte. Rasch fanden sie Adressaten.

Einer wenigstens von ihnen spürte die Melancholie, die sich mit der eigenen traf: Felix Mendelssohn Bartholdy (1809 bis 1847). Er nahm den Text und adressierte ihn auf seine Weise um, den Kontext (absichtsvoll) übersehend.

»Klinge, kleines Frühlingslied«: Es nennt sich *Gruß* und winkt von weitem. Fast ist sie nur ein Hauch, diese Botschaft in zierlicher, manierlicher, gezirkelter Schrift. Adressiert ebenfalls an Unbekannt, vielleicht sogar unbekannt Verzogene. Rasch geschrieben wohl, aber alles andere als eine hastige Mitteilung auf eilig gekritzeltem Zettel. Völlig ziel- und stilsicher. Man darf die ganz in den bewährten melodischen und harmonischen Bahnen des frühen 19. Jahrhundert hingetupften Klangfigurationen als musikalische Inkarnation von Biedermeier nehmen, als Schwester der ovalen Bildchen im Goldrahmen. Doch wenn ein Loblied auf die kleine Form in den Gefilden der hohen Kunst angestimmt werden sollte, dann kann mit Fug und Recht von jener »Miniatur« die Rede sein, die dem eben volljährig gewordenen Mendelssohn gelang. Mit einem der kürzesten Gedichte Heines: mit diesen wundersam schwebenden acht Zeilen, in denen jedes Wort bereits singt und klingt, hell hinaustönt und hinauszieht in unbestimmt bestimmte Weite. Hinaus zur Schönheit für die Augen.

»Leise zieht durch mein Gemüt«: Von der tiefen Quinte D – A, die vorsichtig tastend viermal (und gleich noch vier weitere Male) wiederholt wird, schwingt sich der D-Dur-Akkord des Klaviers hinauf zum a". Die drei knapp gefaßten Einleitungs-Takte, zugleich Zwischen- und Nachspiel, sind S i g n a l. Allerdings ein in Tempo und Lautstärke demonstrativ zurückgenommenes: *Andante, piano*. Im *Allegro* und *Forte* könnten Blechbläser zu einer heroischen Ouvertüre mit dieser Tonfolge einsetzen; doch hier geht es mit ihr in die Gegenrichtung. Ohne Pauken und Trompeten in D – auf intimen Kurs. Auf den Weg der klaviergestützten Innerlichkeit. Der war beim jungen Mendelssohn, diesem Wunderwaisenkind des Berliner Vormärz, von Anfang an so entschieden angelegt wie der Drang zu großem Effekt, zu anschwellender Öffentlichkeit, zu ernsthaftem Ringen um die Weltgeltung der ernsten deutschen Tonkunst (und mit alledem auch zum höheren Ruhm ihrer Protagonisten).

»Zieh hinaus!« Was musikalisch zum Tusch der Herolde, zur Introduktion einer imposanten Szene bei Hofe, wenigstens zur auskomponierten Theaterpforte sich hätte auswachsen können, diminuiert Mendelssohn zu Beginn des fünften Stücks in seinem Opus 19 zum Wink der »weißen Märchenhand« (*Lyrisches Intermezzo* XLIII). Da zeigt sich alles andere als ein muskulöser Arm. Der Klaviersatz scheint sich mit dem Vorspiel förmlich Glacéhandschuhe überzustreifen. Nach der kleinen (von einer Fermate fast unmerklich verlängerten) Pause am Ende des dritten Takts setzt sich die Begleitung auf dem Grundton fest. Sie repetiert hartnäckig leise das d', *portato*, etabliert schwebende Stimmung. Tropfen – zwei kurze Sekunden lang. Zwei lange, bange Sekunden.

Klopfendes Herz? Tropfende Herzen gar? Würde der Fortgang des Satzes nicht bald eines anderen belehren, könnten diese Töne gut und gern als musikalische Chiffre für jene »Perlentränentröpfchen« aus dem LVI. Lied des *Lyrischen Intermezzos* genommen werden, das Mendelssohn um die gleiche Zeit in Musik setzte. Diese, mehrere Jahre vor Robert Schumanns *Dichterliebe* Opus 48 (1840) entstandene Vertonung des Gedichts *»Allnächtlich im Traume seh ich dich«* gelangte allerdings erst nach Mendelssohns Tod (1847) in die kleine Liedersammlung Opus 86 (der Musikverlag Breitkopf & Härtel druckte sie 1851 in Leipzig). Der Komponist des *Grußes* mag wohl gewahr geworden sein, daß die Texte des *Neuen Frühlings* zwar vielfach noch im vertrauten Tonfall der früheren Heine-Gedichte anschlugen, daß sie sich aber nicht mehr so unerfahren und ungeschützt ins Seelengeschäft stürzten. Der Dichter hatte sich, wie der Komponist, nach den ersten größeren Blessuren des Lebens die Wunden geleckt. Beide wagten das Dennoch: versuchten es aufs Neue mit einem unmittelbar zu Herzen sprechenden Ton.

Schwebezustand. Die acht freistehenden ruhigen zarten Sechzehntel nehmen den Impuls des ersten Anfangs auf, das Pochen in der Tiefe. Dann, während ihr Klangband durch zwei Dutzend weitere Wiederholungen der einen Taste gedehnt wird, setzt leichten Sinnes, frischen Muts der Gesang ein. Mit seiner naivischen, kinder- und volksliedhaft intonierenden Melodie tritt zugleich die (zu ihr zunächst in Sexten und Terzen parallel geführte) Mittelstimme in Aktion sowie der vier Takte lang, über die volle Hälfte der Strophe hinweg auf dem tiefen D verharrende Klavier-Baß. Setzt ein in Fragen der Harmonik von Kindesbeinen an derart gewitzter Komponist wie Mendelssohn über die Hälfte eines Stücks nur einen ostinaten Ton, so intendiert er besonderen Ausdruck mit diesem vieldeutigen Mittel, das erst im Kontext der anderen Faktoren seinen Sinn preisgibt: er erinnert an den fernen Klang der tiefen Glocke, den Grundton des »lieblichen Geläutes«. Über den gemessenen Viertel-Schlägen des Basses das ›Bim-Bam‹ der mittleren Glocke (im Tempo des Gehschritts, in den Achteln der Singstimme); und darüber die bewegten Anschläge, das hellere Gebimmel der kleinsten. Das zentrale Möbel der Haus- und Konzertmusik des 19. Jahrhunderts, das Pionierinstrument in der bürgerlichen Ära der mitteleuropäischen Kultur, imitiert volles Geläut. Freilich ist es ein distanzierter, ein eben kunstförmiger Ton, den Mendelssohn hier skizziert; sonntägliches Morgenläuten jenseits des Tales oder gar hinterm Berg wurde in den Salon, ins Wohnzimmer geholt. Kaum wäre zu sagen, warum sich bei solcher Musik der Gedanke an den Farb-Akkord von Schneeglöckchen, Scilla und Osterglocken einstellt.

Mendelssohn wählte (mit der hohen Stimme) D-Dur für den Frühjahrs-*Gruß*. Wie bereits für das *Frühlingslied*, das sein Opus 19 eröffnet. Hier verschränken sich (im Text Ulrichs von Lichtenstein) die Freude an neuem Frühling und die Hoffnung auf frische Liebe beim empfänglichen Gemüt auf vergleichbare, freilich literarisch weit weniger virtuose Weise als bei Heine. Insgesamt waltet in diesem 1834 publizierten Liederstrauß bei der *Consecutio temporum* wie bei der Anordnung der Tonarten zyklischer Gestaltungswille; auf ein langsameres Lied folgt jeweils ein rascheres; dem Ende zu macht sich die Tendenz zu vehementer Beschleunigung bemerkbar (der *Gruß* ist vom *Presto*-Scherzando *Neue Liebe* und dem *Presto agitato* des *Reiselieds* eingerahmt). Auf die Tonarten-Folge der ersten drei Lieder (D – F – e) antwortet die Gegenbewegung der zweiten Gruppe (mit fis – D – E).

Hochgestimmt. Bei den fünfzehn *Frühlingsliedern* unter den einstimmigen Gesängen Mendelssohns findet sich eine gewisse Bandbreite der Tonarten; nicht nur e i n e, die diesem Themenbereich zugeordnet wäre. Die nicht allzu strikte Festlegung auf eine den jeweiligen Tonarten zugedachte Charakteristik entspricht den Verhältnissen in der ›klassischen Musik‹, die dieser Komponist bei seinem frühen Eintritt ins künstlerische Erwerbsleben antraf. Mozart komponierte die *Sehnsucht nach dem Frühlinge* (»Komm lieber Mai und mache die Bäume wieder grün«) in F-Dur; Beethoven wählte diese Tonart für die *Frühlingssonate* (Opus 24) und die *Pastorale* (Opus 68) – dort für das sprichwörtlich gewordene »Erwachen heiterer Gefühle bei der Ankunft auf dem Lande«, ein »Lustiges Zusammensein der Landleute« und den abschließenden »Hirtengesang«. Die kleine Melodie *Komm lieber Mai* parodierte im Januar 1791 freilich das Thema des Rondo-Finales aus dem eben fertiggestellten Klavierkonzert B-Dur (KV 595, Mozarts letztem). Zweimal entschied sich Mendelssohn für F-Dur als ›Frühlingstonart‹ – beim frühen *Minnelied im Mai* (Nr. 1 aus Opus 8, das – 1828 in Berlin veröffentlicht – ein Dutzend Sologesänge von Felix und Fanny vereinigte) und beim *Altdeutschen Frühlingslied* (Opus 86 Nr. 6; es entstand einen Monat vor dem Tod des Komponisten); nur einmal fiel die Wahl auf B-Dur – als Mendelssohn ein virtuoses *Allegro assai vivace* (Opus 47 Nr. 3) zu Nikolaus Lenaus Gedicht *»Durch den Wald, den dunklen, geht holde Frühlingsmorgenstunde«* setzte. Robert Schumann allerdings griff auf B-Dur zurück, als er – nach der endlich erfolgreichen Vereinigung mit Clara Wieck – den Frühlingsgefühlen Ausdruck gab und 1841 sein Werk Nr. 38 zu Papier brachte (Mendelssohn dirigierte die Uraufführung im Leipziger Gewandhaus): seit jenen Tagen wurde die *Frühlingssinfonie* zum Begriff. Drei von Mendelssohns *Frühlingsliedern* stehen in G – *»Es brechen im schallenden Reigen die Frühlingsstimmen los«*, nach einem Gedicht von Carl Klingemann (Opus 34 Nr. 2) und das *Maienlied* nach den Worten Jacob von der Wartes (Opus 8 Nr. 7), sowie das Gegenstück hierzu, das *Hexenlied* nach Hölty (in g-moll; Opus 8 Nr. 8); drei frühe in E – das eine nach einem volkstümlichen schwäbischen Text (Opus 8 Nr. 6), das zweite, ein Willkommensgruß an den Lenz von Voss (Opus 8 Nr. 11), das dritte als Vertonung von Ludwig Uhlands *Frühlingsglaube* (Opus 9 Nr. 8, vom Januar 1830); zwei sind der hohen Stimme in A-Dur zugeschrieben – das (auch von Glockenton erfüllte) *Sonntagslied* (Opus 34 Nr. 5) sowie, gleichfalls nach einem Text des Freundes Klingemann, *»Der Frühling naht mit Brausen«* (Opus 72 als Nr. 2). In der geometrischen Mitte auf dem Quintenzirkel bewegen sich der (als viertes Stück in die Sammlung Opus 9 aufgenommene) Gesang *»Ihr frühlingstrunk'nen Blumen«*, der *Morgengruß* nach Heine (Opus 47 Nr. 2) und die beiden bereits erwähnten Lieder aus Opus 19. So uneinheitlich die Wahl der Tonarten anmutet, so deutlich läßt sie jedoch eine Tendenz erkennen: die Präferenz für die als ›licht‹ und freundlich geltenden ›Kreuz-Tonarten‹ G, D, A, E. Beethovens F-Dur wurde im *Allegretto grazioso* von Mendelssohns *30. Lied ohne Worte* (Opus 62 Nr. 6, *Frühlingslied* genannt) nach A angehoben, Mozarts B-Dur zu dem beim Frühlingsthema vorwaltenden D.

Dehnung der Sehnsucht, Anflug von Ambivalenz: Die Form der von Mendelssohn für den *Gruß* komponierten fünfzehn Takte ist von feinsinniger Asymmetrie (mit der Wiederholung für die zweite Strophe können 26 Takte gezählt werden). In vier 2/4-Takten präsentiert sich das (durch Pause und Fermate in zwei ungleiche Teile aufgespaltene) Vorspiel; in ebenfalls vier, nun aber symmetrisch gebauten Takten die Musik zu den ersten beiden Gedichtzeilen. Mit ihnen hätte der Tonsatz nach hergebrachter Regel freilich bis zum Halbschluß harmonisch zur Dominante fortschreiten müssen; das »liebliche Geläute« aber stützt sich weiterhin auf das zuvor ausschließlich angeschlagene D, ist nun jedoch durch die Mittelstimme subdominantisch eingefärbt und durch deren Wechselnoten (wie durch die der Singstimme) mit Reizdissonanzen aufgerauht. Ist die Melodieführung mit ihren Terzschritten und diatonischen Fortschreitungen von demonstrativer Einfachheit, so hält die Harmonik eine (für heutige Ohren allerdings kaum mehr sonderlich sensationelle) Überraschung bereit: den neunten (bzw. 20.) Takt. Unvorbereitet taucht da das mediantische H-Dur auf (die Dominante der Doppeldominante): »Klinge, kleines Frühlingslied«. Auch da also ›erhebt‹ sich (und erhebt) Musik im metaphorischen Sinn – moduliert dann nach der Regel zurück in die Ausgangstonart. Freilich verharrt die Singstimme auf dem Wort »Weite« (bzw. »grüßen«), dehnt die Kadenz um zwei Achtel-Schläge (und bringt den Schlußton so auf dem betonten Taktteil unter, also wieder alles ins rechte Lot). Ein klein wenig gibt im 12. (23.) Takt das innere Gefüge der Musik, bis dahin in strenger metrischer Ordnung gehalten, der latenten Sehnsucht nach: läßt sich ein bißchen breitschlagen, ohne damit jedoch aus klassizistischer Glätte auszuscheren. Es war eine der Ambivalenzen des jungen Mendelssohn: daß er sehr wohl wußte (und bei seiner *Reformations-* oder *Revolutions*-Sinfonie auch erprobte), wie sehr literarische Ideen alle tradierte musikalische Form aufzusprengen vermochten, und doch unterm Assimilationsdruck Form meisterlich erfüllen wollte. Beim *Gruß*, dessen Musik wie dessen Text, schlägt das Zünglein der Waage in Richtung des Ebenmaßes aus, weist auf eine (wenigstens vorübergehend) ungetrübte Idylle. So, wie Heine (getreu dem Motto »Ich grolle nicht«) die Rose mit heiterer Eleganz über dem Abgrund von Liebesverrat grüßen läßt, so schickt Mendelssohn ein musikalisches Genre-Bildchen, aus dem alle ernsthaftere Dissonanz, gar realistischer geartete Mißtöne, ferngehalten sind. Die Musik erweist sich in hohem Grad als angemessen: sie überfordert und überformt das Gedichtchen sowenig wie sie es unterfordert oder unterläuft.

»Klinge [. . .] kling [. . .] kling«. Schon am bloßen Gedicht ist alles Klang und Gesang. Musik ist mitgedichtet und, wie so oft bei Heine, inhärent. Klein und fein, leise und licht hebt es an, und es bleibt klein und leise: absichtsvoll lieblich in der Häufung der hellen Vokale. Fast säuselt es. Es gehört, wiewohl diese sich bereits im allerersten der *Traumbilder* einstellen, nicht zu »düstrer Lieder düstern Melodien«, die sich aufs »wilde Liebesglühn« reimen (DHA 1/1,17), sondern zu den »feinen Liedern«, die das vierte der *Fresco-Sonette an Christian S.* umreißt: »Und in dem Liede lebt und webt und blüht« – eine allerliebste Projektion (DHA 1/1, 123). Es ist von der Art, die »auf Flügeln des Gesanges« fortträgt (und fortgetragen wird, also Musik wieder evozieren mußte); schlägt die »lieben Töne« des traulich beim leichten Kahn (und Nr. XLII) angelangten *Lyrischen Intermezzos* wieder an. Es ist extremes Gegenstück zu *Doktrin* und *Tambourmajor* – »von mütterlicher Seite«, sozusagen. Dort, wo die Musik groß rauscht, so fürchtete Heine von Beginn an, werde er wohl nie reüssieren können; nicht als Mann und kaum als Dichter (daß ihm für große romantische Opern – der *Fliegende Holländer* und die so herrlich spöttisch erzählte *Tannhäuser*-Legende – verdreht und entwunden, daß ihm sogar der Titel *Götterdämmerung* abspenstig gemacht würde, mag ihm zuvor nicht einmal geträumt haben); da schlug er sich lieber auf die Seite des Spielmanns, des Bänkelsängers, des Harfenmädchens (und blieb dabei doch was Besseres, und sei's incognito). Der Text des *Grußes* atmet eine »neue Gelassenheit«, jenseits der bereits durchlittenen Verwerfungen und Verzweiflungen. Auf seine Weise ist er also jenseitig wie das Schlußwort des Spielmanns aus dem achten *Traumbild*, wird heimgeholt und zur Hausmusik domestiziert:

Ich hab' mal ein Liedchen gesungen,
Das schöne Lied ist aus;
Wenn das Herz im Leibe zersprungen,
Dann gehen die Lieder nach Haus!

(DHA 1/1,51)

Die eminente Musikalität der Lyrik Heines: sie ist allzeit hervorgehoben worden, und allenthalben frappiert dieser Überschwang in Tönen, dieser unstillbare Drang musikalischer Bilder, Chiffren, Anspielungen beim neuerlichen Lesen im *Buch der Lieder* (zugleich, bei der Lektüre der Berichte über das Pariser Musikleben, wie dieser Autor um seiner politischen Obsessionen willen sich taub stellen, auf denkwürdige Weise unmusikalisch sein konnte und doch wieder mit dem Hammer des Hohns auf die Notenköpfe traf). Das *Wintermährchen* auf der Höhe der poetischen Potenz kommt vorn und hinten nicht ohne Musik aus. Das »kleine Harfenmädchen« trillert und musiziret« in den ersten beiden Kapiteln »mit wahrem Gefühle / Und falscher Stimme«, zuvorderst »von Liebe und Liebesgram«; es rührt den Beobachter mit den Musik gewordenen Vertröstungen »jener besseren Welt, / Wo alle Leiden schwinden«. Er weiß, wie falsch das Geleiere vom Jenseits ist, »wo die Seele schwelgt / Verklärt in ew'gen Wonnen«. Und doch bleibt dem ironischen Poeten »seltsam zu Muthe«, indem da das »alte Entsagungslied« intoniert, »Opium fürs Volk« verabreicht wird. Und dann der grandiose Rekurs auf ein musiziertes Evangelium, auf den ersten Vers des 149. Psalms und das Finale von Beethovens Opus 123, der Neunten Symphonie, zugleich: »Ein neues Lied, ein besseres Lied, / O Freunde, will ich Euch dichten!« Das neue Lied, das bessere Lied, »Es klingt wie Flöten und Geigen! / Das Miserere ist vorbei, / Die Sterbeglocken schweygen.« (DHA 4,91 f.)

Glocken der Kindheit. Auch sie haben Heinrich Heine sowenig losgelassen wie Felix Mendelssohn Bartholdy. Als junger Mann vermeinte er, beim *Gespräch auf der Paderborner Heide* »wunderliebliche, wunderhelle Glocken« zu vernehmen und fromme Kirchgänger »andachtsvoll zur Dorfkapelle« schreiten zu sehen; doch das lyrische Ich wird umgehend von einem recht prosaischen Du ernüchtert:

›Ei, mein Freund, das sind die Schellen
Von den Ochsen, von den Kühen,
Die nach ihren dunkeln Ställen
Mit gesenktem Kopfe ziehen.‹
(DHA 1/1,111)

Etwa auf halbem Weg zwischen den mit einem lachenden, einem weinenden Auge vorgetragenen Abschiedgrüßen an Deutschland und dem großen Rückblick des *Wintermährchens* auf Deutschland von 1844 – »une versification à la fois mélodieuse et bouffonne, avec ses rimes drôlatiques, ses calembourgs burlesques«, wie Heine schrieb (DHA 4,303) – bei der Station des Jahres 1839 erinnert sich der Dichter in Frankreich an »Deutschland, meine ferne Liebe«. Und, angesichts des kalten und trockenen Verstandes im witzigen Paris, sogleich an Muster der Kindheit im katholischen Rheinland und Prägungen der Jugendzeit im protestantischen Göttingen, Berlin, Hamburg: »Oh, Narrheitsglöcklein, Glaubensglocken, / Wie klingelt Ihr daheim so süß.« (*Anno 1839*, DHA 2,80)

Gemüt und Pisse. Was also da im Spätherbst 1830 »leise« durch Heines »Gemüt« gezogen war, besaß tiefe Abgründe: es rührte an einen Grundkonflikt der Dichter-Existenz (den zwischen dem Glauben seiner Väter und dem Christentum als »Entréebillet« für die abendländische Gesellschaft). Mendelssohn hatte für sich die klare Entscheidung getroffen, ein deutscher Komponist zu werden und mit dem Übertritt zum Protestantismus sich auch für diesen und seine Musik zu engagieren – trotz der Anfechtungen und Anfeindungen, die ihm gerade in seiner Heimatstadt Berlin durch antisemitische Anwürfe und intrigante Ausgrenzungen seitens der ›Frommen‹ bereitet wurden. Das hat ihm, nach anfänglicher Bewunderung, den Spott des Cousins Heine wegen »Christelns« eingebracht:

> [...] ich kann diesem durch Vermögensumstände unabhängigen Menschen nicht verzeihen, den Pietisten mit seinem großen, ungeheuren Talente zu dienen. – Je mehr ich von der Bedeutung des letzteren durchdrungen, desto erboster werd ich ob des schnöden Mißbrauchs. Wenn ich das Glück hätte, ein Enkel von Moses Mendelssohn zu seyn, so würde ich wahrlich mein Talent nicht dazu hergeben, die Pisse des Lämmleins in Musik zu setzen.
>
> (An Ferdinand Lassalle,
> 11. Februar 1846; HSA 22,194)

Heinrich Heines sechstes Gedicht des *Neuen Frühlings*, diesen von lauter Sehnsucht getragenen leisen, kleinen Text, dem die hörbare Ironie gegenüber der Folie von abendländischem Sonntagvormittag abgeht, unterfütterte der »ordentlich moderne Mendelssohn«, wie ihn sein Kritiker in Paris nannte, mit fein stilisierter Imitation des Glockentons durch das Pionierinstrument des bürgerlichen Musiklebens. Es gelang ihm ein Genre-Bild für Salon und Wohnstube: eine wie aus heiterem Himmel anhebende Miniatur, die sich dem Ende der beiden Strophen zu durch die Verdichtung von Akkorden und Impulsen, durch Dehnung und Weitung des in Anspruch genommenen Tonraums Kontur verschafft und mit dem Nachspiel wie auf weißem Wölkchen entschwebt: »Sag, ich laß sie grüßen.«

Auf diesem Felsen bauen wir
Die Kirche von dem dritten,
Dem dritten neuen Testament;
Das Leid ist ausgelitten.

Vernichtet ist das Zweierlei,
Das uns so lang betöret;
Die dumme Leiberquälerei
Hat endlich aufgehöret.

Hörst du den Gott im finstern Meer?
Mit tausend Stimmen spricht er.
Und siehst du über unserm Haupt
Die tausend Gotteslichter?

Der heilge Gott der ist im Licht
Wie in den Finsternissen;
Und Gott ist alles was da ist;
Er ist in unsern Küssen.

PAUL PETERS

Der Fels der Küsse*

Ein Unikum in der Literatur – ein erotisches Gedicht als Text einer politischen Verkündigung; ein intimes Bekenntnis als publikes Manifest. Heines *Seraphine* VII ist in vieler Hinsicht einmalig: im Kontext deutschsprachiger Liebeslyrik überhaupt; im Rahmen des Lyrikschaffens von Heine

* Der Verfasser ist dem kanadischen Forschungsfonds SSHRC/CRSH zu Dank verpflichtet für die großzügige Unterstützung des Forschungsvorhabens, in dessen Rahmen die vorliegende Arbeit geschrieben wurde.

selbst; wie in dem besonderen Stellenwert innerhalb des Zyklus der *Verschiedenen*, den das Gedicht einnimmt. Das ist nicht bloß auf den offenkundig programmatischen Charakter dieses Textes zurückzuführen, etwa darauf, daß hier allgemein ausgesprochen würde, wovon die anderen Texte dann konkret handelten *(Verschiedene)*, oder darauf, daß in diesem Text ein Ideal aufgestellt worden wäre, an dem sich die einzelnen Verwirklichungsversuche zu messen hätten. Die Problematik dieses Gedichts – sowie das eigentümliche Spannungsverhältnis von diesem Text zu dem ihn umgebenden Zyklus – liegt etwas tiefer; fast möchte man sagen, sie liegt in seinem Gelingen, darin, daß Heine uns hier, sprachlich wie inhaltlich, Programm und Einlösung, Verheißung und Erfüllung zugleich gibt, und zwar derart durchschlagend, daß die anderen Gedichte der Sammlung dadurch in ihrer Existenzberechtigung zunächst eher kompromittiert als bestätigt scheinen.

Was ist indes das Programm, das hier verkündigt – und sprachlich realisiert wird? Es ist, bis in das rhetorische Grundgerüst und die einzelnen Wendungen hinein, das Programm des Saint-Simonismus (Prawer, S. 30 f.; Butler, S. 84 ff.; Sternberger, S. 79 ff.). Dieser war vielleicht die in Frankreich wie Deutschland intellektuell bedeutsamste und einflußreichste jener Strömungen, die unter dem Begriff »utopischer« Sozialismus dem »wissenschaftlichen« von Marx vorangingen: noch der alternde, nur scheinbar der Welt abgekehrte Goethe war auf das Organ der Saint-Simonisten, *Le Globe*, abonniert; die Schriftsteller des Jungen Deutschland erlebten fast alle, als eine Art ›Kinderkrankheit‹ der Epoche, mit bald ernsthafteren, bald rasch verblassenden Folgen, eine saint-simonistische Phase. Aber bei keinem zeitigte die Begegnung mit dem Saint-Simonismus so tiefgreifende Wirkung wie bei Heine; auch stand er der Bewegung auf ganz andere Weise nah. Nicht nur, daß er in seiner frühen Pariser Zeit ihre Versammlungen regelmäßig besucht hat – die Spekulation ist nicht unberechtigt, daß die

Übersiedlung des Dichters nach Paris im Jahre 1831 mit dem Wunsch zusammenhing, die neue Bewegung nicht nur vor Ort zu verfolgen, sondern ihr vielleicht sogar, als »Tribun, Künstler, Apostel«, an exponierter Stelle zu dienen. Und wenn, wie so oft bei solchen Begegnungen, die Ernüchterung bei der unmittelbaren Kontaktaufnahme nicht ausgeblieben ist, und die zunehmenden sektiererischen Verschrobenheiten – wie auch wohl die bald einsetzende staatliche Verfolgung – der Saint-Simonisten Heine von jeglicher öffentlichen Identifizierung mit der Gruppe dann doch abgeschreckt haben; seine gedankliche Nähe zum Saint-Simonismus – er widmete sein *De l'Allemagne* dem Führer der Sekte, Prosper Enfantin – war dafür nicht weniger beträchtlich. Und in der Tat: obzwar die Saint-Simonisten heute in Vergessenheit geraten sind, haben sie sowohl der zeitgenössischen Kritik am, aber auch den Erwartungen an den gerade entstehenden Industriekapitalismus wesentliche Impulse gegeben, Impulse, die sich bis heute nicht verbraucht haben. An wenigen Orten war die ›moderne Heilsbotschaft‹ universeller irdischer Beglückung so prägnant und kühn ausgesprochen, an wenigen die Kritik an vorhandenen gesellschaftlichen Mißständen so hellsichtig und unumwunden.

Um einige saint-simonistische Kerngedanken wiederzugeben, kann man nichts Besseres tun, als Heine zu zitieren. »Das goldene Zeitalter«, schreibt Heine, »liege nicht hinter uns, sondern vor uns« (DHA 10,301). Diese in ihrer Verwebung von Mythos und Moderne so charakteristische Heinesche Wendung ist, in ihrer Einkleidung des Perfektibilitäts-Gedankens der Aufklärung in das uralte mythische Bild vom Goldenen Zeitalter, wörtlich dem Saint-Simonismus entnommen. Denn die Saint-Simonisten gingen grundsätzlich von einem stufen- und epochenmäßigen Fortschreiten des Menschengeschlechts zu einem Zeitalter allgemeiner diesseitiger Glückseligkeit aus, bei dem das entscheidende Medium dieses Fortschritts die gerade erst entstehende Industrie war, mit ihren neuen Möglichkeiten des Schaffens eines ungeahnten materiellen Wohlstands. Oder wie Heine schreibt – und dabei ist das Wort »glaube« durchaus im emphatischen Sinne zu verstehen:

> Denn ich glaube an den Fortschritt, ich glaube die Menschheit ist zur Glückseligkeit bestimmt, und ich hege also eine größere Meinung von der Gottheit als jene frommen Leute, die da wähnen, er habe den Menschen nur zum Leiden erschaffen. Schon hier auf Erden möchte ich, durch die Segnungen freyer politischer und industrieller Instituzionen, jene Seligkeit etabliren, die, nach der Meinung der Frommen, erst am Jüngsten Tage, im Himmel, statt finden soll. (DHA 8,17)

Dabei scheuten sich die Saint-Simonisten nicht, eines der heikelsten Themen jener Zeit, die soziale Frage, anzufassen. Nicht nur das Schlagwort von der »Industriegesellschaft« und ihren Segnungen stammt von ihnen, sondern auch das später von Marx übernommene von der »Ausbeutung der Menschen durch die Menschen« – sowie der Notwendigkeit von deren Abschaffung. Die Saint-Simonisten ergriffen für die Armen Partei und stellten – ohne allerdings die Herrscher befehden zu wollen, um deren Unterstützung sie geworben haben – die bestehenden Besitzverhältnisse in Frage. Das Christentum betrachteten sie als obsolet, und wollten – sich hierbei, zumindest was das Bild vom »dritten Bund« angeht, auf Lessing und seine *Erziehung des Menschengeschlechts* stützend, wie auch, im Gedanken an die drei Zeitalter, auf Motive aus der mittelalterlichen Apokalyptik – das erste und zweite Testament der Askese und Weltentsagung ablösen durch ein drittes, das sich die Sinnesfreuden und dic diesseitige Erfüllung auf ähnliche Weise zur Grundlage machen sollte, wie die alten Bünde die Ausrichtung auf die Transzendenz und den Verzicht auf das Glück auf Erden. Es liegt hier eine Kritik des Christentums vor, die Heine aufgriff mit Worten, die in ihrer Leidenschaftlichkeit und ihrem Scharfsinn sowohl die Religionskritik von Marx (»Opium des Volkes«) als auch von Nietzsche (»An die Verächter des Leibes«) präfiguriert haben, ohne daß die beiden späteren Denker jene Sympathie mit dem Christentum als Religion des Leidens und Mitleidens je bekundet hätten, die der Dichter Heine noch, bei aller Heftigkeit der Ablehnung, deutlich spüren läßt:

> Für Menschen, denen die Erde nichts mehr bietet, ward der Himmel erfunden [...] Heil dieser Erfindung! Heil einer Religion, die dem leidenden Menschengeschlechte in den bitteren Kelch einige süße, einschläfernde Tropfen goß, geistiges Opium, einige Tropfen, Liebe, Hoffnung und Glauben! (DHA 11,103)

Nunmehr sei aber das trübsinnige Weltalter vorbei, da eine siechende Menschheit eines solchen Trostes bedurft hatte.

Und damit sind wir bei dem damals wohl skandalösesten der Glaubenssätze der Saint-Simonisten angelangt: jenem Satz, der die Öffentlichkeit in helle Aufregung setzte und auf beiden Seiten des Rheins Skandale, Verfolgungen und passionierte Stellungnahmen, pro und contra, hervorrief; dem Satz von der »Rehabilitation des Fleisches«. Es ging den Saint-Simonisten dabei um nichts Geringeres als die Zurücknahme einer zweitausendjährigen Tradition der Ächtung des Leibes und der Sinnlichkeit, die auf Paulus und Augustinus zurückgeht, und wenn sie selbst, in ihrer weltverbesserischen Naivität, um die ganze Tragweite, die letztliche Enormität ihrer Forderung nicht gewußt zu haben scheinen, so hätte ein Blick in die Schriften ihres deutschen Mitstreiters sie darüber belehren können:

> Die Menschheit ist aller Hostien überdrüssig, und lechzt jetzt nach nahrhafterer Speise, nach ächtem Brod und schönem Fleisch. [...] Die Menschheit huldigt jetzt dem irdischen Nützlichkeitssystem. [...] Die nächste Aufgabe ist: gesund zu werden; denn wir füh-

> len uns noch sehr schwach in den Gliedern. Die heiligen Vampire des Mittelalters haben uns so viel Lebensblut ausgesaugt. [...] Denn das Christenthum, unfähig die Materie zu vernichten, hat sie überall fletrirt, es hat die edelsten Genüsse herabgewürdigt, und die Sinne mußten heucheln und es entstand Lüge und Sünde. Wir müssen unseren Weibern neue Hemde und neue Gedanken anziehen, und alle unsere Gefühle müssen wir durchräuchern, wie nach einer überstandenen Pest [...].
>
> Der nächste Zweck aller unseren neuen Instituzionen ist solchermaßen die Rehabilitation der Materie, die Wiedereinsetzung derselben in ihre Würde, ihre religiöse Heiligung, ihre Versöhnung mit dem Geiste [...].
>
> (DHA 8,59 f.)

Dies ist also der Hintergrund, von dem sich *Seraphine* VII abhebt; aber welch ein Abheben! »The artist within him perceived the poetry in the conception of the ›emancipation of the flesh‹: this catchword became an Open Sesame for Heine, disclosing riches, beauties and wonders beyond the dreams of the Arabian Nights.« (Butler, S. 109) In der Tat: »Leicht anfassen, um schwer zu heben« – das Wort, mit dem der Heine-Kritiker und Mitstreiter Arnold Ruge einmal das Geheimnis Heinescher Poetik ausplauderte, trifft selten so zu wie hier, wo einige der wuchtigsten »Fels«-Blöcke abendländischer Kulturgeschichte mit einer Leichtigkeit herumgewälzt werden, als sei jener »göttliche Bipede«, als der sich Heine später, rückblickend auf diese Zeit, selbst titulierte, hier – zumindest im Gedicht – tatsächlich am Werke gewesen.

»Auf diesem Felsen« ist – verfremdetes – Bibel-Zitat (Mt. 16,18); das ganze Gedicht ist es indes in einem Maße, das selbst Begriffe wie Parodie, Travestie oder die bei Heine oft in der Tat sehr ergiebige ›Blasphemie‹ allesamt zu kurz zu greifen scheinen. Denn sie erfassen nicht ganz jenes

Moment umwandelnder Aneignung, neuartiger Durchdringung, kurzum tiefgreifender Subversion eines Stoffes, das Heines Gedicht hier eignet. Das vielleicht aufschlußreichste Beispiel, um dieses eigentümliche Verfahren zu veranschaulichen, entstammt dann auch der realen Religionsgeschichte, dem tatsächlichen Erbauen der neuen Kirchen. So wurden beispielsweise, in der Frühzeit des siegreichen Christentums, die Kirchen des neuen Glaubens mit Vorliebe auf den alten Stätten des heidnischen Kultus errichtet; unter den Kathedralen liegen die Tempel. Entsprechend bei Heine: sein Gedicht, als gleichsam geweihter Ort des neuen, des dritten Testamentes, erhebt sich auf den Fundamenten der beiden ersten. Natürlich nicht in dem Sinne, daß er deren Glaubenssätze übernimmt oder gar in irgendeiner Form fortführen möchte; nein, gerade diese will er ja, nicht anders als seinerzeit die Kirchenväter das Heidentum, ausmerzen. Aber er weiß, daß er dies am wirkungsvollsten tut, indem er die neue Lehre und ihren Kult unmittelbar an die Stelle der alten setzt, deren Raum mit einem anderen Sinn ausfüllt, ihn umgestaltet, im Zeichen des Neuen von Grund auf ändert. In diesem Sinne verfährt hier mit dem Alten und dem nunmehr überwundenen Neuen Heines »drittes« Testament; der Dichter benutzt sie – ihre Bildlichkeiten, ihre Mythen – als Steinbruch, Bauelement, tragendes Gerüst für die Errichtung einer Kultstätte des neuen Glaubens. »The Great Code« hatte der englische Dichter William Blake die biblische Überlieferung genannt – den Großen Kodex, den lexikalischen, kanonischen Vorrat der Mythen, Fabeln und Bilder, aus dem die Dichter und Künstler schöpften; und daran anknüpfend hat der Literaturkritiker Northrop Frye seine große Untersuchung zur Bibel als Urquelle der abendländischen Tradition betitelt. Aber man kann den Begriff des *Codes* hier – wie Frye und für den deutschen Sprachbereich Stéphane Mosès es neuerdings nahegelegt haben – durchaus auch in einem moderneren, fast genetischen Sinn verstehen; als die Grundreihe der ›Zeichen‹, von der sich unsere Kultur herleitet, und die selbst in einem Zeitalter, wo die Bibel in ihrer dogmatischen Geltung erschüttert wurde, in der Variation und Umwandlung der von ihr vorgegebenen Motive, noch fortbesteht (Frye, S. XVI u. pass.; Mosès, S. 7–11 u. pass.). Und in der Tat ist ein solches Verständnis der Bibel für Heines Text aufschlußreich; nur ist, wenn man so will, das, was Heine hier vornimmt, weniger eine Variation auf der Basis der bereits vorhandenen Grundreihe als – ein Eingriff in die Grundreihe selbst.

Damit ist das Bibel-Zitat am Anfang des Gedichts alles andere als rhetorische Floskel oder okkasioneller Zierat; sondern im wahrsten Sinne ›grundlegend‹. Zwar lehnt sich Heines Text ganz und gar nicht affirmativ oder positiv anknüpfend an das Christentum an, wie es die Saint-Simonisten sich wohl gewünscht hätten, die ihre Lehre bisweilen als »Nouveau Christianisme« titulierten und eher an eine friedliche Ablösung des Christentums dachten, auch eine Art Katechismus, dem katholischen Ritus deutlich nachempfunden, für ihre Anhänger einführten: Wegen seiner eher aggressiven Einstellung den etablierten Mächten von Kirche und Gesellschaft gegenüber handelte sich der Schüler Heine ja, in dem einzigen erhaltenen Brief, sogar eine Rüge von dem saint-simonistischen ›Kirchenvater‹ Enfantin ein, der eher auf die Bekehrung, als auf die Unterwanderung solcher Instanzen Wert legte (HSA 24,335 f.; Sternberger, S. 131). Denn Heines Gedicht geht aufs Ganze, um dieses Ganze, die biblische Überlieferung als solche, von innen her aufzulösen, zu transformieren. Denn wie die neuen Weltalter die überlieferten Mythologien in ihrem Sinne umdichten mußten, verfährt hier Heines Text mit den beiden vielleicht grundlegendsten Theologumena des alten Glaubens: Genesis und Golgota. Es sind dies die Bauelemente, die verborgenen Tiefenstrukturen, die dann dazu dienen, Heines Gedicht als Kathedrale des Sensualismus in der ›Umfunktionierung‹ zu untermauern. »Das Leid ist ausgelitten« – in jenem, wie Dolf Sternberger es einmal schön formuliert hat

(Sternberger, S. 84), »prophetischen Perfekt« der soeben eingetretenen Verheißung, des *consummatem est* des gewordenen Heils, in dem das Gedicht durchweg gehalten ist, verkündigt der Dichter, sich hier durchaus als Religionsstifter gebärdend, die Überwindung der alten Welt und ihrer Irrlehren: »Vernichtet ist das Zweierlei / Das uns so lang betöret; / Die dumme Leiberquälerei / Hat endlich aufgehöret«; und das beinhaltet indes auch die Überwindung – die ›Aufhebung‹ – von deren Bildlichkeiten und Mythologien. Wie nach Augustinus (»In haec tabernaculo [...] militavit pro nobis«, S. 1270) der Heiland selbst gleichsam in jedem menschlichen Körper gerungen habe, um aus ihm einen – möglichst keuschen – Ort des neuen Glaubens zu machen, sucht Heine die biblische Überlieferung auf, um dort die Rechte des Körpers zu vindizieren. Es handelt sich also keineswegs nur darum, den »Weibern« – Heine scheint von der Frauenemanzipation, die eine wesentliche Erneuerung des Saint-Simonismus war, noch weitgehend unberührt – »neue Hemde« anzuziehen, sondern die biblische Überlieferung von Schöpfung und Erlösung selbst neu einzukleiden – und auch sie zu »durchräuchern, wie nach einer überstandenen Pest«. So wird hier, innerhalb der kurzen Spanne des Gedichts, die Schöpfung selbst gleichsam auf den *degré zéro*, die ›Stunde Null‹ zurückgeführt, werden Erschaffung und Errettung der Welt beide simultan neu durchgespielt und umgedeutet. Zunächst die Genesis: »Am Anfang schuf Gott Himmel und Erde.« Das Gedicht rekapituliert die biblische Schöpfungsgeschichte, mit der Erschaffung des Meeres, der Scheidung von Licht und Finsternis, sowie der Erschaffung von Sonne, Mond und Sternen – »die tausend Gotteslichter« – mit ihrem Anklang an den »bestirnten Himmel über uns« der Kantschen *Metaphysik der Sitten*. Und das geschieht nicht ohne Hintersinn; denn es geht dem Dichter sehr wohl auch um eine Neubegründung der Welt auf einem anderen moralischen Fundament, um ein anderes Verständnis namentlich von »Licht« und »Finsternis«, und so führt er uns auf einen Zustand zurück, wo diese eben erst entstanden und noch gar nicht mit den gängigen moralischen Bewertungen von ›Gut‹ und ›Böse‹ behaftet sind. Gott in Licht und Finsternis anzusiedeln entspricht sowohl dem Pantheismus der Saint-Simonistischen Lehre (»Dieu est tout ce qui est« heißt es in jenem saint-simonistischen Katechismus, den Heine hier zitiert) als auch dem Wortlaut der Genesis, wo Licht und Finsternis in ihrer Scheidung noch beide gleichermaßen, wie es da ausdrücklich heißt, »gut« sind. Damit schafft sich Heine die Grundlage für jene kühne Umwertung des ehemals als – moralisch – finster Verpönten, mit dem das Gedicht dann kulminiert.

Aber das Gedicht verbirgt in seiner Grundstruktur nicht nur die Genesis, die Schöpfungsmythe, um sie mit neuem Sinn auszufüllen; es verbirgt darüber hinausgehend noch in sich, auf eine zwar weniger sichtbare, dafür vielleicht sogar noch fundamentalere Weise, Golgota, die Erlösungsmythe. Zwar war Petrus der »Fels«, auf den Christus, in Anlehnung an ein biblisches Wort, seine Kirche, sein »Haus« aufbaute (Mt. 16,18). Aber diese Ernennung des Petrus zum »Felsen« ist selbst eingebettet in den umfassenderen Zusammenhang des alt- und neutestamentlichen Gebrauchs dieses höchst numinosen und bedeutsamen Wortes (Theologisches Wörterbuch, S. 94 ff.). Im jüdischen Kontext ist der Felsen »der Ursprung der Welterschaffung und zugleich die höchste Stelle der Erde; er ist die Himmelspforte und gehört zum zukünftigen Paradiese« (Theologisches Wörterbuch, S. 95). Und im christlichen Kontext ist, im tieferen und eigentlichen Sinne, der »Fels«, auf dem die christliche Kirche baute, Christus, und damit Golgota, die Geschichte der Passion und Auferstehung, selbst. Und in der Tat fällt in den Evangelien das Wort »Fels« an entsprechender, geradezu exponierter Stelle, nämlich dort, wo der Gottessohn vom Kreuz heruntergenommen und in ein »in einen Fels« gehauenes Grab (Mt. 27,60; Mk. 15,46) gelegt wird. Diesem

»Felsen« entsteigt der Heiland bei seiner Auferstehung, was wiederum allegorisch auf das Emporblühen des Christentums aus der Passionsgeschichte, aus Tod und Opfergang, hindeutet (Theologisches Wörterbuch, S. 107). Nicht anders als im Evangelium entspringt bei Heine das Heil dem »Felsen«; nur gründet dieser »Fels« auf eine irdischere Passion als die Passion Christi: Es ist ein Fels der »Küsse« – des Lebens und der Lebensbejahung – statt eines Felsen des Opfergangs, des Grabes und der transzendenten Überwindung des Grabes, auf dem der neue Glaube jetzt beruht.

»Und ich sah einen neuen Himmel und eine neue Erde«, so entwirft auch Heines Gedicht eine neue Sinnstiftung sowohl von Welterschaffung wie von Welterlösung. Die beiden großen Linien des Gedichts, die Umdeutung von Golgota und Genesis, konvergieren in das Bild des Paares und dessen Vereinigung; und von allen Kühnheiten der Heineschen Konzeption ist dies zweifellos die allerkühnste. »Gemeine Sinnlichkeit trifft man häufig; aber doch selten wird ein junger Mensch von seinen gemeinen Ausschweifungen als von etwas Schönem sprechen« (zit. n. Werner, S. 243), damit hatte der ›Nazarener‹ Ludwig Börne, Mitstreiter und Kontrahent, Rivale und Intimfeind Heines, unerbittlich in der Heine-Kritik sowohl als Politiker wie als Sittenrichter, dann doch zu kurz gegriffen; denn es ging Heine keineswegs nur darum, von der Sinnlichkeit als von etwas Schönem, sondern auch von ihr als von etwas Heiligem zu sprechen. »Gott ist in unseren Lüsten« (DHA 2,446) – so hatte, mit allen Zeichen wutschnaubender Entrüstung, ein Kritiker der Zeit die Schlußzeile des Gedichts zitiert, und die Reaktion ist charakteristisch für die Mentalität eines Zeitalters, welches die bloße Vorstellung menschlicher Sexualität häufig mit der Bezeichnung ›Schmutz‹ bedachte, und für das diese Heinesche Verbindung des Göttlichen mit dem Eros schlechterdings obszön wirkte. Aber so falsch unser Kritiker den Dichter auch zitierte, so richtig hat er ihn dann doch verstanden. In der Tat geht es hier um den Kuß als *pars pro toto* der sexuellen Vereinigung; und in der Tat hat der Dichter das Göttliche im Eros angesiedelt. Gerade das Setzen des Kusses an die Stelle des Kreuzes gibt das wahre Maß von Heines ›Frivolität‹ – eine Frivolität, die allerdings ihre ganze subvertierende Kraft daraus bezieht, daß sie hier kein bloß weltlicher Impuls ist, sondern sich durch einen geradezu religiösen Ernst auszeichnet. Denn das Subversivste an Heines Frivolität ist wohl, daß sie die sakrale Sphäre nicht ausschließt, sondern umfaßt. Heines Sinnlichkeit ist mystisch. Eben das meinte ja die »Rehabilitation des Fleisches«, daß die alte christliche Feindschaft, das gegenseitige Sich-Ausschließen von Spiritualität und Sinnlichkeit ein Ende zu nehmen habe, daß die Körperlichkeit und Sinnlichkeit auch als Ort der Offenbarung verstanden werden mußten, und nicht mehr als bloßes zu überwindendes Hindernis. Heißt es im Paulus-Brief an die Römer: »Denn fleischlich gesinnet sein ist eine Feindschaft wider Gott« (Röm. 8,7), so machte Heine dagegen die körperliche Erscheinung des Menschen zu einem bevorzugten Ort göttlicher Offenbarung (DHA 8,61). Dabei geht es ihm, der sich gerne neben Goethe als den »großen Heiden Nr. 2« der deutschen Literatur ansah, in der Tat um die Rückgewinnung von einem Stück ursprünglichen, unverdorbenen Heidentums; »heidnisch« nämlich ist eine Haltung, die den »berauschendsten Lebensgenuß«, den Eros, die sexuelle Paarung, neben dem Naturerhabenen, neben Geburt und Tod zu den großen Mysterien menschlicher Existenz zählt, und ihn folglich mit einem numinosen, religiösen Schauer umgibt. So wird bei Heine hier, in einer seiner gewagtesten Umkehrungen, gerade der Augenblick der erotischen Vereinigung zu jenem mystischen Nu, durch den die wahre Glückseligkeit eintritt und der den neuen ›Sinn‹ der Schöpfung stiftet. Der Saint-Simonismus, der das Göttliche vor allem als Prinzip der Liebe – aber eben auch der freien, sinnlichen Liebe – verstanden wissen wollte, stellte das Liebespaar in den Mittelpunkt seines Kultus. An die Gemeinde der Liebespaare richten sich nun die Heineschen Verse. Das Paar indes, das am Ende seines Gedichtes auftritt, ist auch das Paar der Schöpfungsgeschichte; diese ist aber eine andere geworden. Zwar erscheint in der biblischen Genesis das Menschenpaar ebenfalls zuletzt, als Krönung der Schöpfung; aber Heine nimmt die Priorität des Mannes zurück und räumt, obwohl ansonsten von ›feministischen‹ Gedankengängen kaum berührt, der weiblichen Hälfte des Paares hier, zumindest im Erotischen, eine sozusagen primordiale Gleichberechtigung ein. Auch ist es das Menschenpaar, und nicht der Gott, das gleichsam am siebten Tag (*Seraphine* VII) auf die Schöpfung zurückblickt und – nicht mit dem bloß ›geistigen‹ Wort, sondern mit dem ›sinnlichen‹ Kuß – den Segen darüber ausspricht. Aber vor allem: endet in der biblischen Darstellung die Genesis mit der Vertreibung des Paares aus dem Garten Eden – ja, man wird es, insbesondere dessen weibliche Komponente, auch als Ursache dieser Vertreibung nennen dürfen – so wird bei Heine das Paar im Moment seiner Vereinigung zum Medium der Wiederherstellung des glücklichen, sündlosen Urzustands, der Wiedererlangung des Paradieses, welches hier die Erde ist. Damit hat der Dichter, durch seine Neuerschaffung der Welt, zugleich jene »Unschuld der Sinne« erneut geschaffen, von der ein halbes Jahrhundert später ein anderer Religionsstifter, Nietzsches Zarathustra, spricht – und die wohl um keinen geringeren Preis zu erreichen war: Vom Medium der Verdammnis und des Falls ist das Paar jetzt zum Medium des ›Heils‹ geworden. Und damit erst ist die tiefgreifende, umfassende Umdichtung, die ungeheuerliche Korrektur, die Heine an dem grundlegenden mythischen Code unseres Kulturkreises – dem von »Schöpfung und Erlösung« (Mosès, S. 7) – vornimmt, abgeschlossen, das Paradies durch »Liebe« zurückerobert worden (DHA 10,301). Heine, so ein zeitgenössisches Gutachten, »macht den Menschen mit seiner Sinneslust selbst zum Gott, gleichsam als eine incarnation Gottes« (DHA 2,408). Wieder einmal besticht der Zensor durch eine sorgfältige und genaue Heine-Lektüre.

Bezeichnend aber für die hier vollzogene Paarung, daß sie im Reim geschieht. Denn der Reim ist der ›Kuß‹ der Sprache, worin die Paarung der Wörter auch jene Paarung, auf die es Heine ankommt, nämlich die von Geist und Sinnlichkeit, im Sprachlichen realisieren. Er vereint das rein Stoffliche, Klangliche, Sinnliche der Wörter mit deren Bedeutung, Sinn und geistigem Gehalt; fügt also die auseinanderstrebenden Pole der Wörter – Klang und Sinn, ›Geist‹ und ›Materie‹ – auf genau die Weise wieder zusammen, wie es Heine mit jenen verwandten Polaritäten Leib und Seele, Körperlichkeit und Heilsgeschehen, Spiritualismus und Sensualismus machen möchte. Insofern ist das ganze sensualistische Projekt des Dichters im Reim zumindest potentiell gegeben, seine Lehre dort *in nuce* schon enthalten; und das weiß Heine in einem der denkwürdigsten Reime der deutschen Literaturgeschichte dann auch zu nutzen: denn der Reim »Küssen« auf »Finsternissen« summiert nicht nur das Programm des Gedichts, sondern realisiert es, indem der ›Geist‹ der neuen Lehre hier in den sprachlichen ›Leib‹, das Materielle und Stoffliche der Sprache, selbst eingeht. Heines Rehabilitation der Materie erstreckt sich damit zugleich auf die Sprachmaterie, drückt ihr die Verheißung auf – wenn man so will beseelt sie; denn in der unerhörten Paarung dieses Reimes inkarniert die Stofflichkeit, die Klanggestalt der Wörter nunmehr auch den ›Sinn‹ jener Lehre einer beglückenden und beseligenden Materie, genau so, wie die beschworene menschliche Paarung ihn dann verkörpern soll.

Und der gesamte Zyklus, der diese »ungeheuer merkwürdigen Verse« (Mayer, S. 179) umgibt? Wohl keine Gedichtsammlung Heines hat so provoziert wie diese – und keine hat sich die Provokation so bewußt zum Ziel gemacht. Der Pariser Heine wollte dem lyrischen Kult der ideellen Liebe und der körperlosen Verehrung den Garaus machen, und rührte gleichzeitig an eines der größten Tabus der Zeit, das sexuelle, mit seiner offiziellen Prüderie und seiner versteckten Praxis der Prostitution. Die Reaktion ließ nicht auf sich warten, und ein Sturm der Entrüstung brach über den Dichter herein, der bis tief in unser Jahrhundert angehalten hat. Heines »Lüderlichkeit«, »Gemeinheit«, »Dirnenlyrik« und »Schmutz« wurden von liberaler wie konservativer Seite wohl *privatissime* goutiert, jedoch öffentlich um so heftiger verworfen – und immer dann hervorgekramt, wenn es darum ging, dem Dichter ein deutsches Denkmal zu verweigern. Wenn wir uns aber heute – gerade im Zeichen der von Heine aufgespürten und befürworteten Emanzipationsprozesse – eher im Vorgefühl des angekündigten Sensualismus auf diese Gedichte freuen, als daß wir geneigt wären, dem Dichter daraus einen Vorwurf zu machen, so stehen wir seiner Sammlung zunächst nicht minder ratlos und befremdet gegenüber, als die Zeitgenossen. Denn die *Verschiedenen* bieten zweifellos einiges: einen gewagten Vorstoß in Sphären der Erotik und der gesellschaftlichen ›Unterwelt‹, die für die Literatur einen Bereich aufdeckt, der bis dahin peinlich vertuscht oder verschwiegen wurde; »Fragmente einer Sprache der Liebe«, bei der Autonomie, Begehren, Abenteuer, Urbanität und Neugier, auch das Flüchtige und Vorübergehende die entscheidenden Momente bilden und nicht solche altehrwürdigen Topoi wie Idealität, Beständigkeit, Einmaligkeit, Unverbrüchlichkeit und Treue; und zu guter Letzt – wie Heine damals schon betont hat – Einblick in die »abnormen Amouren in einem Welttollhaus, wie Paris ist« (HSA 21,292), will sagen, in die moderne Großstadterfahrung, die bekanntlich auch die Liebe nicht unberührt läßt, und die hier bei Heine – noch vor Baudelaires *Tableaux Parisiens* – erstmalig zum Gegenstand der Lyrik wird. Eines aber haben die *Verschiedenen* mit Sicherheit nicht anzubieten: jene unbeschwerte Stimmung des Lobes heiterer Sinnesfreuden, das Heine wohl selbst vorschwebte und das er nach dem Vorbild von Goethes *West-östlichem Divan* und den *Römischen Elegien* – nur diesmal mit populärer, ›bänkelsängerischer‹ Offenheit – dichterisch umsetzen wollte. Denn davon ist bei der Lektüre der *Verschiedenen*, von einigen Ausnahmen abgesehen, herzlich wenig zu spüren. Die meisten Zyklen der Sammlung enden in Ernüchterung und Verdruß, Leere und Enttäuschung, gar mit dem Gedanken an Vergänglichkeit und Tod; in jener *tristitia* also, welche nach antiker Überlieferung die Kreatur nach dem Beischlaf befallen soll. Ja Heine, der großartige Texte »männlicher Dankbarkeit« geschrieben hat, verhält sich hier der Frau gegenüber bisweilen betont undankbar, geradezu misogyn. Das hat dazu geführt, daß ein Kommentator die *Verschiedenen* Heines »Buch des Unmuts« nannte (Peters, S. 250 u. pass.). Ein anderer schreibt: »Heine's constant parody of faith, however, and his voluble insistence on a new and happier period free from the ancient fears and allegiances, cannot fail to arouse suspicion. He is clearly protesting too much.« (Prawer, S. 29) Ein dritter Kritiker hat sogar wohl nicht ganz zu Unrecht befunden, daß »the theme is vanitas, vanitas, and the *Verschiedene* would serve as an excellent text for a homiletic on the insubstantiality of carnal pleasure« (Sammons, S. 189). Und wenn Walter Benjamin über eine ähnliche Problematik bei Baudelaire schreibt: »So blickt der Gegenstand einer Liebe, wie nur der Großstädter sie erfährt [...] und von der man nicht selten wird sagen dürfen, die Erfüllung sei ihr weniger versagt als erspart geblieben« (Benjamin, S. 623 f.), so möchte man fast sagen, dem Dichter der *Verschiedenen* blieb die Erfüllung indes wohl nicht erspart. Das Heinesche *exemplum* in dieser Gedichtsammlung, das den Zeitgenossen als gefährlicher verführerischer Appell in die Abgründe freizügiger großstädtischer Erotik erschien, liest sich heute eher abschreckend als verlockend. Was war geschehen?

»Er kann keine fünf Minuten [...] heucheln« – den Hang zur unverblümten, offenen Mitteilung hatte selbst Börne dem Rivalen Heine zugestehen müssen (Börne, S. 814). Und auch in diesen Texten zeigt Heine sich und die gesellschaftliche Wirklichkeit ›nackt‹ und ›realistisch‹, ohne Verschleierungen und Beschönigungen, den Versuch eines ›freien Verkehrs mit unfreier Weiblichkeit‹, den er auf den Straßen von Paris gestartet hatte, auch mit allen ihn noch behaftenden Mängeln und Ambivalenzen, Verzagtheiten und Brüchen (Hermand, 1977, 1991). Dabei lag der vielleicht größte Bruch in dem Subjekt Heine selbst: »Ach! ich bin noch ein Kind der Vergangenheit, ich bin noch nicht geheilt von jener knechtischen Demuth, jener knirschenden Selbstverachtung, woran das Menschengeschlecht seit anderthalb Jahrtausenden siechte und die wir mit der abergläubischen Muttermilch eingesogen [. . .]« (DHA 10,284); »Denn ach! ich gehöre ja selber zu dieser alten kranken Welt, und mit Recht sagt der Dichter: Wenn man auch seiner Krücken spottet, so kann man darum nicht besser gehen. Ich bin der krankste von euch allen und um so bedauernswürdiger, da ich weiß was Gesundheit ist.« (DHA 8,80) Die Symptome solcher Rückfälligkeit des Subjekts in die alte ›Krankheit‹ sind vielleicht die Stellen, wo der eben überwunden geglaubte »Aschermittwochsgedanke« doch wieder hervorkommt, die salomonische Klage »das Weib ist bitter« wiederholt wird, oder sogar jene alte ›Schlange‹ der »Sündenfluche« aus dem »alten Buche« den Dichter erneut heimsucht (DHA 2,41 und 45). Um das entsprechende Bibel-Wort abzuwandeln: das Fleisch der Heineschen Persona der *Verschiedenen* ist zwar willig, aber – der Geist ist schwach.

Wird dabei die sensualistische Heilsbotschaft der *Seraphine* VII zurückgenommen oder gar widerlegt? Sie wird es so wenig, wie etwa die Verstöße der Christen gegen die christliche Moral für diese das Christentum widerlegen. In der Tat ist das Verhältnis von *Seraphine* VII zu ihrer textlichen Umgebung das vom geweihten zum profanen Raum. Selten genug wird dieser profane Bereich von der ›Erleuchtung‹ jener gehobeneren Sphäre gänzlich durchdrungen; nichtsdestoweniger aber steht er ganz im Zeichen jenes Sinnes, den sie stiftet. Insofern versucht Heine in der Tat, den Glücksmomenten sinnlicher Erfüllung genau den Status zu erobern, den das Christentum der menschlichen Leiderfahrung gegeben hatte; nämlich sie zum Medium einer neuen Sinngebung der Welt zu machen. Und zwar nicht als epikureische Botschaft *for the happy few*, sondern als diesseitige ›messianische‹ Glücksverheißung für alle und an alle:

> Ich war die Ursittlichkeit, ich war unsündbar, ich war die incarnirte Reinheit; die anrüchigsten Magdalenen wurden purifizirt durch die läuternde und sühnende Macht meiner Liebesflammen, und fleckenlos wie Lilien und errötend wie keusche Rosen, mit einer ganz neuen Jungfräulichkeit, gingen sie hervor aus den Umarmungen des Gottes. (DHA 15,35 f.)

Die Selbstironie bestätigt eher, wie so oft bei Heine, den dahinterliegenden Ernst. »Schwingt«, nach Walter Benjamin, »in der Vorstellung des Glücks unveräußerlich das der Erlösung mit« (Benjamin, S. 693), so ist Heines Gedicht *Seraphine* VII der Versuch, die Vorstellung sinnlichen Glücks auf diese messianische Schwingung einzustimmen.

Literaturhinweise

Augustinus, Aurelius: Enarrationes in Psalmos. In: Corpus Christianorum. Series Latina. Turnhoult 1956.

Benjamin, Walter: Gesammelte Schriften. Hrsg. von Rolf Tiedemann und Hermann Schweppenhäuser. Bd. 1.2. Frankfurt a. M. 1974.

Börne, Ludwig: Briefe aus Paris. In: Sämtliche Schriften. Hrsg. von Inge und Peter Rippmann. Bd. 3. Düsseldorf 1964.

Butler, Eliza M.: The Saint-Simonian Religion in Germany. Cambridge 1926.

Frye, Northrop: The Great Code. The Bible and Literature. Toronto 1982.

Hermand, Jost: Erotik im Juste Milieu. Heines *Verschiedene*. In: Heinrich Heine. Artistik und Engagement. Hrsg. von Wolfgang Kuttenkeuler. Stuttgart 1977. S. 86–104.
Kraus, Karl: Die Sprache. In: Werke. Hrsg. von Heinrich Fischer. Bd. 2. München 1954.
Mayer, Hans: Anmerkung zu einem Gedicht von Heinrich Heine. In: Sinn und Form 3 (1951) S. 177–184.
Mosès, Stéphane: Spuren der Schrift. Frankfurt a. M. 1987.
Nietzsche, Friedrich: Also sprach Zarathustra. In: Werke. Hrsg. von Giorgi Colli und Mazzino Montinari. Bd. 6.1. Berlin 1968.
Prawer, S. S.: Heine. *Buch der Lieder.* London 1960.
Sammons, Jeffrey L.: Heinrich Heine. A Modern Biography. Princeton 1979.
Sternberger, Dolf: Heinrich Heine und die Abschaffung der Sünde. Hamburg 1972.
Theologisches Wörterbuch zum Neuen Testament. Begr. von Gerhard Kittel. Hrsg. von Gerhard Friedrich. Bd. 6. Stuttgart 1959.
Werner, Michael (Hrsg.): Begegnungen mit Heine. Berichte der Zeitgenossen. Bd. 1: 1797–1846. Hamburg 1973.

Doktrin

Schlage die Trommel und fürchte dich nicht,
Und küsse die Marketenderin!
Das ist die ganze Wissenschaft,
Das ist der Bücher tiefster Sinn.

Trommle die Leute aus dem Schlaf,
Trommle Reveille mit Jugendkraft,
Marschiere trommelnd immer voran,
Das ist die ganze Wissenschaft.

Das ist die Hegelsche Philosophie,
Das ist der Bücher tiefster Sinn!
Ich hab sie begriffen, weil ich gescheit,
Und weil ich ein guter Tambour bin.

GERHARD HÖHN

Heines Trommelsprache oder: Was lehrt *Doktrin*?

Trommelnd hat Heine den Schlaf seiner Zeit gestört. Die Trommelschläge des französischen Tambourmajors Le Grand aus dem zweiten Teil der *Reisebilder* ließen den schlaftrunkenen Deutschen der 1820er Jahre Revolutionstöne in den Ohren dröhnen. Le Grands Schüler hat dann von Paris aus mit publizistischer Prosa das *»testamentum militare«* (DHA 6,201) seines Lehrers in treuer Pflichterfüllung vollstreckt; seine Schläge sollten den unter seiner Zipfelmütze weiter seelenruhig schnarchenden deutschen Michel aufschrecken. Und als dieser notorische Tiefschläfer sich anschickte, wenigstens mit einem Auge zu klimpern, schlug Heine erneut die Trommel und rückte seinen Zeitgenossen mit einem militärischen Weckruf auf den müden Leib.

Le Grand, ›Ideen‹-Träger Napoleons und Lehrer im Fach Weltgeschichte, vermochte seinem kindlichen Zuhörer durch die elementare Trommelsprache eindringliche Lektionen zu erteilen: Wollte er Grundbegriffe der Revolution wie *liberté* und *égalité* verständlich machen, trommelte er die Marseillaise oder den Marsch *Ça ira, ça ira*; zu dem Wort *bêtise* (Dummheit) fiel dem gewitzten Mann wie von selbst nur der Dessauer Marsch ein!

Sind jedoch die Lektionen Le Grands klar und eindeutig, so läßt sich nicht ohne weiteres erkennen, was *Doktrin*, Tambourschläge in Versen, einpauken will. Das wahrscheinlich im Juni 1844 entstandene und schon am 20. Juli 1844 in *Vorwärts! Pariser Deutsche Zeitschrift* gedruckte Gedicht erhielt durch seine Stellung als Prolog des Zyklus *Zeitgedichte* in der Lyriksammlung *Neue Gedichte* (1844) noch programmatische Funktion – gleichsam um den nachfolgenden Poemen den richtigen Marschrhythmus vorzuexerzieren, aber welchen?

Das Gedicht ist so strukturiert, daß sich automatisch normative Erwartungen einstellen, zuerst durch den Gebrauch von bedeutungsschweren Worten. Schon allein der Titel *Doktrin* läßt an eine Groß-Theorie, ein System oder ein strenges Gedankengebäude mit praktischen Konsequenzen denken. Tatsächlich verstand Heine unter »Doktrin« eine prägnante, (sozial)philosophische Lehre.

Dieser Wortgebrauch geht auf seine ersten Pariser Jahre zurück, als er den Saint-Simonismus intensiv rezipierte, das heißt jenes frühsozialistische Ideensystem, das Schüler des Sozialwissenschaftlers Graf Claude-Henri de Saint-Simon (1760–1825) nach dessen Tod zu einer »Doktrin« zusammengefaßt hatten. Noch in Deutschland konnte Heine die *Doctrine de Saint-Simon. Exposition. Première année, 1829* in der 2. Pariser Ausgabe von 1830 studieren. Heine, den

Fürsprecher einer befreiten Sinnlichkeit, mußte ein Denkmodell faszinieren, das einen modernen Pantheismus zur Überwindung des säkularen Gegensatzes von Spiritualismus und Sensualismus, das heißt von ›Geist‹ und ›Leib‹ bzw. ›Materie‹ predigte. In der saint-simonistisch beseelten Schrift *Zur Geschichte der Religion und Philosophie in Deutschland* entdeckte er dann in den Systemen Kants und Fichtes oder in der Naturphilosophie Schellings erneut »Doktrinen«, dieses Mal mit umstürzlerischem Potential (DHA 8/1,117). Und am 18. April 1840, anläßlich seines *Ludwig Börne*, gesteht er seinem Verleger Campe, aus Zensurgründen habe er »alle eigne Doktrin« ausgelassen – mit dem Risiko, mißverstanden zu werden.

Bedeutungsvoll endet auch die erste Strophe, in welcher der Sprecher als Absicherung seines Trommel-Appells summarisch »die ganze Wissenschaft« anführt, was er – nahezu faustisch, nur ohne pathetisches »Ach« – mit dem superlativischen »der Bücher tiefster Sinn« verstärkt. In Vers 9 fällt schließlich wie ein Donnerschlag der Name eines der größten Philosophen der Moderne. Wer fährt nicht zusammen, wenn in einem Gedicht »die Hegelsche Philosophie« als Beleg zitiert wird?

Tiefenwirkung erhält *Doktrin* außerdem durch ihre typisch-militärische Bildlichkeit mit »Reveille«-trommeln, marschieren und Tambour-Figur, für Heine symbolischer Ausdruck seiner Konzeption von der gewandelten Rolle des modernen Dichters, und zwar von seiner Identifikation mit dem »braven Soldaten im Befreyungskriege der Menschheit« bis zu *Enfant perdu*.

Klare Erwartungen weckt zweitens die äußerst einfache, aber eingängige Trommelsprache mit ihrer zwingenden Rhetorik, die insbesondere auf das Mittel der Wiederholung setzt. Agitatorisch beginnt das aus drei vierzeiligen und stets vierhebigen Liedstrophen bestehende Gedicht mit drei Imperativen (»Schlage«, »fürchte dich nicht« und »küsse«). In Strophe 2 folgen erneut drei Befehlsformen im Singular.

Anaphorisch endet Strophe 1 mit dem lapidar und definitiv klingenden »Das ist«. Strophe 2 und 3 setzen dagegen anaphorisch ein mit »Trommle« und erneut »Das ist«. Leitmotivisch kehren Vers 3 und 4 in Vers 8 und 10 wieder, unterbrochen durch ein weiteres, bündiges »Das ist«, so daß die ersten zehn Verse mit insgesamt fünf Imperativen und einem fünffachen »Das ist« beginnen. In den beiden Schlußversen wiederholt sich noch das kausale »weil ich«. Lexikalisch gesehen erscheint das zentrale Wort »Trommel« in verschiedenen Formen im ganzen viermal. Klangliche und wörtliche Wiederholungen zeigen außerdem die drei männlichen Kreuzreime in Vers 2 und 4, wodurch überhaupt nur zwei verschiedene Reime vorhanden sind, mit besonderer Akzentuierung des zweimal als Reimwort auftretenden »Sinn«. Keine Endung ist fallend. Strophe 2 wird noch durch das *a* der Endsilbe verklammert. Der lautliche Gleichklang, der auf dem dominanten Wechsel von dunklem *a* und hellem *i* beruht, prägt den Anfang von sechs der zwölf Verse (»Das ist«, »Marschiere«). Der einprägsame Charakter des Gedichts verdankt sich letztlich einer nur scheinbar kunstlosen und schlichten Grundstruktur, denn in Wirklichkeit sind die Verse des Gedichts artistisch miteinander verwoben.

Für weitere Wirkung sorgt schließlich der Rhythmus. Gleich die ersten Trommelschläge sitzen: Vers 1 beginnt – bum! – ohne Auftakt, ebenso die Verse 5 und 6. Alle Verse enden mit einer Hebung, so daß man in der Betonung die Schläge sinnlich zu spüren meint (ebenso wie schon durch den *a* – *i* Wechsel). Monotonie, die bei dieser Grundstruktur aufkommen könnte, fängt der dynamische Rhythmus auf: Der auftaktlose erste Vers bewegt sich durch seine drei Daktylen sogar im Walzertakt; daktylisch beginnt auch Strophe 2. Dagegen sind Vers 3 und 4 im jambischen Viertakter gehalten und verleihen dem bündigen »Das ist« ehernes Gewicht. Weitere Verse wie 7, 9, 11 und 12 unterbrechen immer wieder den strengen (klappernden) Wechsel von Hebung und Senkung durch Freiheiten der metrischen Füllung.

Aber trotz aller refrainartigen Wiederholungen und trotz der eingängigen und sehr kompakten formalen und sprachlichen Struktur muß *Doktrin* jeden enttäuschen, der etwas Eindeutiges erwartet hat, etwa ein bestimmtes politisches oder sozialreformerisches Programm. Die Verse geben sich zwar bedeutungsvoll, aber sie bleiben überraschend doktrinlos. *Doktrin* indoktriniert nicht(s). Das artikellose Gedicht zitiert »Sinn«, enthält sich aber aller Ideologie. Nüchtern stellt es einen Epochenwandel fest: Die Zeit der puren Buchgelehrsamkeit ist vorüber. Deshalb lautet seine Parole: Macht Euch durch beständiges Trommeln Mut zum Handeln und verlaßt die Elfenbeintürme! Gleichzeitig wird an mehr als nur politisches Handeln appelliert, denn die Zeit des Verzichtenmüssens ist ebenfalls vorüber. Die Losung: »Und küsse die Marketenderin« kündigt gemäß der saint-simonistischen »Doktrin« umfassende Emanzipation im Hier und Jetzt an. Welch erhöhte, das heißt pantheistische Lektion in einem Kuß stecken kann, das zeigt zum Beispiel das Gedicht *Seraphine* VII, das provokativ mit den Versen endet: »Und Gott ist alles was da ist; / Er ist in unsern Küssen.« (Vgl. die Interpretation dieses Gedichts in diesem Band; vgl. auch das Gedicht *An die Jungen* DHA 3/1,100.)

Wie undoktrinär der ganze Trommelwirbel gemeint ist, geht klar aus der französischen Übersetzung hervor: *Le Réveil* lautet präzise der neue Titel im Rückgriff auf das »Trommle Reveille« – als sollten alle weiteren Spekulationen ausgeschlossen werden (*Poëmes et Légendes*, 1855). *Doktrin* verlangt also seinen Adressaten nicht viel mehr ab als nach dem Beispiel des Tambours ein Signal zu geben, nämlich den – wie bei Armeen üblich – militärischen Weckruf zu trommeln und trommelnd voranzumarschieren. Damit wird jenes französische *réveiller* zeittypisch im Sinne von ›kritisches, aufklärerisches Bewußtsein wecken‹ umgedeutet, das Heine früh kennengelernt hat. In *Ideen. Das*

Buch Le Grand zitiert er die beiden letzten Strophen des Volksliedes *Rewelge – Enfant perdu* und *Doktrin* in einem –, allerdings ohne dessen gespenstischen Rahmen (zuerst 1805 in *Des Knaben Wunderhorn* erschienen): Ein schwerverletzter Tambour schlägt frühmorgens »die Trommel auf und nieder«, um seine »stillen [d. h. toten] Brüder« zu wecken und den Feind zu besiegen (vgl. auch Brecht, *Mutter Courage und ihre Kinder*, 11. Szene, in der die stumme Kattrin die Bürger der Stadt Halle aus dem Schlaf trommelt, um sie vor einem Überfall zu warnen).

Weitere ›doktrinäre‹ Aufschlüsselung verspricht nun das entscheidende Stichwort »Hegelsche Philosophie«. Es steht durch die wiederholten Verse 3 und 4 wie eingerahmt da und verlangt eine ideengeschichtliche Einordnung.

Heines Beziehung zum Berliner Philosophen, den er als Student vermutlich 1821 kennengelernt und dessen Vorlesungen über die Philosophie und Weltgeschichte er besucht hat, ist spannungs- und wandlungsreich (Höhn, S. 286 ff.). Trotz aller Kritik an abstrakter Dialektik war Heine ein produktiver Hegel-Schüler, der in den 30er Jahren die fortschrittliche Geschichtskonzeption des Meisters auf die deutsche Geistesgeschichte angewandt hat und so erstmals aus der jüngsten Tradition nichts Geringeres als einen revolutionären Kern von welthistorischer Bedeutung herausschälen konnte. Am Ende der Philosophie-Schrift vertritt er die These, nach der die Deutschen mit ihrer neuesten, von Kant bis Hegel reichenden Philosophie die geistige Revolution der Moderne vollendet hätten, weshalb die Zeit für eine »politische Revolution« reif sei (DHA 8/1,115). Die Grundidee bringt ein bildlicher Vergleich, der den Primat des Gedankens sichert, so auf den Punkt: »Der Gedanke geht der That voraus, wie der Blitz dem Donner« (DHA 8/1, 118; vgl. auch *Wintermährchen*, Cap. VI). Gleichzeitig greift diese Auffassung des Gedanke-Tat-Verhältnisses entscheidend über Hegels Denken hinaus, weil die Forderung nach dem Übergang zu einer revolutionären Praxis mit der kontemplativen Geschichtsphilosophie Hegels, die Emanzipation nur ›innerhalb‹ des Denkens kennt, unvereinbar ist.

Genau diese Doktrin, dieser prozessuale Gedanke, wird mitgedacht, wenn der Tambour auf die Erfüllung allen theoretischen Bücherwissens durch Handeln drängt (dagegen Kaiser, S. 60) – wie sehr, das bestätigt ein anderer werkkontextueller Bezug. In engster zeitlicher Nachbarschaft zur Entstehung von *Doktrin* – wahrscheinlich nur einen Monat später – hat Heine die Arbeit an einem postum veröffentlichten Bruchstück aufgenommen, das sich – was bisher nicht gesehen wurde – wie eine Prosafassung des Gedichts lesen läßt. Ab Juli 1844 begann Heine sich erneut mit seinem jetzt respektvoll »Maëstro« genannten Lehrer auseinanderzusetzen und gab sich als guter Schüler zu erkennen (»Er liebte mich sehr«), der nun genau zwischen dem exoterischen und dem esoterischen Hegel zu unterscheiden weiß, das heißt zwischen dem umstrittenen preußischen Staatsphilosophen und dem getarnt vorgehenden, subversiven Denker. In dem Prosatext rehabilitiert er – kurz nach *Doktrin* und ganz in dessen Sinne – seinen Lehrer und wendet sich gleichzeitig revolutionär von ihm ab, indem er auf junghegelianische Weise das Ende des Theoretisierens verkündet und den Übergang zu umfassender, die menschliche Sinnlichkeit einbeziehender Befreiung fordert. Wieder steht dabei eine epochale Wende im Mittelpunkt. Die »alten Glaubens*doktrinen*« (Hervorhebung G. H.) und ihre Vertröstungen auf ein Jenseits seien von Hegel und seinen atheistisch eingestellten Schülern mit der politischen Konsequenz umgestürzt worden, daß nun – so heißt es ganz saint-simonistisch – die Massen »nach Glückseligkeit auf Erden« lechzen (DHA 15,170). Durch den Kommunismus verbreite sich die neue Weltanschauung über ganz Deutschland, wodurch die »Proletarier in ihrem Ankampf gegen das Bestehende die fortgeschrittensten Geister, die Philosophen der großen Schule, als Führer besitzen«. Diese radikale, an Marx (»Einleitung« zur *Kritik der Hegelschen Rechtsphilo-*

sophie, MEW 1,391) erinnernde Ansicht faßt Heine dann in Worte, die den zentralen Vers »Das ist die Hegelsche Philosophie« inhaltlich genau auf den Punkt bringen: Sie, die Führer, »gehen über von der *Doktrin* zur That, dem letzten Zweck alles Denkens, und formuliren das Programm«. Letzteres besteht wiederum aus einem der Philosophie-Schrift entnommenen, berühmten Selbstzitat, nämlich aus der pantheistischen, sozialrevolutionären Vision einer »Demokrazie gleichherrlicher, gleichheiliger, gleichbeseligter Götter«, in der Genüsse wie »Nektar und Ambrosia, [...] Wollust und Pracht, lachender Nymphentanz, Musik und Comödien« nicht fehlen dürfen. Trommelschlagen und sinnlicher, erotischer Genuß, das sind denn auch die beiden Gebote von *Doktrin*!

Es gibt zuletzt keinen Grund, an der Ernsthaftigkeit zu zweifeln, mit der Heine den Übergang zur Tat getrommelt und dadurch die Rolle des modernen Intellektuellen mitbestimmt hat. In den schon formal abgesetzten Schlußversen tritt jedoch der Sprecher sehr pfiffig in Erscheinung, um sich selbst zu legitimieren. Bezeichnet er sich nicht ziemlich augenzwinkernd und sehr selbstgefällig als »gescheit« und als »guter Tambour«, der Hegel, den unvergleichlichen Theoretiker der wissenschaftlichen Erkenntnis durch den Begriff, »begriffen« hat? In Wirklichkeit läßt sich aber die Frage nicht klar beantworten, ob Heine in seine Trommellektion nicht doch eine ironische Relativierung eingebaut hat. In der Forschung werden deshalb sowohl Ernsthaftigkeit (Kaufmann, S. 236) wie ironische Indizien (Kaiser, S. 59) oder »unfreiwillige Ironie« (Hinck, S. 91) angenommen. Was, so könnte man fragen, wenn sich mit der Gestalt des Tambours so etwas wie eine ironische Distanzierung in das Gedicht eingeschlichen hätte?

Ohne Zweifel liegen in dieser Figur Erhabenes und Ridiküles nahe nebeneinander. *Zeitgedichte* VII erzählt das traurige Schicksal des napoleonischen Tambours, der im Alter zu einem erbärmlichen Hausknecht heruntergekommen ist, Sinnbild »Gefallener Größe« (als ein solches Sinnbild war auch Le Grand gestorben). Aber *Der Tambourmajor* zeigt ihn auch, wie er seit seinem ersten Auftritt im *Buch Le Grand* leibt und lebt: als einen stolzen und mächtigen Mann mit reichbestickter Uniform, der seinen Trommelstock so hoch durch die Luft wirbelt, daß er alle Frauenherzen im Nu erobert (»Er kam und sah und siegte leicht, / Wohl über alle Schönen«). Seit Le Grands Zeiten ist der Tambourmajor Revolutionssoldat und als Anführer eines Spielmannszuges zugleich auch Künstler – damit Symbolgestalt modernen, engagierten Dichterums –, aber er ist außerdem noch ein Frauenheld! Nicht ohne Eitelkeit ist Heine selbst in der *Börne*-Darstellung in die Rolle des prächtigen, erotisch erfolgreichen »großen Tambour-Majors« geschlüpft, um sich selbstgefällig über seinen neidzerfressenen Widersacher, den »kleinen Tambour-Maître«, zu erheben.

Kann es einem solchen Tambour ganz ernst sein? 1844, auf dem Höhepunkt seiner schriftstellerischen Karriere, hat sich Heine jedenfalls den ernstgemeinten Spaß erlaubt, den *Zeitgedichten* eine furiose *Doktrin* voranmarschieren zu lassen, die unmittelbar nichts Lehrhaftes propagiert – es sei denn, daß der Weisheit letzter Schluß nicht länger in deutschem Bücher-Tiefsinn, sondern in französischer Revolutionserfahrung und gallischem Lebens-Leichtsinn liegt.

Literaturhinweise

Daiber, Hans: Die Tiefe an der Oberfläche. In: Frankfurter Anthologie. Gedichte und Interpretationen. Hrsg. von Marcel Reich-Ranicki. Bd. 6. Frankfurt a. M. 1982. S. 89–91.

Hinck, Walter: Ironie im Zeitgedicht Heines. Zur Theorie der politischen Lyrik. In: Internationaler Heine-Kongreß Düsseldorf 1972. Hrsg. von Manfred Windfuhr. Hamburg 1973. S. 81–104.

Höhn, Gerhard: Heine-Handbuch. Zeit, Person, Werk. Stuttgart 1987.

Kaiser, Gerhard: Geschichte der deutschen Lyrik von Heine bis zur Gegenwart. Tl. 1. Frankfurt a. M. 1991.
Kaufmann, Hans: Heinrich Heine. Geistige Entwicklung und künstlerisches Werk. Berlin/Weimar 1976.
Kurz, Paul Konrad: Künstler Tribun Apostel. Heinrich Heines Auffassung vom Beruf des Dichters. München 1967.
Marx, Karl / Engels, Friedrich: Werke. Hrsg. vom Institut für Marxismus-Leninismus beim ZK der SED. 42. Bde. und 2 Erg.-Bde. Berlin 1956 ff. [Zit. als: MEW.]
Mayer, Hans: Anmerkung zu einem Gedicht von Heinrich Heine. In: Sinn und Form 3 (1951) H. 4–6. S. 117–184.

Der Kaiser von China

Mein Vater war ein trockner Taps,
Ein nüchterner Duckmäuser,
Ich aber trinke meinen Schnaps
Und bin ein großer Kaiser.

Das ist ein Zaubertrank! Ich hab's
Entdeckt in meinem Gemüte:
Sobald ich getrunken meinen Schnaps
Steht China ganz in Blüte.

Das Reich der Mitte verwandelt sich dann
In einen Blumenanger,
Ich selber werde fast ein Mann
Und meine Frau wird schwanger.

Allüberall ist Überfluß
Und es gesunden die Kranken;
Mein Hofweltweiser Confusius
Bekömmt die klarsten Gedanken.

Der Pumpernickel des Soldats
Wird Mandelkuchen – O Freude!
Und alle Lumpen meines Staats
Spazieren in Samt und Seide.

Die Mandarinenritterschaft,
Die invaliden Köpfe,
Gewinnen wieder Jugendkraft
Und schütteln ihre Zöpfe.

Die große Pagode, Symbol und Hort
Des Glaubens, ist fertig geworden;
Die letzten Juden taufen sich dort
Und kriegen den Drachenorden.

Es schwindet der Geist der Revolution
Und es rufen die edelsten Mantschu:
Wir wollen keine Konstitution,
Wir wollen den Stock, den Kantschu!

Wohl haben die Schüler Äskulaps
Das Trinken mir widerraten,
Ich aber trinke meinen Schnaps
Zum Besten meiner Staaten.

Und noch einen Schnaps, und noch einen Schnaps!
Das schmeckt wie lauter Manna!
Mein Volk ist glücklich, hat's auch den Raps
Und jubelt: Hoseanna!

WERNER BELLMANN

Politische Visionen eines königlichen Zechers

> Wie milde in manchen Orten die deutsche Censur, ersah ich daraus, daß mein Gedicht auf den König von Preußen, das ein hiesiges Blatt gedruckt, in Mainz nachgedruckt ward, im Rheinland. Und ich wagte nicht mahl das Gedicht in meine Sammlung aufzunehmen, aus Furcht nicht gar zu böses Blut in Berlin zu machen. (HSA 22,108 f.)

Mit diesem Kommentar sandte Heine am 5. Juni 1844 das auf Friedrich Wilhelm IV. von Preußen gemünzte Gedicht *Der Kaiser von China* an seinen Verleger Julius Campe, und er regte an, den Text nun doch noch »unter die politischen Gedichte« der in Vorbereitung befindlichen neuen Lyriksammlung einzureihen. Der Erstdruck war am 11. Mai 1844

– zensurfrei – in der Pariser Emigrantenzeitschrift *Vorwärts!* erschienen, ein Nachdruck am 23. Mai – unter Mitwirkung der Zensurbehörden – in der in Mainz verlegten Zeitschrift *Taunus und Rheinland.* War der zuständige Zensor nun »milde«, wie der zitierte Brief suggeriert, oder war er unaufmerksam? Hatte er Heines Maskerade nicht durchschaut, oder hatte er nicht gewagt, im Zerrbild des Gedichts den preußischen König zu erkennen? Campe jedenfalls, der kein Verbot der Sammlung provozieren wollte, war sich seiner Sache nicht sicher und machte noch einmal die Probe aufs Exempel. Er gab das Gedicht an den ihm freundschaftlich verbundenen Journalisten François Wille, der es am 28. Juni unbeanstandet im *Wandsbecker Intelligenz-Blatt* erscheinen lassen konnte. Eine Aufnahme des Textes in den Band der *Neuen Gedichte* erschien somit vertretbar. Nach ihrer Auslieferung Ende September 1844 wurde die Sammlung in den meisten deutschen Bundesstaaten zum Objekt massiver Repressionsmaßnahmen. Die preußischen Behörden attestierten ihr, sie sei »verbrecherischen Inhalts«, und monierten, neben zahlreichen Stellen aus dem *Wintermährchen*, ausdrücklich das die berühmt-berüchtigte Audienz karikierende Gedicht *Georg Herwegh.* Gegen einschlägige Paragraphen, wonach »grundsätzlich keine Monarchenkritik zuzulassen« sei, wurde nach Auffassung eines württembergischen Zensors nur mit den vergleichsweise harmlosen Gedichten *Bei des Nachtwächters Ankunft zu Paris* und *Zur Beruhigung* verstoßen. Daß in keiner einzigen der heute noch zugänglichen Zensurakten dezidiert auf den *Kaiser von China* Bezug genommen wird (s. DHA 2,664–669), ist ein interessanter und diskussionswürdiger Befund. In auffälligem Kontrast dazu steht die von Heinrich Laube im Rahmen einer Rezension getroffene Feststellung, gerade dieses Gedicht sei »gar nicht zu citiren« (Laube, S. 649) – was nicht nur sein eignes Textverständnis signalisiert, sondern wodurch er zugleich auf die politische Brisanz verwies und somit zu Entschlüsselungsversuchen animierte.

Die Anmerkung Heinrich Laubes könnte als Hinweis darauf gedeutet werden, daß Heine mit diesem Gedicht das Kunststück gelungen ist, um das sich jeder Autor in Zeiten strenger Zensurpraxis bemüht: seinen Text vor dem Zugriff des Zensors zu bewahren und zugleich doch seinem Leserpublikum zu ermöglichen, den intendierten Textsinn, die transportierte Kritik zu erfassen. Die an die ästhetische Sensibilität und die sachliche Informiertheit des Rezipienten gestellten Anforderungen sind indes beträchtlich, denn er hat in mehrfacher Hinsicht Dechiffrierungsleistungen zu erbringen. Impulse, sich um die Entschlüsselung des Textes zu bemühen und ihn auf seine aktuell-politische Bedeutung hin zu befragen, gehen zum einen von zahlreichen konkreten Anspielungen aus, zum andern von der Einreihung in den Zyklus *Zeitgedichte* und schließlich von der Tatsache, daß Heine ihn direkt hinter die Preußensatire *Der Wechselbalg* plazierte, wodurch ein rezeptionssteuerndes Signal gegeben wird. Überdies war ›China‹ eine schon in der französischen Aufklärung verbreitete Chiffre für Despotie, für autokratische Herrschaft. Zu einer Revision des traditionellen China-Bildes in Deutschland hatte insbesondere Herder beigetragen, der den chinesischen Staat als Versteinerung eines antiquierten Systems beschrieb. Für Hegel repräsentierte China einen unerträglichen Despotismus ohne jegliche individuelle Freiheit, und einige seiner Schüler sowie von ihm beeinflußte liberale Autoren bekämpften unter Verwendung der China-Chiffre die reaktionären Verhältnisse in Deutschland und insbesondere in Preußen (vgl. Rose, S. 65–68). Beispielhaft genannt sei das im zweiten Teil der *Unpolitischen Lieder* (1841) publizierte *Chinesische Loblied*, in dem Hoffmann von Fallersleben eindeutig preußische Zustände aufs Korn nimmt. Heine selbst hatte schon 1832 in den *Französischen Zuständen* Preußen in die Nähe Chinas gerückt, indem er es – im Rahmen einer Absolutismuskritik – zu den »nordwestlichen Nachbarn« der Chinesen rechnete (DHA 12/1,156). Zu Chiffrierungszwecken verwendete er ›China‹ erstmals sechs Jahre später in seinem versifizierten satirischen *Testament*, in dem er auf einen seinerzeit die Gemüter erregenden Konflikt des preußischen Königs (»Kaiser von China«) mit dem Erzbischof von Posen-Gnesen (»Rabbi von Posen«) anspielt (vgl. Bellmann, S. 84).

Es zeigt sich, daß der China-Chiffre nicht nur tarnende, sondern zugleich charakterisierende Funktion zukommt. Heine bezieht sie zunächst auf Friedrich Wilhelm III., der zwar als pflichttreu und charakterfest galt, aber auch als pedantisch, wortkarg und reformscheu (s. Str. 1). Die Hoffnungen auf eine neue Ära, auf eine Wende hin zur Liberalität, die mit der Thronbesteigung seines Sohnes verbunden wurden, schienen sich zunächst zu erfüllen: Friedrich Wilhelm IV. erließ eine Amnestie für politische Vergehen, beendete die ›Demagogen‹-Verfolgung und lockerte die Zensurbestimmungen. Aber schon bald entlarvten sich seine liberalen Ansätze als unverbindliche Attitüde, und der Status quo der Unterdrückung wurde erneut etabliert. Dieser Wandel hin zu einer restriktiven, restaurativen Politik, der die Hoffnungen der Liberalen umschlagen ließ in Skepsis, Enttäuschung und Opposition, dokumentierte sich vor allem in der erneuten Verschärfung der Zensur und im Verbot liberaler Zeitungen, auch in Einzelmaßnahmen wie der Landesverweisung Georg Herweghs und der Amtsenthebung Hoffmanns von Fallersleben.

»Der König trinkt, die Königin hinkt, und die Liebe sinkt« (HSA 26,23). Dieses respektlose Witzwort über das preußische Herrscherpaar, das 1842 in Berlin kursierte, spielte auf die ein königliches Laster betreffenden Gerüchte an, die auch in zeitgenössischen Karikaturen ihren Niederschlag fanden und die Heine zu der Satire *Der neue Alexander* inspirierten. Bevorzugter Gegenstand des Spottes war überdies die Redebegeisterung des ›Romantikers auf dem Thron‹, der sich in zahllosen öffentlichen Ansprachen als geschickter Improvisator erwies, dessen Äußerungen es jedoch auf fatale Weise an Prägnanz und klarem politischem Inhalt mangelte. Er sprach fast immer ohne Konzept: »Schwungvoll – allerdings ohne rechte Tiefe – von Idee zu Idee in rhetorischer Selbstberauschung fortschreitend« (Schmidt, S. 393).

Die der Spottlust anheimfallenden Eigenschaften – Trunksucht und Neigung zum Schwadronieren – erlangten für die Konzeption des Gedichts *Der Kaiser von China* konstitutive Bedeutung. Es besteht von der ersten bis zur letzten Zeile aus einer die Redseligkeit des Königs persiflierenden fiktiven Rollenrede. Dieser Rollenmonolog hat die Funktion der Selbstentlarvung, wird zur unfreiwilligen Selbstparodie des preußischen Repräsentanten des Despotismus. Peter Hasubek spricht in einer richtungweisenden Interpretation des Gedichts treffend von »satirischer Selbsthinrichtung« (Hasubek, S. 38). Der gesamte Monolog verbalisiert eine Rauschvision, in der der trunkene Schwärmer (s)ein Idealbild des in Wahrheit durch innenpolitische Konflikte und soziale Krisen erschütterten ›Reiches‹ entwirft, eine Vision, in der die realen Probleme und aktuellen Streitfragen – ganz in seinem Sinne – eine Lösung gefunden haben.

Das Verklären der häßlichen Realität und die Erfüllung von Unerreichbarem in der durch Alkoholgenuß stimulierten Phantasie des Zechers – das sind durchaus gängige Motive im Trinklied und allgemein in der populären Lieddichtung, an die Heine auch in formaler Hinsicht anknüpft: Die metrische Struktur und das Reimschema sind volksliedhaft einfach, die Strophenform gehört zu den in der volkstümlichen deutschen Lyrik am meisten verbreiteten. Die Nähe zum populären Liedgut dokumentiert sich zudem in der Verwendung unreiner Reime und holpernder Verse (die Heine jedoch auch in den Dienst der Satire stellt) und nicht zuletzt im Prinzip der aufzählenden Reihung, das für den Mittelteil des Gedichts strukturbildend ist. In den beiden jeweils zwei Strophen umfassenden Rahmenpartien wird das Motiv des Trinkens – der Praxis vieler Trinklieder entsprechend – durch fünffache Nennung des alkoholischen Getränks (»Schnaps«) pointiert hervorgehoben.

Die sechs Strophen des Binnenteils mobilisieren durch ihre Konzeption in besonderer Weise die reflektierende Eigenaktivität des Lesers. Der Rezipient soll die hinter der ›Wunschliste‹ bzw. der beschworenen Scheinrealität verborgene tatsächliche Misere erkennen, die königlichen Illusionen an eigenen Erfahrungen und Informationen messen, wozu der Text selbst Impulse gibt und durch eingebaute erläuternde Elemente die Richtung weist.

Hat er ›China‹ in ›Preußen‹ und ›Kaiser‹ in ›König‹ übersetzt, wird für keinen zeitgenössischen Leser zweifelhaft gewesen sein, daß die erste Strophe des Binnenteils auf den Umstand abhebt, daß die Ehe des 1844 fast 50 Jahre alten Königs kinderlos geblieben war, was zu zahlreichen Spekulationen und Spötteleien Anlaß gab. Hält man sich das dem Gedicht durchgängig zugrundeliegende Prinzip bewußt, so bereiten auch die beiden folgenden Strophen kaum größere Verständnisschwierigkeiten. Illusionistisch überspielt werden unter dem Stichwort »Überfluß« die in Wahrheit gravierenden sozialen Probleme und Konflikte, die aus der beginnenden Industrialisierung, aus Bodenspekulation, Mißernten, Überbevölkerung und Massenarbeitslosigkeit resultierten, die ihrerseits die Verelendung breiter Bevölkerungsschichten zur Folge hatten. Der soziale Brennstoff entzündete sich im Juni 1844 in der Hungerrevolte der schlesischen Weber, einem Menetekel für die preußische Monarchie, auf das Heine mit seinem berühmt gewordenen Gedicht *Die armen Weber* (*Vorwärts!*, 10. Juli 1844) reagierte. Den »Kranken« ironisch zugeordnet wird im zweiten Teil von Strophe 4 der preußische Hofphilosoph, dessen Gebrechen der verballhornte Name – »Confusius« statt Konfuzius – charakterisiert. Die satirische Anspielung zielt auf Schelling, den Friedrich Wilhelm IV. 1841 von München nach Berlin berufen hatte und von dem es in den *Lobgesän-*

gen auf König Ludwig heißt, daß ihm »im Kopf die Vernunft« erloschen sei (DHA 2,144). Für die zutreffende Entschlüsselung der Anspielung spricht auch das am 22. Juni 1844 im *Vorwärts!* publizierte Gedicht *Kirchenrath Prometheus*, in dem Heine den religionsphilosophischen Spätschriften Schellings angesichts ihrer schwer zugänglichen Mystik eine undurchdringliche »Finsterniß« attestiert (DHA 2,124). Varnhagen von Ense hatte ihm schon am 11. Oktober 1842 geschrieben, daß Schelling in Berlin »zum Gespötte geworden« sei, ungeachtet dessen jedoch die »Gunst des Hofes« genieße (HSA 26,38); im Tagebuch notierte Varnhagen unter dem 20. Juni 1843: »Es ist ein demüthigender Zug für unsre Bildungshoffahrt und Klugdünkelei, daß wir diesen philosophischen Cagliostro tragen müssen, und er Hof, Minister, Universität und Publikum zum Narren halten darf!« (Varnhagen, S. 190.)

Wenn Friedrich Wilhelm IV. ausgerechnet den Mystiker Schelling nach Berlin beruft und zum »Hofweltweisen« macht, so schlägt die Kritik auf ihn selbst zurück, charakterisiert sie doch seine aus romantisch-restaurativen Neigungen gespeiste Kulturpolitik (er holte z. B. auch Cornelius, Ferdinand Maßmann und die Brüder Grimm nach Berlin) und rückt zugleich den Berliner Hof ins Schlaglicht der Satire. Diese Thematik wird aufgegriffen und erweitert in Strophe 6, die dem ›confusen‹ Philosophen eine Gruppe »invalider Köpfe« an die Seite stellt. Mit der Identifizierung dieser »Mandarinenritterschaft« haben sich die Interpreten bislang schwergetan (s. DHA 2,747) – die Übersetzung der aus dem Sanskrit stammenden Bezeichnung weist den richtigen Weg: *Mandarin* bedeutet ›Ratgeber‹ (im frz. Text steht: »Le corps des mandarins, les chevaliers lettrés«, DHA 2,162). Gemeint ist die sogenannte Kamarilla, der ›hochkonservative‹ Ratgeberkreis Friedrich Wilhelms IV., der eine Art Nebenregierung bildete, maßgeblichen Einfluß auf die politischen Entscheidungen des Königs ausübte und alle wie auch immer gearteten Reformansätze im Keim erstickte.

Wenn der königliche Zecher seine Berater ihre Rückständigkeit und Rigidität überwinden sieht zugunsten neuer Vitalität und »Jugendkraft«, so offenbart sich darin ebenso eine Verklärung der Realität wie in der Wunschphantasie, die in der folgenden Strophe entwickelt wird. Die das chinesische Kolorit erneut konstituierenden Chiffrierungen (»große Pagode« / »Drachenorden«) sind, zumal für den zeitgenössischen Rezipienten, leicht zu durchschauen. Angespielt wird auf zwei Ereignisse, die seinerzeit erhebliches öffentliches Aufsehen erregten: den 1842 unter dem Protektorat Friedrich Wilhelms IV. begonnenen Weiterbau des Kölner Doms (vollendet 1880) sowie die Weihnachten 1843 vom König feierlich verkündete Erneuerung des Schwanenordens, einer mildtätigen Institution zur Behebung des sozialen Elends. Das in dieser Strophe angesprochene eigentliche aktuelle Reizthema ist indes das der Emanzipation der Juden, konkret deren Bestreben, die nach der Napoleonischen Ära (erneut) aberkannten Bürgerrechte wiederzuerlangen. Der sich daraus ergebende gesellschaftliche Konfliktstoff erfährt in der Wunschvision seine ›Erledigung‹ durch die Konversion der Juden. Die Bereitschaft dazu wird gefördert und belohnt durch die Verleihung des Schwanenordens, der auf diese Weise zu einem Instrument der Disziplinierung degeneriert. Eine solche Konfliktlösung im Rahmen der Fiktion wird man zunächst für eine witzig-ironische Unterstellung halten, die dazu dient, den Sprecher zur Zielscheibe des Spotts zu machen. Es ist jedoch nicht auszuschließen, daß Heine hier eine der tatsächlich verfolgten »Absichten der Ordensstiftung« herausgreift und kritisiert: »ihre offensichtlich konfessionsnivellierende Wirkung, mit der die emanzipatorischen Bestrebungen der Juden aufgefangen werden sollen« (Möller, S. 249).

Einem weiteren in den Jahren ab 1840 hochbrisanten Thema ist die letzte Strophe des Binnenteils gewidmet. Unmittelbar nach seiner Thronbesteigung wurde Friedrich Wilhelm IV. mit der Forderung konfrontiert, das 1815 von seinem Vater gegebene Verfassungsversprechen einzulösen. Der konstitutionelle Vorstoß ging von den ost- und westpreußischen Provinzialständen aus, die im September 1840 eine »Vollendung der verfassungsmäßigen Vertretung des Landes« forderten, und er fand Unterstützung durch Denkschriften des Oberpräsidenten Theodor von Schön (*Woher und Wohin?*, Dezember 1840) und des Arztes Johann Jacoby (*Vier Fragen beantwortet von einem Ostpreußen*, Frühjahr 1841). Jacobys Schrift wurde per Bundesbeschluß als »demagogisch-revolutionäres Erzeugnis« verboten, von Schön sah sich auf Betreiben des preußischen Innenministers von Rochow genötigt, um seine Entlassung nachzusuchen. Auf diesen Konflikt, der in der Rauschvision wiederum illusionistisch überspielt wird, zielt die Strophe ab. Mit den »edelsten Mantschu« sind keineswegs, wie häufig vermutet (s. DHA 2,747), die reaktionären königlichen Ratgeber gemeint. Gedacht haben wird Heine vielmehr vor allem an eine Persönlichkeit wie Theodor von Schön, der immerhin ein Jugendfreund des Königs war und darüber hinaus eines der angesehensten Mitglieder der hohen preußischen Bürokratie.

Eine ins Detail gehende, die zeitgeschichtlichen Fakten einbeziehende Erörterung aller Strophen des Binnenteils erschien angebracht angesichts der Tatsache, daß sich der Text aufgrund der größer gewordenen zeitlichen Distanz heute als in hohem Maße kommentarbedürftig erweist. Als durchgängiges Prinzip erkennbar geworden ist die Kontrastierung von Illusion und Realität, von Wunschwelt und tatsächlicher Misere. Objekt der Satire und Zielscheibe des Spotts ist zunächst der zu Schönrederei und Eskapismus neigende preußische König; aber indem er zugleich als Repräsentant eines als illiberal und reaktionär charakterisierten Staatswesens erscheint, wird die Personalsatire verbunden mit einer schonungslosen Kritik der sozialen Zustände und des politischen Systems. Durch die sachliche Konkretheit und die verwendeten Darstellungsmittel, auch durch die in der Form angelegte, auf kritische Distanzierung statt Einfühlung abgestellte Rezeptionsweise unterscheidet sich dieser Typus des politischen Gedichts grundlegend von der in der Vormärzzeit dominierenden appellativen Freiheitslyrik, der Heine vage Allgemeinheit und leeres, nutzloses Pathos attestierte.

Der Plan zu einem auf Friedrich Wilhelm IV. gemünzten Gedicht reichte zurück bis in den Herbst 1843. Zu dieser Zeit beabsichtigte Heine, für die *Deutsch-Französischen Jahrbücher* eine »Serie von Monarchen-Satiren« zu verfassen, Gedichte »über die Könige von Baiern, Preußen und Hannover« (DHA 2,659 und 801). Wegen des Verbots der *Jahrbücher* konnte dieses Projekt dann nicht in der beabsichtigten Form realisiert werden; es erschienen einzeln die *Lobgesänge auf König Ludwig* sowie – nach dem *Kaiser von China* – eine weitere Polemik gegen Friedrich Wilhelm IV. unter dem Titel *Der neue Alexander*, schließlich im Rahmen des *Wintermährchens* (Caput XIX) eine satirische Attacke auf Ernst August von Hannover.

Viele Zeugnisse belegen, daß Heine in Preußen ein Zentrum der Reaktion und Unterdrückung sah. Anläßlich eines in Berlin verfügten totalen Verbots des Campeschen Verlages hatte er seinem Verleger im Februar 1842 geschrieben, er rate zu »einem offenen Krieg mit Preußen auf Tod und Leben«, um diesem seine »infamen Tücken zu vergelten« (HSA 22,18). Dennoch zeigt sich in dem angesprochenen Projekt einer polemischen Königsserie wie auch in den dann geschriebenen Texten, daß es ihm um mehr ging als um die satirische Demontage eines einzelnen Monarchen oder gar die Befriedigung persönlicher Vergeltungssucht. Ein bestimmender Schreibimpetus erwuchs für Heine vielmehr aus der Überzeugung, daß die den Herrschern zugesprochene Dignität und unantastbare Würde erschüttert werden muß, um eine der Voraussetzungen für Veränderung zu schaffen. Solange die Untertanen – wie die Monarchen selbst – im Gottesgnadentum den mystischen Kern königlicher Herrschaft sehen (diese Sphäre imaginiert der Freudenruf »Hoseanna!« im Schlußvers des Gedichts), solange ist die Zementierung des politischen Status quo garantiert. Heine zeigt die Potentaten seiner Zeit gerade auch in ihren menschlichen Schwächen, um ihnen so die sakrale Aura (»von Gottes Gnaden«) zu nehmen. Dies aber ist eine der Bedingungen für die Herausbildung demokratischen Denkens und republikanischer Tugenden. Texte wie der *Kaiser von China* können gelesen werden als Beiträge zur Destabilisierung absolutistischer Herrschaft, auch als Anschläge auf die deutsche Knechtsseligkeit.

Literaturhinweise

Bellmann, Werner: *Der Kaiser von China*. Anmerkungen und Materialien zu Heines Zeitgedicht. In: Wirkendes Wort 36 (1986) S. 81–85.

Freund, Winfried: Das Zeitgedicht bei Heinrich Heine. In: Diskussion Deutsch 8 (1977) H. 35. S. 271–280.

Hasubek, Peter: Heinrich Heines *Zeitgedichte*. In: Zeitschrift für deutsche Philologie 91 (1972). Sonderh.: Heine und seine Zeit. S. 23–46.

Laube, Heinrich: *Neue Gedichte* von Heine. In: Zeitung für die elegante Welt. Nr. 41. 9. Oktober 1844.

Möller, Irmgard: Historische Bezüge in Heines *Zeitgedichten*. In: Impulse 1 (1978) S. 232–259.

Rose, Ernst: China as a Symbol of Reaction in Germany, 1830 bis 1880. In: Comparative Literature 3 (1951) S. 57–76.

Scheiffele, Eberhard: Die Folgen und Heine. Zu seinen Gedichten im *Vorwärts* und in den *Deutsch-Französischen Jahrbüchern*. In: Heine-Jahrbuch 21 (1982) S. 67–77.

Schmidt, Arno: Fouqué und einige seiner Zeitgenossen. Darmstadt [2]1959.

Varnhagen von Ense, Karl August: Tagebücher. Bd. 2. Leipzig 1861.

Nachtgedanken

Denk ich an Deutschland in der Nacht,
Dann bin ich um den Schlaf gebracht,
Ich kann nicht mehr die Augen schließen,
Und meine heißen Tränen fließen.

Die Jahre kommen und vergehn!
Seit ich die Mutter nicht gesehn
Zwölf Jahre sind schon hingegangen;
Es wächst mein Sehnen und Verlangen.

Mein Sehnen und Verlangen wächst.
Die alte Frau hat mich behext,
Ich denke immer an die alte,
Die alte Frau, die Gott erhalte!

Die alte Frau hat mich so lieb,
Und in den Briefen, die sie schrieb,
Seh ich wie ihre Hand gezittert,
Wie tief das Mutterherz erschüttert.

Die Mutter liegt mir stets im Sinn.
Zwölf lange Jahre flossen hin,
Zwölf lange Jahre sind verflossen,
Seit ich sie nicht ans Herz geschlossen.

Deutschland hat ewigen Bestand,
Es ist ein kerngesundes Land,
Mit seinen Eichen, seinen Linden,
Werd ich es immer wiederfinden.

Nach Deutschland lechzt ich nicht so sehr,
Wenn nicht die Mutter dorten wär;
Das Vaterland wird nie verderben,
Jedoch die alte Frau kann sterben.

Seit ich das Land verlassen hab,
So viele sanken dort ins Grab,
Die ich geliebt – wenn ich sie zähle,
So will verbluten meine Seele.

Und zählen muß ich – Mit der Zahl
Schwillt immer höher meine Qual,
Mir ist als wälzten sich die Leichen
Auf meine Brust – Gottlob! sie weichen!

Gottlob! durch meine Fenster bricht
Französisch heitres Tageslicht;
Es kommt mein Weib, schön wie der Morgen,
Und lächelt fort die deutschen Sorgen.

JAN-CHRISTOPH HAUSCHILD

Merkverse – Brechmittel

Heines *Nachtgedanken* und ihre publizistischen Folgen

I

Die *Nachtgedanken* sind ein Gedicht mit wenigen gedanklichen Sprüngen. Schrittweise, geradezu schleppend arbeitet sich der Autor voran. Zwanzig Verse lang sagt er immer dasselbe, so gebannt sind seine Vorstellungen: Schlaflose Nacht, Sehnsuchtstränen ... Jahrelange Abwesenheit, zwölf Jahre sind es genau, wachsende Sehnsucht ... Wachsende Sehnsucht, die Mutter ist alt geworden über die vielen Jahre, alle Gedanken gehen zu dieser alten Frau ... Die alte Frau liebt ihren Sohn, ihre Briefe sind mit zittriger Hand geschrieben ... Der Sohn denkt immerzu an die Mutter, zwölf

Jahre sind unterdessen vergangen, zwölf lange Jahre hat er sie nicht gesehen ...

Ein erhaltenes Arbeitsmanuskript des Gedichts verrät, daß diese Strophen früher als die folgenden entstanden sind. In einer ersten, noch titellosen Fassung schloß der Text an diesem Punkt mit den Versen: »[...] – Meine Thränen fließen / Bis mich die Morgenlichter grüßen« (DHA 2,770). Ergebnis der ersten Arbeitsphase war also ein mehr oder weniger privates Gedicht, in dessen Zentrum die Sorge um das Wohl der alten Mutter im fernen Hamburg steht. Die politische Provokation der Eingangsverse erweist sich als Bluff. Erst weitere Arbeitsgänge verwandelten den Text in ein politisches ›Zeitgedicht‹, das die private Wurzel, den privaten Entstehungsanlaß indes nicht zu leugnen sucht. Die hinzugekommenen Strophen bringen neue Ideen und neue Stichworte (»Vaterland«, Emigration, schmerzliche Erinnerungen an frühverstorbene Freunde und Verwandte), anderes wird wieder aufgegriffen (»Deutschland«) und bekräftigt (»deutsche Sorgen«). Von Vers zu Vers werden die Reflexionen quälender; erst die zehnte und letzte Strophe beendet den Spuk und löst die Beklemmungen.

Jedoch die forschende Neugier des Lesers will sich nicht zufriedengeben mit dem (scheinbar) versöhnlichen Schluß (sind doch die »deutschen Sorgen« nicht dauerhaft eliminiert, sondern nur auf unbestimmte Zeit fortgelächelt), sie verlangt nach Rechtfertigung: Wie also haben wir die markigen Verse der sechsten Strophe zu verstehen (»Deutschland hat ewigen Bestand, / Es ist ein kerngesundes Land«), halten wir ihnen die zahlreichen, offensichtlich konträren Bekundungen des Autors über Deutschland gegenüber (»Land der Eichen und des Stumpfsinnes«, HSA 20,33; »O Schilda mein Vaterland«, DHA 11,78; »Land der Räthsel und der Schmerzen«, DHA 15,206)?

Entstanden sind die *Nachtgedanken* 1842/43. Am 19. Dezember 1842 kündigte Heine in einem Brief an Heinrich Laube, Chefredakteur der Leipziger *Zeitung für die ele-*

gante Welt, an: »Einige Gedichte hab ich geschrieben, die ich Ihnen gelegentlich schicke« (HSA 22,44). Doch die Zusendung verzögerte sich bis zum Sommer, und so kam die Erstveröffentlichung in Laubes Zeitschrift erst unter dem Datum des 9. August 1843 zustande. Der zweite Druck erfolgte innerhalb der *Neuen Gedichte*, die am 25. September 1844 erschienen. Deutschland am Vorabend der Revolution von 1848/49 ein »kerngesundes Land«? Keine Spur von Reaktion und Restauration, kein Gedanke an Adelsherrschaft und Bürokratenwillkür, Steuerverschwendung und Polizeidespotismus, Kabinettsjustiz und Demagogenhatz, Massenprozesse und Hungerrevolten? Das Deutschlandbild des als »Vaterlandsverräter« verschrieenen Dichters (DHA 4,300) ein Zuckerbrot für teutsche Patrioten?

Das gewiß nicht, aber auch nicht die oft aus Verlegenheit bemühte ironische Sprechweise; der Dichter möchte wörtlich genommen werden. Im Vergleich etwa mit England, dem Mutterland der Industriellen Revolution, mutete das rückständige Deutschland, wo Ökologie und Ökonomie nur halb so dramatisch auseinanderklafften, geradezu idyllisch an: »Wie viel heiterer und wohnlicher ist es dagegen in unserem lieben Deutschland! Wie traumhaft gemach, wie sabbathlich ruhig bewegen sich hier die Dinge!« (DHA 7/1, 215) Amerika, das »gottverfluchte Land« (DHA 11,37), wo »Lebensmonotonie, Farblosigkeit und Spießbürgerey« regieren (DHA 12,89), kommt nicht besser weg. Und erst Frankreich, »Heimath der Schaulust, der Eitelkeit, der Moden und Novitäten« (DHA 12,89)! »Und alles dreht sich hier im Kreise, / Mit Ungestüm, wie'n toller Traum! / Bey uns bleibt alles hübsch im Gleise, / Wie angenagelt, rührt sich kaum.« (DHA 2,81) In dieser Hinsicht kann der Autor dem germanischen »gesunden Pflanzenschlaf« (DHA 2,126) eine angenehme Seite abgewinnen. Wieder einmal bestätigt sich, daß Einzelaussagen Heines, isoliert betrachtet, wenig geeignet sind, der Differenziertheit seines Urteils Rechnung zu tragen.

Die vorstehend entwickelte unironische Lesart wird auch durch einen Ansatz in dem bereits erwähnten Arbeitsmanuskript der *Nachtgedanken* bestätigt, das sich heute in der Pierpont Morgan Library in New York befindet. Ursprünglich hieß es einmal (weit weniger zur allegorischen Auslegung einladend): »Zwar ist in Deutschland gut die Luft«. Demgegenüber bescheinigt Heine England, dort sei die Atmosphäre geschwängert mit der »tödtlichen Stickluft der Langeweile« (DHA 11,36).

In den Entwürfen heißt es aber auch: »Das deutsche Volk, es beißt sich durch«. Und während in der Endfassung der achten Strophe der Generationswechsel zwar schmerzlich, aber als faktisch zur Kenntnis genommen wird, war in den Vorstufen noch von einem nicht näher charakterisierten »Uebel« die Rede gewesen, das dem »deutschen Volk« das Leben schwer mache: »Die Menschen aber leiden sehr / An einem Uebel, still u schwer«. Und wer mag glauben, daß mit diesem geheimnisvollen »Uebel« der natürliche Alterungsprozeß gemeint ist, das »allgemeine Menschenschicksal« (HSA 22,55)? Nein, dagegen ist kein Kraut gewachsen, da »beißt sich« niemand durch. Eine andere ›Zivilisationskrankheit‹ dürfte hier gemeint sein, jene »große Krankheit«, die, wie wir aus einer zensurbedingten Streichung im *Wintermährchen* erfahren (DHA 4,1079, Z. 38), nur durch eine »Revoluzion« zu heilen ist: Die ungleiche Verteilung des gesellschaftlichen Reichtums, die Herrschaft der alten Besitz- und neuen Geldaristokratie, die himmelschreienden Arbeits-, Ernährungs-, Wohn- und Gesundheitsverhältnisse des Agrar- und Industrieproletariats, die Millionen von Menschen frühzeitig ums Leben brachten und Millionen andere ein Leben am Rande des Existenzminimums fristen ließen. Aber Heine dachte nicht nur an das »arme, glückenterbte Volk«, er dachte auch an den »verhöhnten Genius« (DHA 4,301), an »Proletarier der geistigen Arbeit«, ›freie‹ Autoren wie Nebenerwerbsdichter im kapitalistischen Literaturbetrieb, die ihre privilegierte Existenz mit rastloser

Produktivität erkauften und deren Lebensfaden so rasch verglomm wie eine an beiden Seiten angezündete Kerze. Erinnern wir uns an den dritten Fluch der schlesischen Weber (aus der 1845 revidierten Fassung des ›Weberlieds‹):

> Ein Fluch dem falschen Vaterlande,
> Wo nur gedeihen Schmach und Schande,
> Wo jede Blume früh geknickt,
> Und Fäulniß und Moder den Wurm erquickt
>
> (DHA 2,150)

Nein, Heines »unheilbare«, »große Vorliebe für Deutschland« (Brief an Julius Campe, 29. Dezember 1843; HSA 22,92) galt zu keiner Zeit den deutschen politischen und gesellschaftlichen Zuständen. Sein persönlicher Patriotismus, wie er ihn in der Vorrede zum *Wintermährchen* definiert (DHA 4,301), zielte auf die Fortführung und Verwirklichung der revolutionären Denktradition in Deutschland von Luther bis Hegel, während der gewöhnliche »Patriotismus des Deutschen«, wie der *Romantischen Schule* zu entnehmen ist, darin besteht, »daß sein Herz enger wird, daß es sich zusammenzieht, wie Leder in der Kälte, daß er das Fremdländische haßt, daß er nicht mehr Weltbürger, nicht mehr Europäer, sondern nur ein enger Teutscher seyn will« (DHA 8,141).

Lesen wir die Verse 25 und 26 der *Nachtgedanken* daher als Fazit: »Nach Deutschland lechzt ich nicht so sehr, / Wenn nicht die Mutter dorten wär«. Wie konnte Heine auch? 1831 hatte er für immer den »Bruch mit den heimischen Machthabern« vollzogen (HSA 20,428) und war nach Paris übergesiedelt. Obgleich erst 1844 preußische Grenzhaftbefehle gegen ihn erlassen wurden, wagte es der Autor bereits 1836 nicht mehr, ohne Zusicherung freien Geleits nach Deutschland zu kommen. Durch die reaktionären Bundesbeschlüsse von 1832, 1833 und 1834 hatte sich die Situation auch der oppositionellen Publizistik entscheidend verschlechtert, und mit dem Verbot des »Jungen Deutschland« im Dezember 1835 erreichten die staatlichen Unterdrückungsmaßnahmen gegen die fortschrittliche Literatur einen unrühmlichen Höhepunkt. Eine endgültige Rückkehr nach Deutschland war dem politischen Emigranten vor 1848 unmöglich; überdies hatte er selbst sie mehrfach ausgeschlossen. In einem Brief an Amalie Beer, die Mutter des Komponisten Meyerbeer, heißt es unter dem Datum des 2. November 1842: »Was mich betrifft, so komme ich nicht sobald nach Deutschland, obgleich ich manchmal einige Sehnsucht verspüre. Seit zwölf Jahren habe ich meine Mutter nicht gesehen.« (HSA 22,35) Und seinem Bruder Maximilian versicherte Heine am 12. April 1843: »Nach Deutschland gehe ich nie und nimmehr zurück. Ich lebe hier umfriedet, wenigstens in Bezug auf äußere Berührungen.« (HSA 22,56)

Die persönliche wie geistige Freiheit als deutscher Schriftsteller in Paris hätte Heine zu Hause nirgendwo genossen; Preußen war überall. Was blieb, war der Trost, daß wer das Vaterland »aus den Augen verloren« hatte, es »im Herzen« wiederfinden konnte, wie es in den *Englischen Fragmenten* heißt (DHA 7/1,212). Die Muttersprache als Vaterland: »Unsre Sprache ist das Beste was wir Deutsche besitzen, sie ist das Vaterland selbst« (DHA 3/1,321), sie ist »ein Vaterland selbst demjenigen, dem Thorheit und Arglist ein Vaterland verweigern« (DHA 10,194). In der deutschen Kulturnation finden auch die diskriminierten Juden ihre Heimat, aus der sie nicht vertrieben werden können, mit der sie, wie Herder sagt, eine »unverlierbare Identität« verbindet. Nichts anderes meinte Melina Mercouri, die griechische Sängerin und spätere Kulturministerin, die 1967 während eines Auslandsaufenthalts aus politischen Gründen von der Athener Militärjunta ausgebürgert wurde, als sie in einem Interview wütend erklärte: »Ich bin als Griechin geboren und als Griechin werde ich sterben.« Nationale Identität ist eben keine Frage der gewährten oder entzogenen Staatsbürgerschaft, und richtig verstanden – als Zugehörigkeit zu einer Rechtsgemeinschaft – bedeutet sie das genaue Gegenteil von Chauvinismus und Fremdenhaß.

II

Das Bemühen um den Sinn eines Textes läßt oftmals die Aufmerksamkeit für dessen Klangstruktur in den Hintergrund treten. Aber jeder Text hat ja neben der semantischen eine phonetische Schicht, jedes Wort sowohl eine Bedeutung als auch einen Klang, eine Gestalt. Die Lautschicht ist, hierin vergleichbar der Instrumentierung eines mehrstimmigen Musikwerks, integraler Bestandteil der ästhetischen Wirkung, sie bildet gleichsam die Physiognomie eines Worts. Zumindest unbewußt nehmen wir sie wahr, erst recht, wenn sie durch Wiederholungen an Intensität gewinnt.

Indes würde es sicher falsch sein, die Lautwirkung isoliert betrachten und systematisieren zu wollen. Der phonetische ›Sinn‹ ist weder eindeutig noch einmalig, er wechselt von Kontext zu Kontext. Die Lautschicht kann den Stimmungsgehalt der Wörter bestenfalls erhellen und verstärken, doch der Wortsinn ist es, der sich jedesmal seine Lautsymbolik schafft.

Die *Nachtgedanken* sind ein besonders eindringliches Beispiel für Heines traumhaft sicheren Umgang mit poetischer Sprache. Sie dient ihm nicht bloß zur Mitteilung, sondern wird ihrerseits wie Material behandelt, bearbeitet und eingesetzt. Dabei kann offen bleiben, ob dies ein bewußter oder unbewußter Prozeß ist. In einem durch und durch bewußten kreativen Prozeß hätte sich der Autor möglicherweise entschieden, seinem Text eine ›Melodie‹ in o- oder u-Moll zu unterlegen, weil diese Vokale häufig Langsamkeit, Dunkelheit, Schmerz und Wollust repräsentieren. Statt dessen kultiviert Heine den Kontrast, wie er auch nichts unversucht läßt, um die mühsam erzeugte phonetische Struktur durch gegenläufige Kunstmittel (Wechsel von stimmlosen und stimmhaften Konsonanten, Wechsel der Auftaktbetonung, Wechsel von ein- und zweisilbigem Reim) aufzubrechen.

Bereits der Titel des Gedichts dient der Einstimmung des Lesers, gibt er doch eine Vorahnung des Kommenden. Zumindest den Zeitgenossen, die das gleichnamige Langgedicht des Engländers Edward Young aus der Mitte des 18. Jahrhunderts kannten (*The Complaint, or Night Thoughts on Life, Death and Immortality*; die deutschen Übersetzungen seit 1825 reduzierten den Titel auf *Nachtgedanken*), konnten davon ausgehen, daß nun eine schmerzerfüllte, melancholische Reflexion über Grundfragen der menschlichen Existenz folgen würde. Die beiden langen, ›schwarzen‹ *a*, verstärkt durch das stimmhaft-statuarische *d*, tragen phonetisch das ihre zu dieser Erwartung bei. Heine tat also gut daran, an diesem Titel festzuhalten; zwischenzeitlich (zwischen Journal- und Buchdruck) hatte er als Überschrift »Heimweh« (Elisabeth Genton liest in DHA 2,769 irrtümlich »Heimat«) erwogen, was aber in semantischer wie phonetischer Hinsicht die schlechtere Variante ist.

Gleichsam als vielfaches Echo der Gedichtüberschrift beherrscht das düstere *a* auch die erste Strophe. Im Wort »Deutschland« wird es links wie rechts von einem kräftigen, stimmhaften Konsonanten gestützt, die bekräftigende Alliteration »Denk« / »Deutschland« erweitert den Eindruck des Ernsten und Dunklen um das Erhabene.

Im Zentrum der zweiten Strophe steht das Gefühl der Sehnsucht, was auf klanglicher Ebene durch das Dehnungs-*h* nach den Vokalen *a* und *e* sowie die dehnenden *a* vor dem stimmhaften *ng* evoziert wird. Während die nächsten Verse durch eine gleichförmige, unauffällige Vokalfolge charakterisiert sind – wobei das symbolische Spiel der Laute selten exakt mit dem Strophenende wechselt, meist übergreift, eine Art phonetisches Enjambement –, weiß die vierte Strophe unsere Aufmerksamkeit durch die Häufung von emotionalen langen *i* zu fesseln. Sie werden teils noch verstärkt durch die doppelten *t*, womit auf der Lautebene genau jener Erregungszustand abgebildet wird, den der Autor soeben schildert. Es folgen eher ruhige, gemessene Verse, die von elegischen *l* und einigen die vorangegangene Erinnerung bekräftigenden *i* beherrscht werden.

In der sechsten Strophe macht der Autor einen neuen Ansatz, der sich auch in der Lautschicht widerspiegelt: Statuarische *e*, teilweise verbunden mit stimmhaften, nicht minder festgefügten *b*, *d* und *g*, legen das Fundament für die zweite Gedichthälfte. Die ein- bzw. zweisilbigen Reimpaare nehmen zu und erzeugen einen gleichförmigen Marschrhythmus, der erst mit der Schlußstrophe abgebrochen wird. Die in den nächstfolgenden Versen vorherrschenden *e* und *ä* repräsentieren Skepsis und Bedenken. In der achten Strophe wird die Spannung weiter zurückgenommen, die elegischen *l* und düsteren *a* erzeugen eine schwermütige Tonart, aus der sich dann um so dramatischer die Aufgipfelung in der neunten Strophe entwickeln kann: Die reinste Kakophonie, in der die expressiven Zischlaute überwiegen, nicht selten gepaart mit ebenfalls unangenehm berührenden *ä* und *ö*.

Schließlich die Schlußstrophe mit ihrer überreichen Klangskala, wie geschaffen als Übungsverse für deutliche Aussprache. Alle fünf Vokale sind vertreten, dazu noch *ei*, *eu*, *ä* und *ö*: Ein dichtes, buntes Lautgefüge, das die bisherige Gleichförmigkeit auf der Stelle aufzulösen vermag, genau so, wie im Text das Lächeln der Geliebten die Sorgen um die alte Mutter vergessen läßt. Der Zaubermacht des Eros gelingt es, wenigstens für den Moment, die Politik aus dem Alltag zu verdrängen.

In einem ungefähr ein Jahr später entstandenen Entwurf zu den Eingangsversen von *Deutschland. Ein Wintermährchen* lesen wir dagegen:

Auch nach der Mutter sehne ich mich
Ich will es offen gestehen,
Seit dreyzehn Jahren habe ich nicht
Die alte Frau gesehen.

Ade mein Weib, mein schönes Weib,
Du kannst meine Qual nicht fassen
Ich drücke dich so fest an mein Herz
Und muß dich doch verlassen.

(DHA 4,291 f.)

Heine wiederholte hier die Personenkonstellation, die auch den Schluß der *Nachtgedanken* prägt, ließ jedoch diesmal die Mutter- über die Gattenliebe triumphieren. Denn inzwischen hatte er sein Versprechen aus dem Brief an Betty Heine vom 18. Oktober 1843 wahr gemacht, »eines frühen Morgens [...] in Lebensgröße« vor ihr zu stehen (HSA 22,68). Da er mit Schikanen und Repressalien wenigstens der preußischen Behörden rechnen mußte, hielt der Autor den genauen Reiseplan bis zuletzt geheim. Der Mutter vertraute er immerhin an, er »reise nicht zu Wasser, sondern gradeswegs durch Deutschland«, da er aber in Paris nichts von seiner Absicht habe verlauten lassen »und auch schnell reisen werde«, sei »von den Regierungen nichts zu fürchten« (HSA 22,68). Als er dann im Sommer des folgenden Jahres erneut und letztmalig nach Hamburg reiste, zog der in Preußen mittlerweile mit einem behördeninternen Steckbrief verfolgte Dichter die direkte Schiffspassage ab Le Havre vor.

III

Die Eingangsverse des Gedichts gehören längst zu den meistzitierten Heine-Versen überhaupt. Daß sie von Karl Büchmann in seinen *Zitatenschatz des deutschen Volkes* (1864) zunächst nicht, von seinen Nachfolgern erst lange nach dem Zweiten Weltkrieg aufgenommen wurden, zeigt nur, daß selbst »Geflügelte Worte« ein Politikum darstellen können, und häufige Verwendung noch lange nicht zu einem lexikalischen Ehrenplatz führt. Dabei waren die *Nachtgedanken* bereits 1916 für Friedrich Hirth der Beweis für Heines unverbrüchliche Deutschlandliebe: Aus jedem Wort der sechsten Strophe quelle »der hingebendste, sehnsüchtigste Patriotismus«, und so bekamen auch die Eingangsverse plötzlich einen ganz anderen, nostalgisch-sorgenfreien Sinn (*Sonntagsblatt der Königsberger Hartungschen Zeitung*, Nr. 437, 17. September 1916). Andere nach ihm, die mit den deutschen Zuständen unzufrieden waren, beriefen sich auf dasselbe Gedicht, zitierten aber natürlich nur die Eingangsverse, die ihre Freunde übrigens in allen politischen Lagern haben: Hier finden sich Franz Josef Strauß und Erich Honecker wieder, Wolf Biermann und Peter Gauweiler, Otto von Habsburg und jener Kolumnist des *Neuen Deutschland* vom 10. Mai 1991, der dem Zitat noch keck hinzufügte, er berufe sich auf Heine, »solange man ihn noch ungefährdet zitieren kann«.

In neuerer Zeit mehren sich insbesondere die Einsprüche von ›Volltext‹-Lesern, die, unzufrieden mit der gängigen Zitatpraxis, uns über den eigentlichen Sinn des Gedichts aufklären wollen. *Spiegel*-Herausgeber Rudolf Augstein widmete den *Nachtgedanken* vor einigen Jahren sogar eine eigene Kolumne, outete sich als Philologe und klärte eine staunende Leserschaft darüber auf, daß Heine sich in diesem Gedicht ja gar nicht um Deutschland, sondern um seine alte Mutter sorge. Und Dutzende von Leserbriefschreibern singen es ihm nach: »Nicht Deutschland, sondern seine alte, kranke Mutter im fernen Deutschland bringt ihn um den Schlaf« (*Münchner Merkur*); »Nicht Kummer um die seelische Verfassung der Deutschen oder um die Zukunft Deutschlands waren es, die dem Dichter den Schlaf raubten« (*Starnberger Merkur*); »Es ist der Gedanke an seine Mutter daheim in Düsseldorf [!], während er selber in

Frankreich im Exil lebt, der Heine schlaflos macht« (*Die Welt*); »Eine dauernd wiederholte Fehl-Interpretation« (*Westdeutsche Zeitung*); »Der Dichter hat sich seinerzeit keine Sorgen um die Verhältnisse in Deutschland gemacht« (*Süddeutsche Zeitung*). Und so weiter und so weiter.

Richtig ist, daß jedes Zitat mit Verkürzung einhergeht, oftmals auf unzulässige Weise; richtig auch, daß Unvollständigkeit mitunter den Sinn eines Zitats in sein Gegenteil verkehrt. Aber das ist ja das Wesen des Zitats: Verwendet wird nur das Brauchbare. Das ist in Publizistik und Literatur nicht anders als in jeder anderen Kunst, einschließlich der des Kochens. Und deshalb ist es völlig legitim, wenn Jürgen Habermas in einer *Zeit*-Glosse zu Helmut Kohl vom 11. März 1994 behauptet: »Kohl ist weder gefährlich noch einschüchternd. Er ist repräsentativ ohne Repräsentation. Er ist die verkörperte Entwarnung und hätte einen Heine nicht um den Schlaf gebracht.«

Weitaus bedauerlicher als aller Streit um die richtige Lesart ist der Umstand, daß Heines Verse auf dem besten Weg sind, zur Zitatgirlande zu verkommen. Ebensowenig wie man abwegige Interpretationen der *Nachtgedanken* verbieten kann, läßt sich das modische Nachplappern der Eingangsverse unterbinden. Im Alltags-Sprachrepertoire haben sie vorerst immer noch den Rang einer Novität und noch zu wenig vom Makel einer Plattitüde. Und nur das Begreifen dieses Unterschieds ist es ja, was öffentliche Redner davor zurückschrecken läßt, ihre Ausführungen mit Wendungen wie »Auf in den Kampf, Torero« auszuschmücken. Wer aus den *Nachtgedanken* zitiert, will literarisch-politisches Bewußtsein demonstrieren und offenbart doch nur Distinktlosigkeit. Was Heine seinerzeit dichtete, klingt in manchen langen Ohren ungeheuer originell, provokant und irgendwie demokratisch. Obendrein reimt es sich – ein Vorzug, der einem anderen Zweizeiler Heines, der mit ähnlichen Worten gleiches sagt, mangelt, und der allein schon aus diesem Grund nie zitiert wird: »O Deutschland, meine ferne

Liebe, / Gedenk' ich deiner, wein' ich fast!« (DHA 2,80) Macht sich also jemand größere Sorgen (nicht allein in Deutschland: Hermann Glaser, einstmals Kulturdezernent in Nürnberg, meint, Heines Stoßseufzer gelte »zu jeder Zeit« und »für viele Länder«), ist er – selbstverständlich heftig – betroffen, dann gibt er dem durch das Heine-Zitat lyrischen Ausdruck. Sorgt er sich als deutscher Patriot, zitiert er wortwörtlich; geht es um Beruf oder Alltag, wird entsprechend variiert. Heines Merkverse werden zum Kalauer, nein – zum Brechmittel. Hier einige Proben:

»Denk ich an Rentrop in der Nacht, dann bin ich um den Schlaf gebracht« (bei Rentrop handelt es sich um einen Autositzehersteller im Westfälischen). Oder: »Denk ich an Krautheim ...« (Stoßseufzer eines vom Rat dieser Gemeinde nicht gewählten Kämmererkandidaten). Oder: »Denk ich an den Haushalt ...« (Kommentar im *Schwarzwälder Boten* zu den kommunalen Haushaltsplänen). Oder: »Denk ich an Frank Mill ...« (Otto Rehagel vor dem Spiel Werder Bremen gegen Borussia Dortmund im Interview mit *SportBild*). Oder: »Denk ich an Waldheim ...« (Bericht der *Lausitzer Rundschau* über die desolaten Zustände in einer psychiatrischen Klinik bei Chemnitz). Oder: »Denk ich an Düsseldorf oder Köln ...« (Kolumnistin der *Sindelfinger Zeitung*, die der Schlaflosigkeit in den beiden rheinischen Metropolen einen positiven Aspekt abgewinnt, während das Nachtleben in Sindelfingen sehr zu wünschen übrig lasse: »Absolut tote Hose«).

Insbesondere in allerjüngster Zeit ist von Heines unschuldigen Versen geradezu inflationärer Gebrauch gemacht worden. Richtig: Auch daran ist die deutsche Einheit schuld. Und es ist sicher kein Zufall, daß just in diesem historischen Augenblick ein Manuskript der *Nachtgedanken* im Autographenhandel auftauchte, dem die Gunst der Stunde mit einem Mal die Aura einer Reichskleinodie verlieh. Ein Düsseldorfer Antiquar mußte deshalb tief in die Tasche greifen, ehe er es mit nach Hause nehmen konnte, man spricht von 150 000 DM. (Schon 1926 brachte eine Handschrift der *Nachtgedanken* bei einer Auktion 930 Reichsmark, den mehrfachen Monatsverdienst eines Angestellten.) Als die beiden deutschen Staaten dann 1990 offiziell miteinander kopuliert wurden, strebte die Zitat-Euphorie ihrem Höhepunkt entgegen: Auf allen Kanälen, in allen Gazetten das gleiche Motto.

Vom sublimen Stoßseufzer zum ridikülen Kalauer ist es nur ein Schritt. Ein besonders pfiffiger Kommentar des *Schwarzwälder Boten* zur allsommerlichen Uhrenumstellung brachte das Kunststück fertig, Heine mit Hemingway zu verballhornen. Unter der Überschrift »Wem die Stunde fehlt« lesen wir: »Am frühen Sonntagmorgen werden wir um den Schlaf gebracht. Aber nicht etwa, weil wir mit Heinrich Heine ›an Deutschland in der Nacht‹ denken, sondern weil an der Uhr gedreht wird. Im Schlaf wird den Leuten eine Stunde geklaut.« Noch origineller das *VIF Gourmet Journal*: Es klärt uns darüber auf, daß »Heinrich Heines Probleme mit Deutschland in der Nacht« ein »Nichts gegen die Probleme« seien, die der Wirt eines Gasthofs in Regensburg mit »Gastrojournalisten oder gar Testern« habe. Ja, oder Günter Pfitzmann: Er verriet in einem »ehrlichen Interview zum 70. Geburtstag« gegenüber dem *Goldenen Blatt*: »Mein Freund ist Inländer. Wir können nich' Anlaufstelle für die ganze Welt sein. Da überheben wir uns.« Die Redaktion entblödete sich nicht, dies mit der Überschrift zu versehen: »Günter Pfitzmann: Denk ich an Deutschland in der Nacht ... / dann bin ich um den Schlaf gebracht. Was Heinrich Heine 1844 in Gedichtform faßte, empfindet der große Berliner Schauspieler auch heute.« Gute Nacht ...

Jawohl, »Gute Nacht!« wünschte kürzlich das *Mühlacker Tageblatt* seinen Lesern, insbesondere denen mit Einschlafstörungen. Und weiter: »›Denk' ich an Deutschland in der Nacht, dann bin ich um den Schlaf gebracht.‹ Dieser eindringliche Vers des Emigranten Heinrich Heine ist in diesen

Tagen viel zitiert worden, gottlob mehr im Sinne der Freude als des Leids. Aber über seine politische Bedeutung hinaus enthält dieser Satz auch die lapidare Wahrheit, daß Aufregung jedweder Art bestimmt den Schlaf nicht fördert.« Es folgen »Tips zur Schlafhygiene«: Verzicht auf Genußmittel, abendliche Entspannung, leichtes Abendbrot, regelmäßige Lebensführung, und, vor allem: ein gutes Gewissen. Ein Schelm, wer dabei noch an Heine denkt.

Die schlesischen Weber

Im düstern Auge keine Träne,
Sie sitzen am Webstuhl und fletschen die Zähne:
Deutschland, wir weben dein Leichentuch,
Wir weben hinein den dreifachen Fluch –
Wir weben, wir weben!

Ein Fluch dem Gotte, zu dem wir gebeten
In Winterskälte und Hungersnöten;
Wir haben vergebens gehofft und geharrt,
Er hat uns geäfft und gefoppt und genarrt –
Wir weben, wir weben!

Ein Fluch dem König, dem König der Reichen,
Den unser Elend nicht konnte erweichen,
Der den letzten Groschen von uns erpreßt,
Und uns wie Hunde erschießen läßt –
Wir weben, wir weben!

Ein Fluch dem falschen Vaterlande,
Wo nur gedeihen Schmach und Schande,
Wo jede Blume früh geknickt,
Wo Fäulnis und Moder den Wurm erquickt –
Wir weben, wir weben!

Das Schiffchen fliegt, der Webstuhl kracht,
Wir weben emsig Tag und Nacht –
Altdeutschland, wir weben dein Leichentuch,
Wir weben hinein den dreifachen Fluch,
Wir weben, wir weben!

Renate Stauf

»Wo jede Blume früh geknickt«

Heines Weberlied gehört zu den seltenen Gedichten, die Wellen schlugen, Öffentlichkeit mobilisierten, die Gemüter aufbrachten und herausforderten. Als unmittelbare Reaktion auf das die Zeitgenossen aufrüttelnde Ereignis der blutig niedergeschlagenen Weberaufstände (4.–6. Juni 1844) im schlesischen Peterswaldau und Langenbielau wurde es am 10. Juli 1844 in seiner zunächst vierstrophigen Fassung unter dem Titel *Die armen Weber* innerhalb einer Weber-Artikelserie im Pariser *Vorwärts!* veröffentlicht. (Die hier vorliegende, vom Autor revidierte fünfstrophige Fassung erschien erst 1846 in Püttmanns Lyrikanthologie *Album.*) Das Gedicht wurde als Flugblatt in Deutschland rasch verbreitet, etwa ein dutzendmal nachgedruckt und sofort strafverfolgt. Gleichwohl fand es bald Eingang in die sich formierende Arbeiterbewegung, avancierte zum Kampflied der Arbeitervereine, wurde in Wirtshausversammlungen halböffentlich und heimlich »hundertfach gelesen und gesungen« (DHA 2,817; vgl. auch Füllner [u. a.], S. 134 f.).

Die stark emotionale Wirkung des Liedes beruht auf seiner ebenso einfachen wie kunstvollen Struktur (vgl. Höhn, S. 93). Anders als in seinen übrigen Zeitgedichten enthält sich Heine hier jeglichen ironisierenden Sprechens (vgl. Hinck, S. 194; Kaufmann, S. 160 f.). Die Wucht der Anklage wird getragen vom Ton eines sich stetig steigernden Pathos (vgl. Wehner, S. 39), das einprägsam und agitatorisch verstärkt wird durch das insgesamt 15mal monoton wiederholte, dem Rhythmus der Arbeitsbewegung nachempfundene »Wir weben«. Unterstützt wird diese einhämmernde Funktion des Refrains (vgl. Hinck, S. 193) durch syntaktischen Parallelismus von Reimzeilen, kunstvolle Vokalreihung, Alliterationen, anaphorische Wiederholung von Strophen- und Versanfängen, Kontrastbildungen und durch die raffinierte, selbst in den kleinsten Bestandteilen des Textes wiederkehrende Fünf- und Dreigliederung (vgl. Wehner, S. 37 f.). Daß das Gedicht trotz dieser ästhetischen Durchgeformtheit nicht künstlich wirkt, erreicht Heine durch seine Nähe zur Volksballade, die sich zum Beispiel in der geschickten Ausnutzung eines unregelmäßigen Metrums (freie Füllung der Senkungen), in grammatikalischen Verstößen (»gebeten«) und in dem Verzicht auf semantische Eindeutigkeit (sprachliche Verquickung von Bitten und Beten) erweist (vgl. Wehner, S. 38).

Im Vergleich mit anderen Weberliedern der Zeit (so dem von einem anonymen Verfasser schon vor 1844 in Umlauf gebrachten *Das Blutgericht*; zit. bei Wehner, S. 21 f.) unterscheidet sich Heines Gedicht durch den Verzicht auf eine individualisierende, mitleidheischende Milieuschilderung. Es beschreibt keine äußeren Begebenheiten, richtet sich nicht gegen die Fabrikanten als Verursacher des Elends, sondern verfolgt und illustriert anhand der Konzentration auf eine fast statisch anmutende Situation einen Gedankenprozeß (vgl. Kaufmann, S. 239; Wehner, S. 39).

Neben dem politischen hat den historisch-philosophischen Charakter des Gedichts insbesondere Hans Kaufmann hervorgehoben. Seiner Deutung zufolge identifiziert sich Heine hier mit einem kommunistischen Selbst- und Weltverständnis, indem er sich auf die symbolische Gestaltung der geschichtlichen Bedeutung einer neuen Klasse konzentriert. Sowohl seinen Haß auf den Nationalismus als auch seine Überzeugung von der Notwendigkeit einer sozialen Revolution habe er dem proletarischen Protest eingeschrieben: »Die Weber, indem sie die Summe ihrer Erfahrung ziehen, verkünden den Sinn der Geschichte. [. . .] Die sinnbildliche Ausdeutung der wirklichen Tätigkeit des Webens zur Bedeutung: im Kollektiv selbstbewußt werden, die alte Gesellschaft abschaffen, die Revolution vorbereiten, Geschichte machen, stellt sich, da sie im Bilde bleibt, scheinbar ganz zwanglos ein.« (Kaufmann, S. 165) Obwohl schon Ludwig Marcuse einen solchen operativen Gestus des Gedichts in Frage stellte (vgl. S. 307 f.), hat die neuere Heine-Forschung diese Deutung bisher nicht entkräften wollen. Lassen sich doch Heines intensive Beziehungen zu Marx und Engels in den vierziger Jahren wie auch die zeitgenössische Rezeption leicht als Belege dafür anführen, daß hier eines der »besten kommunistischen Gedichte überhaupt« entstanden sei (Schweikert, S. 42; vgl. dazu Wehner, S. 34 f.). Insgesamt vermittelt die Forschung den Eindruck, als ob alles Wesentliche über Heines Weberlied bereits gesagt worden sei. Es gehört zu jenen Texten, die dem Leser keine unüberwindbaren Schwierigkeiten zu bieten scheinen, ist in zahlreiche Anthologien und Schullesebücher eingegangen und wird in literarischen Handbüchern als d a s Beispiel für sozialkritische Dichtung angeführt (vgl. Best, S. 487; Wehner, S. 48). Verse und Bilder, die sich dem nicht so ohne weiteres fügen wollen, werden entweder übergangen (vgl. Gafert, S. 173 f.) oder als »Gedankenarmut« bzw. als inhaltlich-formale Schwächen abgetan. So zum Beispiel die »das ganze Gedicht und dessen Aussage überschattende« Raubtiermetaphorik der beiden erzählenden Eingangsverse oder die »störende Metaphorik« der »geknickten Blume« und des sich in Fäulnis und Moder erquickenden Wurms in den umgearbeiteten Zeilen der vierten Strophe (Stolpmann, 160 f.).

Gerade diese Schwierigkeiten mit einzelnen Bildern des Weberliedes wie auch seine von Kaufmann durchaus richtig erkannte philosophische Tendenz fordern zu einer Neulektüre heraus. Dabei kann es nur um einen Analyseversuch gehen, der dem zweifellos vorhandenen revolutionären Appell auf der Grundlage von Heines politischen und weltanschaulichen Ideen in den 30er und 40er Jahren nachfragt und das Gedicht als Brückentext hinüber ins Spätwerk ernst nimmt. Erst dann wird deutlich, auf welche Weise sich hier Heines Gesellschaftskritik und Zukunftserwartungen bündeln, die im Kontext seiner Beobachtungen und Begegnungen in der Juli-Monarchie stehen.

Bereits die erste Strophe des Lieds exponiert in einem aussagestarken Bild die zentrale Stoßrichtung der Anklage: am Pranger steht »Altdeutschland«, sein bevorstehender Untergang wird in der Metapher des »Leichentuchs« zum Ausdruck gebracht. Dabei entsteht durch den Wechsel vom »Sie« zum »Wir« (2,3) und durch die Kennzeichnung des Folgenden als ›Rede‹ der Weber gleich am Anfang eine Situation der Distanz zum Dargestellten, die von großer Bedeutung ist und – weil sie nicht aufgehoben wird – dem ganzen Gedicht seinen eigenwilligen Charakter verleiht. Die beiden ersten Verse zwingen den Leser oder Hörer in die Rolle des Betrachters einer Situation. Das erlaubt ihm, die folgenden Verfluchungen noch auf einer anderen Ebene wahrzunehmen und zu beurteilen als auf der der chorischen Rede der Weber. Das heißt, das Gedicht hat einen doppelten Adressaten: die von der sozialen Not betroffenen Arbeiter, an die sich der zur Identifikation einladende, kämpferische Appell der Rede richtet, und den gebildeten Leser oder Hörer, der aus dem inszenierten Bild seine Schlüsse ziehen bzw. Erkenntnis gewinnen soll. Die eine spontane Identifikation erschwerende, eher abstoßende Zeichnung der düsteren, tierhaft die Zähne fletschenden Weber unterstützt als stimmungsbildende Exposition diese appellative Distanz. Sie steht im Widerspruch zu den Elendsbildern der zweiten Strophe (Winterskälte, Hungersnöte, vergebliches Beten, Hoffen, Harren), denen der Leser sein Mitleid nicht versagen kann. Ähnlich widersprüchlich mutet das Geschehen selbst an. Läßt das Bild von den zornigen, alles andere als demütig und hilflos wirkenden Fluchenden doch zunächst eher einen gewaltsamen Widerstand erwarten, der durch einen Akt der Arbeitsverweigerung eingeleitet würde. Statt dessen bleibt die Situation bis zum Schluß eine statische. Lediglich in der die chorische Rede unterbrechenden, erzählenden Zeile der letzten Strophe, im Krachen des Webstuhls

(21), scheint sich eine Veränderung anzudeuten. Diese ist jedoch so unbestimmt, daß das Weben selbst als Symbol des Widerstandes in diesem Gedicht verstanden werden muß. Es stellt sich also die Frage nach der Bedeutung des stetig wachsenden Leichentuchs und des dreifach hineingewebten Fluchs.

Wie die Interpreten richtig gesehen haben, durchlaufen die Weber in ihrer kollektiven Rede einen Erkenntnisprozeß. Dieser mündet in die desillusionierende Gewißheit, daß sie sich auf niemanden verlassen können als auf sich selbst, da alle maßgeblichen Autoritäten (Gott, König, Vaterland) versagt haben. Daß sie angesichts dieser Gewißheit nicht den Aufstand proben, ja sogar ihre Arbeitsintensität noch steigern, verleiht der Untergangsdrohung einen mythischen Charakter. Das Krachen des Webstuhls ist zweifellos als Symbol für den nahenden Zusammenbruch der alten Gesellschaft zu verstehen, impliziert aber kein direktes, zielgerichtetes politisches Handeln. Die fast unheimlich anmutende Konzentration auf die Herstellung des Leichentuchs und das Hineinwirken des dreifachen Fluchs in dasselbe spielt vielmehr auf eine Existenz von überindividuellen Gewalten an, die an den antiken Schicksalsbegriff erinnern (vgl. Kaufmann, S. 165; Grab, S. 81) und über die Möglichkeiten des geschichtlichen Handelns einzelner weit hinausreichen. Dies deutet darauf hin, daß die soziale Revolution in Heines Augen nicht von singulären Erhebungen – wie den Weberaufständen in Langenbielau und Peterswaldau – ihre entscheidenden Impulse empfangen wird. Weitaus maßgeblicher dafür wird der Verlauf des Arbeitsprozesses selbst sein wie auch die Gestaltung der elementaren Lebensbedürfnisse der in ihn involvierten einzelnen. Insofern sind die fluchenden Weber nicht als bemitleidenswerte Individuen, sondern als Repräsentanten dieser wachsenden historischen Macht der Arbeit dargestellt, einer Macht, deren sie sich selbst erst langsam bewußt zu werden beginnen, und von der – wie bereits die dämonisierende Zeichnung ihrer Physiognomie und der distanzierende Blick des lyrischen Sprechers in den beiden ersten Zeilen erkennen lassen – nicht unbedingt nur Gutes erwartet werden darf.

Für das Verständnis der drei Flüche ist die Einsicht wichtig, daß Heine hier die preußische Parole der Befreiungskriege (»Mit Gott für König und Vaterland«) in satirischer Umkehrung nacheinander als reaktionäre Lüge entlarvt (vgl. Kaufmann, S. 162).[1] Nicht hinreichend beachtet wurden jedoch bisher die Differenzierungen dieser Umkehrung. Die Flüche richten sich nicht einfach gegen Gott, König und Vaterland im allgemeinen, sondern gegen eine genau bestimmbare Variante des Göttlichen, Königlichen und Vaterländischen. Das heißt, mit der Negation, die jedem Fluch zugrunde liegt, wird zugleich ein positives Gegenbild impliziert, vor dessen Hintergrund die Verwünschung erst eigentlich ihre Brisanz entfaltet. Diese Gegenbilder erschließen sich dem Betrachter freilich erst auf der Ebene des distanzierenden Blicks. In der Rede der Weber wird nur zornig negiert, der Beobachter der Situation hingegen hat die Möglichkeit, sowohl die Berechtigung des Zorns und der Drohung als auch deren unausweichliche oder mögliche Folgen einer kritischen Prüfung zu unterziehen bzw. Alternativen ins Auge zu fassen.

So gilt der erste Fluch nicht einem religiösen Selbst- und Weltverständnis schlechthin, sondern nur jenem Vatergott der christlichen, zur asketischen Demutshaltung erziehenden Religion, den Heine schon 1834 als historisches Opfer der philosophischen Revolution Kants beschreibt:

1 Die Devise geht zurück auf die Verordnung Friedrich Wilhelms II. vom 17. März 1813 über die Organisation der Landwehr. Hier heißt es: »Jeder Landwehrmann wird als solcher durch ein Kreuz von weißem Blech mit der Inschrift mit Gott für König und Vaterland bezeichnet, welches vorn an der Mütze angeheftet wird.« Gegeben hat den Hinweis zuerst Ruge in einem im *Vorwärts!* veröffentlichten Brief (vgl. Bellmann, S. 76 f.) und nicht Engels, wie Kaufmann annimmt (vgl. Kaufmann, S. 162).

> [. . .] er [Kant] hat den Himmel gestürmt, er hat die ganze Besatzung über die Klinge springen lassen, der Oberherr der Welt schwimmt unbewiesen in seinem Blute, es giebt jetzt keine Allbarmherzigkeit mehr, keine Vatergüte, keine jenseitige Belohnung für diesseitige Enthaltsamkeit, die Unsterblichkeit der Seele liegt in den letzten Zügen – das röchelt, das stöhnt – und der alte Lampe steht dabey mit seinem Regenschirm unterm Arm, als betrübter Zuschauer, und Angstschweiß und Thränen rinnen ihm vom Gesichte (DHA 8/1,89).

Heine läßt in diesem Zusammenhang keinen Zweifel daran, daß die Zerstörung der deistischen Gottesvorstellung eine wichtige Voraussetzung für die Entstehung eines revolutionären Bewußtseins ist, er gibt aber auch zu bedenken, daß dieser radikale Bruch mit einer Glaubensgewißheit eine politische Revolution mit noch unabsehbaren Auswirkungen zur Folge haben wird (DHA 8/1,117 f.). Sicher ist nur eines: Das jahrhundertealte Bündnis von Thron und Altar muß notwendig zusammenbrechen, wenn sich die irdischen Machthaber nicht mehr auf einen außerweltlichen Gott berufen können, der ihre Legitimität garantiert und zugleich die irdischen Leiden ihrer Untertanen als ›göttliche‹ Prüfungen im Hinblick auf ein besseres Leben im Jenseits erscheinen läßt. Wenn die Weber mit ihrem ersten Fluch diesen, von den kirchlichen Institutionen dogmatisch verkündeten Vatergott verabschieden, weil ihre kindlich-naiven Gebete nicht erhört wurden, ist das ein erster Schritt auf dem Weg zur Emanzipation. Daß damit jedoch nicht unweigerlich einem baren Materialismus Tür und Tor geöffnet wird, sondern durchaus die Möglichkeit für eine neue, ganz andere Gottesvorstellung gegeben ist, schwingt in den Formulierungen der ganzen Strophe unausgesprochen mit. Basiert doch die Verfluchung Gottes auf einer ad absurdum geführten Personifizierung. Dem Gott, an den sich die Weber vergeblich gewandt haben, wird in der Zeile »Er hat uns geäfft und gefoppt und genarrt« (9) ja nicht nur Ohnmacht oder Tatenlosigkeit, sondern sogar die böswillige Absicht einer bewußten und zynischen Irreführung unterstellt. (In der Erstfassung des Gedichts lauten die beiden ersten Zeilen der zweiten Strophe: »Ein Fluch dem Gotte, dem blinden, dem tauben, / Zu dem wir gebetet mit kindlichem Glauben«; DHA 2,820.) Die Existenz eines allmächtigen, gütigen, christlichen Vatergottes könnte nicht beeindruckender widerlegt werden als mit der fast ans Lächerliche grenzenden Vermenschlichung. Gerade durch die Reduzierung der Transzendenz auf eine Komödianten-Figur wird die Frage nach einer anders verstandenen Göttlichkeit aufgeworfen und der Blick auf das innerweltliche Leben und Schicksal der Weber, auf ihre leibliche, in der rastlosen Bewegung des Webens kulminierenden Präsenz zurückgelenkt bzw. verschärft. Dabei wird auch deutlich: Wenn hier eine Anklage des Göttlichen intendiert ist, kann sie sich nicht auf den Fluch beziehen, sondern allein auf die Tatsache dieser armseligen menschlichen Existenz, die selbst angesichts höchster Not und Empörung noch vom Arbeitszwang bestimmt wird. Diese Form der Anklage entspricht Heines naturreligiösen Vorstellungen. Wohl an keiner anderen Stelle seines Werkes hat er seine pantheistische Überzeugung, daß Gott in allem sei, was da lebe (DHA 8/1,87), und somit eine Mißachtung des leiblichen Wohlergehens des Menschen einer Beleidigung des Geistigen und Göttlichen gleichkomme, so entschieden zum Ausdruck gebracht wie im Bild dieser hungernden, fast zur Kreatur erniedrigten Weber, die ihr Lebendigsein nur noch durch die eine, immer wiederkehrende Arbeitsbewegung demonstrieren können. Seine theoretische Begründung für diese Illustration der geschändeten Göttlichkeit im Menschen selbst lautet: »Wir [die Pantheisten] befördern das Wohlseyn der Materie, das materielle Glück der Völker, nicht weil wir gleich den Materialisten den Geist mißachten, sondern weil wir wissen, daß die Göttlichkeit des Menschen sich auch in seiner leiblichen Erscheinung kund giebt, und das Elend den Leib, das Bild Gottes, zerstört oder aviliert, und der Geist dadurch ebenfalls zugrunde geht.« (DHA 8/1,61)

Der zweite Fluch der Weber richtet sich gegen den »König der Reichen«, der als Interessenvertreter der Bourgeoisie erkannt wird. Als solcher sorgt er für schonungslose Eintreibung der Steuern und läßt Hungerrevolten blutig niederschlagen (14; vgl. Wehner, S. 39). Wie die Formulierung »ein Fluch dem Gotte, zu dem wir gebeten« (6; Hervorhebung R. S.) auf eine anders verstandene Göttlichkeit verweist, impliziert die Präzisierung »König der Reichen« das positive Bild eines anders verstandenen Königtums: den ›König der Armen‹ oder ›Volkskönig‹. Das heißt, auch hier stellt die Negation nicht das System der Monarchie schlechthin in Frage, sondern nur seine reaktionären und unsozialen Auswüchse. Heine hat sich mehrfach für eine Form der Monarchie ausgesprochen, in der ein Volkskönig oder -kaiser im Interesse des Gemeinwillens »den gesellschaftlichen und geistigen Fortschritt zu seiner Richtschnur« macht (Grab, S. 49; vgl. Hinck, S. 193). Insbesondere im Hinblick auf die deutsche Verspätung und den deutschen Nationalcharakter hat er eine deutsche Republik als zeitgenössische politische Perspektive weder für möglich noch für wünschenswert gehalten. So bekennt er zwar immer wieder – wie zum Beispiel schon im IX. Artikel der *Französischen Zustände* – seine Bewunderung für die erste französische Republik, schränkt aber im gleichen Atemzug ein: »Es ist keine Inkonsequenz, daß ich diese Republik enthusiastisch liebe, ohne im geringsten die Wiedereinführung dieser Regierungsform in Frankreich und noch weniger eine deutsche Übersetzung derselben zu wünschen. [...] Deutschland kann keine Republik sein, weil es seinem Wesen nach royalistisch ist.« (DHA 12/1,175,179)

Auch zum Zeitpunkt der Entstehung des Weberliedes hat sich diese Grundüberzeugung nicht wesentlich geändert.

Selbst seine in den 40er Jahren gewachsene und bis an sein Lebensende nicht aufgegebene Vorstellung, daß den Kommunisten – zumindest vorübergehend – die Zukunft gehören könnte, vermag Heines Wunsch nach einer Demokratie, »wo ein Einziger als Inkarnazion des Volkswillens an der Spitze des Staates steht« (DHA 10,41), nicht völlig zu überdecken. Wenn er auch die soziale Berechtigung einer kommunistischen Revolution im Interesse eines elementaren Lebensrechtes der untersten Klassen und im Interesse einer Zerstörung des ihm verhaßten deutschen Nationalismus anerkennen muß, so kann er doch zugleich nur mit »Grauen und Schrecken« an die Zeit denken, »wo jene dunklen Iconoklasten [die Kommunisten] zur Herrschaft gelangen werden« (DHA 13/1,294). In seiner Revolutionsutopie ist die Befreiung des Menschen von Ausbeutung und Unterdrükkung eng mit der Verwirklichung eines von Lust und Schönheit bestimmten Lebens verbunden, eines Lebens, das er durch die Republikaner wie durch die Kommunisten aufs äußerste gefährdet sieht.

Von dieser Ambivalenz gegenüber dem Kommunismus wird das Weberlied zentral bestimmt. Einerseits wird es beherrscht von der bittersten sozialen Anklage, die eine proletarische Revolution unabdingbar erscheinen läßt. Andererseits wird die Perspektive dieser Revolution gleich in den beiden Eingangsversen überlagert durch die dunkle, anonym und unbestimmbar anmutende Drohung, die von den zähnefletschenden Webern ausgeht. Heines Zeichnung des Proletariats in diesem Gedicht[2] steht im äußersten Widerspruch zu dem Menschenbild, das die Basis seiner pantheistisch geprägten Emanzipationsidee bildet:

2 Aufschlußreich ist in diesem Zusammenhang auch das späte, balladeske Zeitgedicht *Die Wanderratten*, in dem sich die Vision eines in Massen heranrückenden, hungrigen Proletariats findet, das mit seiner elementaren, berechtigten Forderung nach »Brot« die bürgerliche Welt bedroht (DHA 3/1,334–336; vgl. Grab, S. 129 f.; vgl. die Interpretation des Gedichts in diesem Band).

> Wir [die Pantheisten] kämpfen nicht für die Menschenrechte des Volks, sondern für die Gottesrechte des Menschen. [...] Wir wollen keine Sanskülotten seyn, keine frugale Bürger, keine wohlfeile Präsidenten: wir stiften eine Demokrazie gleichherrlicher, gleichheiliger, gleichbeseligter Götter. Ihr [die Republikaner] verlangt einfache Trachten, enthaltsame Sitten und ungewürzte Genüsse; wir hingegen verlangen Nektar und Ambrosia, Purpurmäntel, kostbare Wohlgerüche, Wollust und Pracht, lachenden Nymphentanz, Musik und Komödien. (DHA 8/1,61)

Das heißt, die im Wechsel vom »Sie« in den ersten beiden Zeilen zum »Wir« in der dritten Zeile zum Ausdruck gebrachte Distanzierung muß auch als Distanzierung von einer Zukunftsentwicklung verstanden werden, in der Heine seine Schönheitsvision gefährdet sieht. In einer Revolution, in der Menschen kämpfen, die – wie die Weber – jeglicher Existenzgrundlage beraubt wurden, wird es primär ums nackte Überleben gehen. Das aber bedeutet, nicht der pantheistische Genußanspruch, sondern die puritanische, sinnen- und kunstfeindliche Moral der Kommunisten könnte sich in der neuen Gesellschaft durchsetzen:

> mit ihren rohen Fäusten zerschlagen sie als dann alle Marmorbilder meiner geliebten Kunstwelt [...] sie hacken mir meine Lorbeerwälder um und pflanzen darauf Kartoffeln; die Lilien, welche nicht spannen und arbeiteten, und doch so schön gekleidet waren wie König Salomon, werden ausgerauft aus dem Boden der Gesellschaft wenn sie nicht etwa zur Spindel greifen wollen; den Rosen, den müßigen Nachtigallbräuten, geht es nicht besser; die Nachtigallen, die unnützen Sänger werden fortgejagt und ach! mein Buch der Lieder wird der Krautkrämer zu Düten verwenden um Kaffe oder Schnupftabak darin zu schütten für die alten Weiber der Zukunft. – Ach! (DHA 13/1,294)

Der im Weberlied dämonisch ins Bild gesetzte, jegliche Muße und jeglichen Genuß ausschließende Arbeitszwang mutet wie eine antizipierte Potenzierung der hier in den Blick genommenen Zukunft an. Unter dem Gesichtspunkt der sozialen Not der Weber erscheint die Perspektive einer »Proletarierherrschaft in allen ihren Consequenzen« (DHA 14/1,19) zwar als eine Notwendigkeit, da niemand der Prämisse widersprechen kann, »daß alle Menschen das Recht haben zu essen« (DHA 13/1,295). Unter dem Gesichtspunkt des pantheistischen Genußanspruchs erweist sich diese Perspektive jedoch zugleich als bedrohlich. Denn auch in einer demokratischen Gesellschaft, die sich allein dem Primat der Nützlichkeit verschreibt, sind Kunst und Poesie dem Untergang preisgegeben:

> Alle überlieferte Heiterkeit, alle Süße, aller Blumenduft, alle Poesie wird aus dem Leben herausgepumpt werden, und es wird nichts davon übrigbleiben als die Rumfordsche Suppe der Nützlichkeit. – Für die Schönheit und das Genie wird sich kein Platz finden in dem Gemeinwesen unserer neuen Puritaner, und beide werden fletrirt und unterdrückt werden, noch weit betrübsamer als unter dem älteren Regimente. Denn Schönheit und Genie sind ja auch eine Art Königthum, und sie passen nicht in eine Gesellschaft, wo jeder, im Mißgefühl der eigenen Mittelmäßigkeit, alle höhere Begabniß herabzuwürdigen sucht, bis aufs banale Niveau. Die Könige gehen fort, und mit ihnen gehen die letzten Dichter. (DHA 11,129 f.)

Die Verfluchung des »Königs der Reichen« durch die Weber muß im Kontext dieses Denkens verstanden werden. Sie zielt zwar auf die berechtigte Zerstörung eines das »heutige Bourgeoisie-Regimente« (DHA 14/1,19) unterstützenden Königtums, jedoch nicht im Sinne einer Eliminierung des aristokratischen Elementes aus der Gesellschaft überhaupt, sondern im Interesse einer ›königlichen‹ Demokratie, in der

der Kunst auf der Basis eines für alle zugänglichen Lebensgenusses ein Lebensrecht gewährt wird.

Dieser Deutung fügt sich auch der dritte Fluch. Er wird gegen ein »falsches« Vaterland ausgesprochen, womit wiederum zugleich die Vorstellung eines ›richtigen Vaterlandes‹ impliziert ist. Dieselbe rhetorische Figur kehrt in der Apostrophierung »Altdeutschland« wieder, das nur vor der Folie eines ›neuen Deutschland‹ gedacht werden kann. Diese Vorstellung eines doppelten Deutschlands bzw. Vaterlandes zieht sich durch Heines gesamtes Werk. Das »alte, offizielle Deutschland« und »verschimmelte Philisterland« erkennt er im Deutschland der Restauration, des Katholizismus und Nationalismus, das in seinen Augen »keinen Goliath, keinen einzigen großen Mann hervorgebracht hat [...]« (DHA 8/1,496 f.). Angesichts dieses Deutschlands erscheint ihm alles Deutsche zuwider, wirkt auf ihn wie ein »Brechpulver« (HSA 20,50). Ihm gilt sein Spott, seine Ironie und seine zum Teil böswillige Satire. Daneben behauptet sich aber ungebrochen seine Vision von einem überwiegend noch imaginären, »wirklichen Deutschland, dem großen, geheimnisvollen, so zu sagen anonymen Deutschland des deutschen Volkes, des schlafenden Souverainen, mit dessen Szepter und Krone die Meerkatzen spielen« (DHA 8/1,497).

Von dem »falschen« Vaterland wird im zweiten Vers der vierten Strophe gesagt, daß darin nur »Schmach« und »Schande« gedeihen. Dies ist sicher zunächst ganz konkret auf die Elendssituation der Weber bezogen, auf ihre Unterdrückung und Ausbeutung. Nach dem oben Ausgeführten liegt aber auf der Hand, daß neben dem materiellen Elend mit den Begriffen »Schmach« und »Schande« auch auf die ideelle, geistige Situation angespielt wird. Als schandhaft muß auf jener zweiten Ebene eines distanzierten Betrachters zudem das durch die Umkehrung der preußischen Parole indirekt angesprochene, nach den Befreiungskriegen nicht eingehaltene Verfassungsversprechen des preußischen Staates erscheinen. Und das Wort »Schmach« bezieht sich darüber hinaus in diesem Zusammenhang auf die Formen des staatlichen Umgangs mit den fortschrittlichen Intellektuellen, auf die schmähliche Behandlung der unter Zensur und Verfolgung leidenden Dichter und Denker der Nation.

Das mit der Anklage des »falschen« Vaterlandes aufgerufene, ›wahre‹ und ›richtige‹ Vaterland zeichnet sich demgegenüber in Heines Verständnis gerade durch jene diskriminierte Gruppe der fortschrittlichen Schriftsteller aus. Es ist das »weltfreye Deutschland einer neuen Generazion, die alle Fragen der Menschheit zu ihren eigenen gemacht hat, und die, wenn auch nicht immer auf ihrem Banner, doch desto unauslöschlicher in ihrem Herzen, die großen Menschheitsfragen eingeschrieben trägt« (DHA 12/1,278). Und es ist vor allem das Deutschland, in dem Heine den gedeihlichsten Boden für seine pantheistische Glücksverheißung zu finden glaubt, von dem er im Vorwort zum *Wintermährchen* sagt, daß es die Franzosen überflügeln könnte, »in der That«, wie schon zuvor »im Gedanken«:

> [. . .] wenn wir uns bis zu den letzten Folgerungen desselben [des Gedankens] emporschwingen, wenn wir die Dienstbarkeit bis in ihrem letzten Schlupfwinkel, dem Himmel, zerstören, wenn wir den Gott, der auf Erden im Menschen wohnt, aus seiner Erniedrigung retten, wenn wir die Erlöser Gottes werden, wenn wir das arme, glückenterbte Volk und den verhöhnten Genius und die geschändete Schönheit wieder in ihre Würde einsetzen, wie unsere großen Meister gesagt und gesungen, und wie wir es wollen, wir, die Jünger – ja, nicht bloß Elsaß und Lothringen, sondern ganz Frankreich wird uns alsdann zufallen, ganz Europa, die ganze Welt – die ganze Welt wird deutsch werden! Von dieser Sendung und Universalherrschaft träume ich oft, wenn ich unter Eichen wandle. Das ist *mein* Patriotismus. (DHA 4,301)

Das in der Forschung als »störend« empfundene Bild von der »früh geknickten Blume« in der vierten Strophe des Weberliedes erhellt sich in diesem Kontext. Diese ist keineswegs nur ein Bild für die geringe Lebenserwartung der Weber (vgl. Wehner, S. 41). Vielmehr muß die geknickte Blume als Symbol für die geschändete Schönheit und den verhöhnten Genius im »falschen Vaterland« verstanden werden, für jene Welt der Poesie und Kunst wie des sinnlichen Lebensgenusses überhaupt also, die Heine immer wieder in der Metaphorik der »Rosen« oder »Nachtigallen« zum Ausdruck gebracht hat. Früh geknickte Blumen, das sind jene Künstler und Schriftsteller, deren Talent sich nicht entfalten kann, weil sie nicht ausreichend gefördert, von der Zensur bedroht oder sogar verfolgt werden. Das Bild steht aber zugleich für die Entfaltungsmöglichkeiten menschlichen Lebens schlechthin. Da Sinnlichkeit, Lebensgenuß und Freude am Irdischen durch eine christlich-asketische Erziehung und infolge der sich ausbreitenden Philistergesinnung permanent unterdrückt werden, ist jede hoffnungsvolle Entwicklung einer gesunden Menschlichkeit bereits im Ansatz gefährdet.

Mir scheint, daß die umgearbeitete vierte Strophe dem Gedicht erst seinen revolutionären Charakter verleiht. Indem die Weber nicht nur die religiöse und weltliche Autorität der alten Gesellschaft verfluchen, sondern im Sinne der pantheistischen Emanzipationsidee Heines auch ein Vaterland, in dem Schönheit und Sinnlichkeit bzw. Poesie und Kunst keinen Lebensraum haben, klagen sie neben dem elementaren, materiellen Recht auf Leben das ideelle Recht auf Lebensgenuß ein. Der Protest zielt damit keineswegs nur auf eine äußerliche Verbesserung ihrer Lebenssituation, sondern richtet sich sehr viel tiefgehender gegen die ›innere Fäulnis‹ des gesellschaftlichen Lebens, gegen jene »Fäulnis« und jenen »Moder«, die als Labsal für den Wurm angeführt werden (19). Von dieser Fäulnis fürchtet Heine, daß sie auch und gerade durch eine von den radikalsten Geistern der Nation intendierte Revolution nicht beseitigt werden könne:

> Da kommen zunächst die Radikalen und verschreiben eine Radikalkur, die am Ende doch nur äußerlich wirkt, höchstens den gesellschaftlichen Grind vertreibt, aber nicht die innere Fäulnis. Gelänge es ihnen auch, die leidende Menschheit auf eine kurze Zeit von ihren wildesten Qualen zu befreyen, so geschähe das doch nur auf Kosten der letzten Spuren von Schönheit, die dem Patienten bis jetzt geblieben sind; häßlich wie ein geheilter Philister wird er aufstehen von seinem Krankenlager, und in der häßlichen Spitaltracht, in dem aschgrauen Gleichheitskostüm, wird er sich all sein Lebtag herumschleppen müssen. (DHA 11,129)

Der »Wurm« in der vierten Zeile der vierten Strophe des Weberliedes muß also als Bild für niedere Formen der menschlichen Existenz schlechthin verstanden werden. Es sind dies Lebensformen, von denen die alte Gesellschaft – wenn auch auf jene andere, oben beschriebene Weise – in Heines Augen zunehmend bestimmt wurde und von denen die neue bereits wieder bedroht ist. Als Bild für menschenunwürdiges Leben ist die Sozietät der sich in Fäulnis und Moder erquickenden ›Würmer‹ zugleich ein Gegenbild der ersehnten ›Götterdemokratie‹.

Gerade durch den Widerspruch, der durch die eingestandene Notwendigkeit einer Veränderung der alten Gesellschaft und der zugleich bedrohlichen Vision einer proletarischen Revolution entsteht, verweist das Gedicht auf Heines pantheistische Utopie, die ihm ein Garant für die Entfaltung der angeborenen menschlichen Würde und Größe ist: »Es ist eine irrige Meinung, daß diese Religion, der Pantheismus, die Menschen zum Indifferentismus führe. Im Gegenteil, das Bewußtsein seiner Göttlichkeit wird den Menschen auch zur Kundgebung derselben begeistern, und jetzt erst werden die Großtaten des wahren Heroentums diese Erde verherrlichen.« (DHA 8/1,61) Die Umarbeitung der vierten Strophe muß demnach als nachträglicher Versuch verstanden werden, den Grundwiderspruch des Gedichtes zu mildern. Sie ist ein weiterer Beleg dafür, daß Heines Denken in den vierziger Jahren eine neue Stoßrichtung erfahren hat. Die Anzeichen für ein revolutionäres Aufbegehren des französischen Proletariats sind ein Schlüsselthema seiner *Lutetia*-Berichte. Unter dem Eindruck dieser wachsenden, nach Entladung drängenden sozialen Spannungen, streben die pantheistisch-sensualistischen Forderungen seiner Emanzipationsideologie nach Realisierung im Menschenbild des Proletariers. Auch das »wilde Heer des Proletariats« wolle – wie es in einer Entstehungsvariante seines Aufsatzes über Ludwig Marcuse heißt (1844) – »eine Genußfreiheit« auf dieser Erde erobern (zit. n. Mende, S. 36). In diesem Sinne verbindet Heine in den *Briefen über Deutschland* (1844) sein pantheistisches Credo der frühen dreißiger Jahre mit seiner charakterisierenden Einschätzung der kommunistischen »Doktrin« (vgl. Mende, S. 32), und in dieser Absicht legt er den Webern mit dem Bild von der früh geknickten Blume den Fluch auf einen kunst- und sinnenfeindlichen Asketismus im »falschen Vaterland« in den Mund.

Auch die Symbolik des Webens und die zentrale Metapher des »Leichentuchs« erhalten vor diesem Hintergrund eine tiefere Bedeutung. Schon Kaufmann hat durch seine Hinweise auf griechisch-antike und germanische Mythen, auf die Parzen und Nornen, jene den Lebensfaden spinnenden Schicksalsgöttinnen, die metaphysische und prophetische Bedeutung des Webens angesprochen, – allerdings dann in seiner These von der »materialistischen Umfunktionierung des Schicksalsmythos« kurzgeschlossen (Kaufmann, S. 165 ff.). Ich möchte demgegenüber analog zu dem angeführten strukturellen Grundzug des Gedichtes, mit Umkehrungen und Kontrasten zu arbeiten, eine andere Vergleichsstelle nahelegen: Das Bild vom gewebten »Leichentuch« kann als satirische Umkehrung des gewebten »lebendigen Kleides der Gottheit«, das in Goethes Erdgeistszene in *Faust I* eine zentrale Rolle spielt, interpretiert werden[3]. Heine bedient sich hier desselben Verfahrens wie bei der preußischen Parole, wenn auch in umgekehrter Absicht. Eine berühmte Stelle aus dem Werk eines berühmten Dichters wird in ihr Gegenteil verkehrt.

Als ein im Einzelmenschen individuiert auftretendes Gesamtprinzip der Erde ist die auf Paracelsus und die alchimistische Literatur zurückgehende Vorstellung vom Geist der Erde in die neuzeitliche Philosophie eingegangen (Thomasius, Herder, Goethe, Schelling, Hegel). Der von Faust beschworene Erdgeist beantwortet die Frage nach seiner Identität und Funktion mit dem in der Literatur des 18. Jahrhunderts beliebten und weit verbreiteten Webegleichnis:

In Lebensfluten, im Tatensturm
Wall' ich auf und ab,
Webe hin und her!
Geburt und Grab,
Ein ewiges Meer,
Ein wechselndes Weben,
Ein glühend Leben:
So schaff ich am sausenden Webstuhl der Zeit
und wirke der Gottheit lebendiges Kleid.

(*Faust I*, V. 501–509)

Dieses lebendige Kleid der Gottheit als Ergebnis eines unaufhaltsamen, ja ewigen Webens ist als positives Bild irdischen Lebens schlechthin zu verstehen. Der Erdgeist ist die Verkörperung der von Gott geschaffenen Natur. So um-

3 An dieser Stelle sei vermerkt, daß Kaufmanns Annahme, Heine beziehe sich mit der Metapher des »Leichentuchs« auf ein Lied der Lyoner Seidenweber von 1831, die *Complainte des canuts*, nicht haltbar ist. Dieses französische Weberlied stammt erst vom Ende des 19. Jahrhunderts, nämlich von Aristide Bruant (vgl. dazu: DHA 2,821 f.; Kaufmann, S. 173 f.).

stritten die Bedeutung der Erdgeist-Szene Goethes auch ist, so haben neuere Untersuchungen gegenüber der älteren *Faust*-Forschung doch überzeugend dargelegt, daß Fausts Abwendung von dem Zeichen des zuvor geschauten Makrokosmos (dem Geist des All) und seine unmittelbar anschließende Beschwörung des Erdgeistes nicht im Sinne einer Begrenzung auf das ›Zweitbeste‹ zu verstehen ist. Vielmehr erfolgt die Hinwendung zum Erdgeist – unabhängig von ihrem Scheitern – in der Absicht, auf diese Weise die unendliche Natur zu erfassen und damit Geist und Sinnlichkeit zugleich. Eine Sinnlichkeit, die für Faust in der nur der Kontemplation als Schauspiel zugänglichen Vision des Makrokosmos unerfüllt blieb (vgl. Mason, S. 29 ff.).

Heine war nicht nur ein vorzüglicher Kenner der Goetheschen *Faust*-Dichtung (vgl. Neuhaus-Koch), er hat sich selbst an einem *Faust* versucht und zudem die Nähe seiner pantheistischen Weltanschauung zu Goethes Pantheismus an vielen Stellen seines Werkes bezeugt. Der Erdgeistthematik hat er einen eigenen Aufsatz gewidmet (*Elementargeister*, DHA 9,9–65). Für sein Interesse an Goethes Erdgeist-Szene spricht auch, daß der Erdgeist hier im Zeichen der Tat, des aktiven Prinzips steht (vgl. Mason, S. 38), daß er, wie Hegel in seiner *Phänomenologie des Geistes* ausführt, das Selbstseinwollen des Menschen bezeichnet, »dem das Sein nur, welches die Wirklichkeit des einzelnen Bewußtseins ist, als die wahre Wirklichkeit gilt« (Hegel, S. 262). Auffallende Ähnlichkeiten zu Heines Weberlied ergeben sich auch in dem Eindruck der anhaltenden Gleichförmigkeit, die vom Rhythmus der zweihebigen Verse getragen wird. Eine sich unaufhörlich wiederholende, von einem Ende zum anderen gehende Bewegung erweckt den Eindruck der Monotonie, der Dauer im permanenten Wechsel. Doch während bei Goethe das Leben, das Lebendigsein schlechthin zum Ausdruck kommt (Fluten, Sturm, wallen, wechseln, glühen, schaffen, sausen; vgl. Pütz, S. 173 f.) ist in genauer Umkehrung dieses Bildes Heines

Webstuhl ein Webstuhl des ungelebten Lebens, ja des Todes. Im übertragenen Sinn bedeutet das: Ein seiner Göttlichkeit beraubter, zur Kreatur erniedrigter Mensch vermag auch in seiner Arbeit nichts Lebendiges hervorzubringen. Das Dämonisch-Vulkanische und Heiligtrunkene (vgl. Mason, S. 38), das der Erdgeist als schöpferisches irdisches Prinzip bei Goethe vertritt, verwandelt sich bei Heine ins Gegenteil. Die konstruktive Tätigkeit wird zur destruktiven.

Das *Deutsche Wörterbuch* von Jacob und Wilhelm Grimm gibt Auskunft darüber, wie weit verbreitet die Vorstellung des ›Hineinwebens‹ von Glück oder Verderben in ›etwas‹ bereits in der Literatur des 18. Jahrhunderts war. Schon bei Luther kommt das Bild des webenden Geistes vor, und gerade die Verbindung von Leben und Weben bzw. Leben und schöpferischem Geist hat dann bei Autoren wie Herder, Goethe, Voss, Bürger, Rückert und Arndt die größte Verbreitung gewonnen. Heine selbst verwendet die Bilder vom »Webstuhl der Zeit« und vom »Webstuhl des Gedankens« in diesem Sinne. So zum Beispiel in dem Erzählgedicht *Der Dichter Firdusi* (»Unterdessen saß der Dichter / An dem Webstuhl des Gedankens. / Tag und Nacht, und webte emsig / Seines Liedes Riesenteppich«; DHA 3/1,50) und in dem Gedicht *Symbolik des Unsinns* (»Ich stand am schnurrenden Webstuhl der Zeit / wohl manches lange Jahrtausend; / Ich sah der Natur in den schaffenden Bauch, / Das wogte brausend und sausend«; DHA 2,102).

Heine aktualisiert in seiner Umkehrung der Erdgeist-Szene diese literarischen Bedeutungsebenen des Webens. Auch der reale Webstuhl der Weber erweist sich als ein Webstuhl der Zeit und des Gedankens, vor allem aber der Geschichte. Das mit dem Erdgeist beschworene Prinzip des irdischen Lebens, die Göttlichkeit der geschaffenen irdischen Natur, also auch des Menschen, wird hier als eine mißachtete angeprangert. Ihre Rehabilitation und deren

Voraussetzungen, nämlich der »große Zweikampf der Besitzlosen mit der Aristocratie des Besitzes« und mit den »religiösen Doctrinen der Vergangenheit« (DHA 14/1,20) bilden den Hintergrund der chorischen Anklage der Weber. Im Krachen des Webstuhls deutet sich die Veränderbarkeit der Geschichte an: Der Mensch webt sich sein Schicksal selbst. Die Grundbedeutung des Wortes ›weben‹ im Sinne von ›sich bewegen‹, ›regen‹, ›lebendig sein‹ wie auch seine übertragene Bedeutung (*texere*) im Sinne von ›bilden‹, ›gestalten‹, ›herstellen‹ werden für diese Erkenntnis gleichermaßen fruchtbar gemacht. Gewebe ist gesellschaftliche Arbeit. In ihm sind die Dinge isoliert und gleichzeitig miteinander verbunden. Es ist nicht perspektivisch organisiert, nicht raum-zeitlich koordiniert, sondern läßt Überlagerungen, mehrdeutige Hin- und Herverbindungen der einzelnen Formen zu (vgl. Asendorf, S. 131). Wie sich gezeigt hat, entspricht dieser Struktur die Ambivalenz der zentralen Aussage des Gedichtes: Die soziale Revolution ist ein unausweichliches Ziel der Geschichte, die Tat wird dem Wort (Fluch) folgen wie der Donner dem Blitz (DHA 8/1,118), denn die »Welt ist die Signatur des Wortes« (DHA 8/1,80). Ihr Ergebnis hingegen ist keineswegs vorhersehbar. Die Revolution kann zu der von Heine ersehnten ›Götterdemokratie‹ führen, sie kann aber auch in jene gefürchtete Gesellschaft der »aschgrauen Gleichheitskostüme« münden.

Literaturhinweise

Asendorf, Christoph: Batterien der Lebenskraft. Zur Geschichte der Dinge und ihrer Wahrnehmung im 19. Jahrhundert. Gießen 1984.

Bellmann, Werner: Heine und der Pariser *Vorwärts!*. In: Heine-Jahrbuch 22 (1983) S. 70–82.

Best, Otto F.: Handbuch literarischer Fachbegriffe. Definitionen und Beispiele. Frankfurt a. M. [2]1989.

Freund-Spork, Walburga: Individuelles Leid und solidarisches Bewußtsein. Die soziale Problematik der Weber 1844 in Gedichten von Freiligrath, Heine und Weerth. Eine Unterrichtsdokumentation. In: »Fechte der Satan, wo Kaufleute rechnen!« Grabbe-Jahrbuch 1 (1982) S. 99–109.

Füllner, Bernd / Hauschild, Jan-Christoph / Kaukoreit, Volker: »Dieses Gedicht in Deutschland hundertfach gelesen und gesungen ...«. Zur Aufnahme von Heines »Weberlied« in der frühen deutschen Arbeiterbewegung. In: Heine-Jahrbuch 24 (1985) S. 123–143.

Gafert, Karin: Die soziale Frage in Literatur und Kunst des 19. Jahrhunderts. Kronberg i. Ts. 1973.

Grab, Walter / Friesel, Uwe: Noch ist Deutschland nicht verloren. Eine historisch-politische Analyse unterdrückter Lyrik von der Französischen Revolution bis zur Reichsgründung. München 1970.

Hegel, Georg Wilhelm Friedrich: Sämtliche Werke. Neue kritische Ausgabe. Bd. 5: Phänomenologie des Geistes (1867), nach dem Texte der Originalausg. Hrsg. von Johannes Hoffmeister. Hamburg [6]1952.

Hinck, Walter: Die Wunde Deutschland. Heinrich Heines Dichtung. Frankfurt a. M. 1990.

Höhn, Gerhard: Heine-Handbuch. Zeit, Person, Werk. Stuttgart 1987.

Kaufmann, Hans: Vorbemerkungen zu Heinrich Heine: *Die schlesischen Weber.* Analyse. In: Methodische Praxis der deutschen Literaturwissenschaft. Hrsg. von Dieter Kimpel und Beate Pinkerneil. Kronberg i. Ts. 1975. S. 159–177.

Köpf, Gerhard: Die Ballade: Probleme in Forschung und Dichtung. Kronberg i. Ts. 1976.

Kroneberg, Lutz / Schloesser, Rolf: Weberrevolte 1844. Der schlesische Weberaufstand im Spiegel der zeitgenössischen Publizistik und Literatur. Mit einem Geleitwort von Bernt Engelmann. Köln 1979.

Lecke, Bodo (Hrsg.): Politische Lyrik. Stuttgart 1974.

Marcuse, Ludwig: Heine. Melancholiker, Streiter in Marx, Epikureer. Rothenburg o. d. T. 1970.

Mason, Eudo C.: Goethes Erdgeist und das Pathos des Irdischen. In: Exzentrische Bahnen. Göttingen 1963. S. 24–59.

Mende, Fritz: Die »neue Doctrin«. Zur Gesellschaftsanalyse und Zukunftserwartung Heinrich Heines. In: Heine-Jahrbuch 32 (1993) S. 26–47.

Neuhaus-Koch, Ariane: Heine als Faust-Philologe und Erneuerer der volksliterarischen Tradition. In: Heinrich Heine im Spannungsfeld von Literatur und Wissenschaft. Symposium anläßlich der Benennung der Universität Düsseldorf nach Heinrich Heine. Hrsg. von Wilhelm Gössmann und Manfred Windfuhr. Essen 1990. S. 133–142.

Pütz, Peter: Faust und der Erdgeist. In: Untersuchungen zur Literatur als Geschichte. Festschrift für Benno von Wiese. Hrsg. von J. Vincent Günther [u. a.]. Berlin 1973. S. 171–181.

Schwab-Felisch, Hans: Gerhart Hauptmann, Die Weber. Dichtung und Wirklichkeit. Frankfurt a. M. / Berlin 1990.

Schweikert, Alexander: Heinrich Heines Einflüsse auf die deutsche Lyrik 1830–1900. Freiburg i. Br. / Bonn 1969.

Stolpmann, Günther: Zu einigen Fragen der Literaturanalyse und -interpretation. In: Weimarer Beiträge 10 (1975) S. 155–162.

Wehner, Walter: Heinrich Heine, *Die schlesischen Weber* und andere Texte zum Weberelend. München 1980.

Wo wird einst des Wandermüden
Letzte Ruhestätte sein?
Unter Palmen in dem Süden?
Unter Linden an dem Rhein?

Werd ich wo in einer Wüste
Eingescharrt von fremder Hand?
Oder ruh ich an der Küste
Eines Meeres in dem Sand.

Immerhin mich wird umgeben
Gotteshimmel, dort wie hier,
Und als Totenlampen schweben
Nachts die Sterne über mir.

JOSEPH A. KRUSE

Frage und Antwort

Heines Grabschrift *Wo?* auf dem Pariser Montmartre-Friedhof

Entstehung und Druckgeschichte

Die Verse vom »Wandermüden« und seiner universalen Beisetzung, die mit Bedacht an anderer Stelle unter der Überschrift *Die Welt als Grab* charakterisiert worden sind (vgl. Kruse, 1986), erlangten ziemlich spät ihre heutige Berühmtheit. Erst der von Heines Verleger Julius Campe bestellte Herausgeber der Gesamtausgabe und Heine-Biograph Adolf Strodtmann hat das Gedicht nach einer Handschrift aus dem Nachlaß im Nachtragsband *Letzte Gedichte und Gedanken von Heinrich Heine* im Jahre 1869, gut dreizehn Jahre nach Heines Tod, mitgeteilt. Es findet sich am Schluß der »II. lyrischen Abteilung«, die, gemäß einer insgesamt mehr oder weniger geltenden chronologischen Anordnung, »Lieder aus den dreißiger Jahren« enthält. Strodtmann hat dem Gedicht dort den naheliegenden Titel *Wo?* gegeben (S. 52). Die für die Heine-Philologie maßgeblichen Werk-Ausgaben von Ernst Elster (ersch. 1887–1890; Nachdr. 1893; 2., unvollendete Ausg. 1925), Oskar Walzel (ersch. 1910–1920), Hans Kaufmann (ersch. 1961–1964 u. ö.) und Klaus Briegleb (ersch. 1968–1976 u. ö.) haben Strodtmanns Fassung festgeschrieben. In Elsters erster Ausgabe bildet das Gedicht als Nr. 36 etwa die Mitte seines 2. Buches der *Nachlese zu den Gedichten* unter dem Sammeltitel *Vermischte Gedichte* (S. 73); in der zweiten Ausgabe fungiert es als Schlußtext der *Nachlese zu den »Neuen Gedichten«*, wiederum unter der auch bei den anderen Heine-Ausgaben gerne zur Hilfe genommenen unverbindlichen Charakteristik *Vermischte Gedichte* (S. 418). Bei Walzel eröffnen die drei Strophen die Abteilung *Romanzen und vermischte Gedichte* aus der umfangreichen *Nachlese* zu den Gedichten außerhalb des *Buchs der Lieder* und der aus den *Salon*-Bänden stammenden Gedichte, die als Anhang zu den *Neuen Gedichten* gedruckt worden waren (S. 329). Bei Kaufmann bilden sie den Auftakt der Abteilung *Lamentationen* (bewußt so überschrieben nach dem 2. Buch des *Romanzero*) innerhalb der relativ eigenständigen, den von Heine selbst publizierten Lyriksammlungen ausdrücklich nicht zugeordneten *Nachlese zu den Gedichten* (S. 421). In der Briegleb-Ausgabe steht *Wo?* unter jenen den *Neuen Gedichten* zugehörigen *Gedichten aus dem Nachlaß* als das vorletzte des Abschnitts *Vermischte Gedichte* (S. 483 f.). Diese ›Wanderung‹ durch die Nachlaßabteilungen der Heine-Ausgaben hat bei manchen Lesern Verwirrung gestiftet. Das Gedicht war aus wirkungsgeschichtlichen Gründen, wie sich nachher zeigen wird, bekannter und verbreiteter als sein jeweiliger Fundort.

Der philologisch getreue Druck nach dem in der New Yorker Pierpont Morgan Library aufbewahrten eigenhändigen Arbeitsmanuskript Heines erfolgte endlich 1983 im zweiten Band der Düsseldorfer *Historisch-kritischen Gesamtausgabe der Werke* (DHA), der die *Neuen Gedichte* enthält. Als zeitgenössisch nicht gedrucktes, aber zugehöriges Gedicht gerät hier der kleine Text an den Schluß der Abteilung *Vermischte Gedichte*. Nicht nur der von Strodtmann gewählte Titel fehlt, auch sind einige Satzzeichen der Handschrift anders, als die Drucke bisher überliefert haben. Das fünfte, durchaus zu erwartende Fragezeichen am Schluß der zweiten Strophe wird zum abschließenden Punkt. Das Ausrufezeichen hinter »Immerhin«, dem dadurch stark hervorgehobenen ersten Wort der dritten Strophe, nach dem infolgedessen eine deutliche Pause eingehalten wird, fehlt. Eine Zäsur ist allerdings je nach Auffassung von Satzanfang und Satzbau der dritten Strophe ohnehin naheliegend.

Die Darstellung der Druckgeschichte schloß immer die Frage nach der Entstehungszeit des in den verschiedenen Ausgaben unter den Nachlaßgedichten, trotz seiner relativen Verborgenheit für den üblichen Leser, exponiert dargebotenen Textes ein. Die meisten Editoren entschieden sich für eine Zuordnung zur sogenannten mittleren Periode in Heines Schaffen und näherhin für die dreißiger Jahre, wie schon Strodtmanns Angabe nahelegte. Nur die Kaufmann-Ausgabe verband es aus thematischen Gründen mit dem Zeitraum der von Heine im Nachwort zum *Romanzero* selbst so bezeichneten »Matratzengruft« nach 1848. In Brieglebs Edition von Heines *Sämtlichen Gedichten in zeitlicher Folge* aus dem Jahre 1993 taucht es schließlich mit guten Gründen unter den Gedichten aus den Jahren 1832 bis 1836 auf; somit steht es unter der dem Zyklus *Verschiedene* zugeordneten Lyrik aus den *Neuen Gedichten*. Wegen motivlicher Ähnlichkeit mit dem 2. Buch in Heines Denkschrift über *Ludwig Börne* hatte Briegleb im Kommentar der Ausgabe (Bd. 4, S. 981) die Entstehungszeit Winter 1839/40 im Zusammenhang mit »der Ordnung der Aufzeichnungen zum 2. Buch der Börnedenkschrift« favorisiert, während der Kommentar der DHA die Entstehungszeit des 2. Buches von *Ludwig Börne* im Jahre 1830 auch für das Gedicht selbst in Erwägung zieht, aber eine spätere Entstehung für wahrscheinlicher hält (DHA 2,906). Im Handexemplar der ersten Elster-Ausgabe aus dem Besitz des Heine-Forschers Gustav Karpeles vermutet dieser, mit einem Fragezeichen, das Jahr 1835 (Exemplar im Heine-Institut, Düsseldorf). Die Einheit in der Vielfalt der Heineschen Themen und Motive macht die Frage nach der genauen Entstehungszeit nicht gegenstandslos. Der ›Sitz im Leben‹ des Autors und seiner historischen Bedingungen ist gerade bei diesem Gedicht aufschlußreich, weil eine sinnvolle Periodisierung in der lyrischen Produktion Heines zwar manchen Zusammenhang festhalten, aber seiner Lyrik durchaus mehrere, mit den Lyriksammlungen eng verknüpfte Entwicklungsstufen zuordnen wird, zumal vor allem die späten Gedichte einen eigenen Ton anschlagen. Das Gedicht *Wo?* wird bei solchen Betrachtungen nach Inhalt und Form etwa die Mitte einnehmen zwischen den ›gespielten‹ Erfahrungen der frühen Zeit und den ›erlebten‹ Belastungen der Spätphase. Insofern entspricht es durchaus dem reflektierten Lebensüberdruß, der stilisierten Übersättigung und Desillusion der Gedichte aus dem Zyklus *Verschiedene*. Salomonisch und unserer Intention entsprechend klingt darum der Datierungsvorschlag der zweiten Elster-Ausgabe: »Entstehungszeit fraglich, wahrscheinlich vor 1840« (Bd. 1, S. 503).

Wirkungsgeschichte

Sämtliche Heine-Verehrerinnen und -Verehrer, die Heines Grab auf dem Montmartre-Friedhof besuchen, finden die drei Strophen dort seit der Neugestaltung des Grabdenkmals im Jahre 1901 auf der Grabverkleidung aus Marmor eingemeißelt. Der dänische Künstler Louis Hasselriis hatte 1879 für eine Wiener Ausstellung das Modell eines Heine-Denkmals geschaffen und im Jahre 1893, nach dem politisch und antisemitisch bedingten Scheitern der Düsseldorfer Denkmalspläne von 1887/88 (mit dem dann 1899 in der New Yorker Bronx aufgestellten Loreley-Brunnen von Ernst Herter), die ehrwürdig-unkonventionelle Sitzfigur des späten Heine auf Korfu für die Villa der Initiatorin allen öffentlichen Heine-Gedenkens, nämlich im Auftrag der österreichischen Kaiserin Elisabeth, ausgeführt. Hasselriis' Heine-Grabanlage in Paris stand in der Auffassung von ernster Würde und Einsamkeit des blinden Dichters in der Nachfolge seines ersten Heine-Denkmals, das heute aufgrund der tragisch-abenteuerlichen Geschichte der deutschen Heine-Wirkung im südfranzösischen Toulon aufgestellt ist. Ihre Ausführung ist einzig der poetischen kaiserlichen Vorliebe für Heines Person und Werk zu danken, obgleich die im Hintergrund tätig gewesene Auftraggeberin zuvor einem Mordanschlag zum Opfer gefallen war. Der Bildhauer Hasselriis und die Heine-Kennerin Elisabeth liebten offenbar bei den monumentalen Würdigungen der Poesie durch die Kunst das sprechende Zitat und damit das in Marmor verewigte Gedicht. Der Hand des im Krankenstuhl versonnen ruhenden Dichters, wie ihn das Denkmal für die Mittelmeer-Villa der Kaiserin einer anteilnehmenden Nachwelt vorstellen möchte, scheint das Blatt mit den Versen *»Was will die einsame Thräne?«* aus dem *Heimkehr*-Zyklus des *Buchs der Lieder* eben zu entgleiten. Das *Heimkehr*-Gedicht Nr. XXVII ist ein nicht unsentimentaler Rückblick auf eine trübe Vergangenheit. Die Perspektive dieses Jugendgedichts ist die des müden und enttäuschten Alters. Die Freuden und Qualen der Liebe sind längst vergangen, so soll nun endlich auch die »alte, einsame Thräne« zerfließen (DHA 2,239). Nur eine solch späte, lebensmüde Sicht in jenen – dieses frühe Heinesche Rollenspiel glaubhaft wiedergebenden – Versen ermöglicht eine so intensive Verschmelzung mit der bildnerischen Darstellung des alten, kranken Dichters bei Hasselriis. Der Grabspruch entspricht dagegen einerseits diesem Entsagungsgestus und somit gewiß auch dem Geschmack und Verständnis von Künstler und Auftraggeberin, andererseits blickt der Fragesteller und sich selbst Antwortende (ganz im Gegensatz zum Gedicht aus dem *Buch der Lieder*) bei dieser Lebensbetrachtung mit ihren Grabgedanken, so ernst und todesbezogen das Thema des *Wo?*-Gedichts auch sein mag, souverän und ohne jede jugendliche Tränenseligkeit in die Zukunft. Die Gedenkarbeit des Bildhauers für den in Paris beigesetzten Dichter interpretiert durch die Wahl dieser sehr anspielungsreichen Strophen den künstlerisch gestalteten Grabplatz auf dem Friedhof Montmartre mit pragmatischem und lokalisierendem Recht als stille, verehrungsvolle Antwort auf die Fragen des Gedichts (Karpeles, S. 327–337).

Form und Motive

Heines *Wo?*-Gedicht gehört zu den kleinen Meisterstücken, für die er bekannt, beliebt und berühmt ist. Sein *Buch der Lieder* (1827) lebt beispielsweise von den kurzen Gedichten mit ihren häufig nur zwei oder drei vierzeiligen, meist jambischen Volksliedstrophen, aber auch von den Vierzeilern mit spanischen Romanzenversen, die vom vierhebigen Trochäus bestimmt werden. Heine ist dieser Tradition in den *Neuen Gedichten* (1844) vielfach treu geblieben. Auch der *Romanzero* (1851) und die *Gedichte. 1853 und 1854* enthalten noch Beispiele solcher kurzen Texte. Die drei vierzeiligen Strophen des Gedichts *Wo?* mit ihrem regelmäßigen, zwischen weiblicher und männlicher Endsilbe wechselnden Kreuzreim beziehen den drängenden Frage-Rhythmus und die trotzig-trostvolle Antwort aus den vierhebigen Trochäen mit ihrer üblichen auftaktlosen starken Anfangsbetonung. Sie wird von Heine in diesem Fall oftmals zur Versmitte hin erweitert oder gar verlagert, so daß die sinntragenden Wörter »einst«, »Ruhestätte«, »Palmen«, »Linden«, »wo«, »ruh«, »Meeres«, »Totenlampen« und »Sterne« stärker ins Gewicht fallen. Als besonders kräftig betonte Anfänge bleiben »Wo«, »Letzte«, »Eingescharrt«, »Immerhin«, »Gotteshimmel« und »Nachts« dennoch bestehen. Dem Vokalreichtum des Gedichts in Reimen und Assonanzen korrespondiert der Stabreim, der sich ganz und gar dem Leitmotiv des an den Anfang gestellten Frageworts unterordnet – und das jeweils in der ersten Zeile aller drei Strophen: »Wo«, »wird«, »Wandermüden«; »Werd«, »wo«, »Wüste«; »wird«. Diese Alliteration in den jeweils mit neuer Verve einsetzenden ersten Zeilen jeder Strophe wird ihrerseits verstärkt durch die Wiederholungen und Parallelisierungen in den fünf Fragen der ersten beiden Strophen. Die dritte Strophe ist dann auch sprachlich die Summe und Auflösung der Fragen nach dem letzten Ort. Die Elemente Erde und Wasser, das »dort wie hier«, werden von der Luft, vom »Gotteshimmel«, umhüllt und vom Firmament mit seinem Sternenfeuer überwölbt. Mit dem letzten Wort des Gedichts, dem Personalpronomen »mir«, wird noch einmal klargestellt, daß es sich bei dem »Wandermüden« selbstverständlich um den Sprecher des Gedichtes handelt, ein lyrisches Ich, das Dichter und Leser im gleichen Schicksal unauflöslich vereinigt.

Die Beschäftigung mit Grab und Tod ist bei Heine schon ein Erbe der ›schwarzen Romantik‹. Das Chiffren-Register der Briegleb-Ausgabe belehrt rasch über den gewichtigen Stellenwert, der den Begriffen Tod, Sterben, Leiche und Grab sowie manchen verwandten Wörtern und Wendungen im Gesamtwerk zukommt (Bd. 6/1,842 f.). Erinnert sei nur an das XXXII. Gedicht des *Lyrischen Intermezzos* (»*Mein süßes Lieb, wenn du im Grab*«; DHA 1/1,162–165), wo der Liebhaber seiner Geliebten ins Grab folgt und sowohl die Geisterstunde wie den Jüngsten Tag in der Liebesvereinigung unbeachtet vorübergehen läßt und dabei in der seligen Vereinzelung durch unbeirrbare Liebe als Sieger im letzten Grabe der Welt zurückbleibt. Auch das folgende Gedicht des *Lyrischen Intermezzos* zeigt eine Verwandtschaft (»*Ein Fichtenbaum steht einsam*«; DHA 1/1,164 f.). Der Fichtenbaum im Norden träumt von der Palme im Morgenland. Die jeweils bezeichneten Gegensätze von »kahler Höh'« und »brennender Felsenwand« könnten nicht größer, gleichzeitig aber auch nicht vergleichbarer sein. Heranzuziehen ist ebenfalls eine Stelle in einem Brief Heines aus Norderney an seinen Schulfreund Christian Sethe in Münster vom 1. September 1825: »Es ist ein mißmüthiges Wetter, ich höre nichts als das Brausen der See – O läg ich doch begraben unter den weißen Dünen. – Ich bin in meinen Wünschen sehr mäßig geworden. Einst wünschte ich begraben zu seyn unter einer Palme des Jordans« (HSA 20,213 f.). Ein Echo dieser Gedanken bildet das IV. Kapitel von *Ideen. Das Buch Le Grand*; die Sätze aus dem 2. Band der *Reisebilder* (1827) lauten: »Ein Baum wird meinen Grabstein beschatten. Ich hätte gern eine Palme, aber diese gedeiht nicht im Norden. Es wird wohl eine Linde seyn, und Sommerabends werden dort die Liebenden sitzen und kosen« (DHA 6,177). Der erste Brief aus Helgoland, datiert auf den 1. Juli 1830, mit dem das 2. Buch von *Ludwig Börne* beginnt, spielt die Frage »wo soll ich hin« durch: Süden und Norden, Italien, Rußland, England, Frankreich und Amerika werden rhetorisch untersucht und verworfen (DHA 11,35–38), ganz wie im Gedicht *Jetzt wohin?* aus den *Lamentazionen* des *Romanzero* (DHA 3/1,101 f.), dessen beide letzten Strophen die Sterne »im güldnen Labyrinth« ins Spiel bringen und die Verlorenheit im »irdischen Getümmel« beklagen. Schließlich sei auf die beiden letzten *Seraphine*-Gedichte (Nr. XIV und XV) aus den *Verschiedenen* verwiesen. Beide Meeres-Gedichte beschwören die Vergangenheit und den Tod. »Wo sind sie hin?« wird bezüglich der Freundinnen und Freunde gefragt und endlich die Bitte ausgesprochen: »Ihr Brüder, wenn ich sterbe, / Versenkt mich in das Meer.« (DHA 2,37)

In den Belegstellen finden sich also sämtliche wichtigen Vokabeln des Gedichts *Wo?* verwendet und miteinander in Beziehung gebracht: Beisetzung und Grab, Norden und Süden, Palme und Linde, Meer und Strand sowie Dünen, die man leicht als Wüstensand lesen dürfte. Denn Wasser- und Sandwüste sind im tödlichen Ausgang für den einsamen Wanderer, für den Schiffbrüchigen oder den Nomaden und Beduinen so verschieden nicht voneinander. Selbst die Sterne und überhaupt das gewaltige Firmament fehlen in den Vergleichstexten nicht. Für das Heinesche Werk selbst ergibt sich somit ein Geflecht von korrespondierenden Assoziationsmustern, die ihrerseits der christlich-jüdischen und antiken Tradition verpflichtet sind, zudem aber sämtliche darüber hinausgehenden humanen Grundmuster zitieren. Hier sei vor allem das Motiv des Weges und der Wanderung hervorgehoben, dem im biblischen, aber auch islamischen Schrifttum die größte Interpretationshilfe bei der Auslegung der menschlichen Existenz beigemessen wird. Parallelen dazu ließen sich in allen Weltreligionen ausmachen. Heines Nähe zum islamischen Orient wurde bereits in seiner Tragödie *Almansor* unter Beweis gestellt. Mit »Wüste und Oase« sowie »Die Palme im Morgenland« lassen sich eigene Kapitel dieser Vorliebe überschreiben (Fendri, S. 182–188). Daneben sind die Anspielungen auf die Antike nicht zu übersehen. An das Schicksal des sagenhaften, umgetriebenen Odysseus, der auf seinen Irrfahrten ans Land gespült und von Nausikaa gefunden wird, kann sich der Leser des Gedichtes leicht erinnert fühlen. Geradezu wörtliche Anklänge vom schiffbrüchigen Toten, der an der Küste von Fremden mit einem Grabhügel bedeckt wird, finden sich in der Grabepigrammatik beispielsweise eines Kallimachos von Kyrene. (Anthologia Palatina, Buch 7, Nr. 277 und 278; auch 7/286 und 7/660*.) Heine hat sich gewissermaßen nach antikem Vorbild mit dem Gedicht *Wo?* sein eigenes Grabepigramm geschrieben.

Lebenssinn und Todesdeutung

Daß die Erde eine »große Landstraß'« ist und wir Menschen »Passagiere« sind, hat Heine bereits im *Lebensgruß* des *Buchs der Lieder* zum Ausdruck gebracht (DHA 1/1, 112 f.). Das Gedicht *Wo?* vertieft dieses Bild von Weg und Ziel unter der Fragestellung der »letzten Ruhestätte«, eine Wortverbindung, die als euphemistische Umschreibung für das Grab durchaus bekannt ist. Das ein definitives Ende ansprechende Adjektiv läßt durch die Verbindung mit der Zeitpartikel »einst« die Vermutung zu, daß der Sprecher während seiner Lebensreise mehrere Ruhepole gefunden hat und mit seinen Fragen nicht einen unmittelbar bevorstehenden Tod meint, sondern das Ende des Lebens erst nach einer noch unabsehbaren Spanne erwartet. Somit wird aus dem *Lebensgruß* der ›Grabgedanke‹; die »Station«, wo man sich während der Reise begegnet und neue Kräfte sammelt, gewinnt einen letztgültigen Sinn.

Während in der Regel Ort und Zeit der Geburt als Ausgangspunkt unseres Lebensweges genau benannt werden können und aktenkundig geworden sind (wobei die immer noch nicht abgeschlossene Diskussion um Heines Geburtsjahr hier den sicheren Fixpunkt widerborstig in Frage stellt (vgl. Schanze), bleiben Stunde und Ort des Todes für gewöhnlich verborgen. Sie sind nicht mit absoluter Gewißheit vorhersehbar. Darum ist auch der Bestattungsplatz trotz

* Für den Hinweis danke ich Adolf Köhnken, Münster/Bonn.

aller Vorsorge und Familiengrüfte dem noch Lebenden nicht endgültig garantiert. Die Gegensätze von Nord und Süd, von Orient und Okzident hat Heine sein Leben lang zur Selbstinterpretation benötigt. Linde und Palme sind die metaphorischen Inbegriffe seiner deutsch-jüdischen Existenz; mit der Nennung des Rheins beruft er sich wie so oft auf seine rheinische Heimat und Herkunft aus Düsseldorf. Auch die Anwendung von Figurationen auf eigene situative Verhältnisse, zum Beispiel die des Lazarus (vgl. Kruse, 1991) in den Jahren der Matratzengruft, waren ihm von früh an vertraut. Die Odysseus-Anspielung wäre zu erweitern durch die ihm sehr geläufigen Gestalten des Ewigen Juden und des Fliegenden Holländers. Umgetrieben zu sein in allen Weltteilen und schließlich den Gefahren zu erliegen, ist das heldische Los jedes Menschen. Schon in der *Reise von München nach Genua* weiß Heine die von ihm immer vertretene Bedeutsamkeit des einzelnen Individuums und seine Korrelation mit der Welthistorie auf den Punkt zu bringen. Es heißt dort im XXX. Kapitel: »Denn jeder einzelne Mensch ist schon eine Welt, die mit ihm geboren wird und mit ihm stirbt, unter jedem Grabstein liegt eine Weltgeschichte« (DHA 7/1,71). Das Leben als Wanderung macht freilich müde. Der antiken Vorstellung von Schlaf und Tod als Geschwister hat Heine in seinem *Morphine*-Gedicht den schönsten Ausdruck verliehen (vgl. Peters). Jede Weise der Müdigkeit wurde von ihm schon früh durchdekliniert. Nicht umsonst hat gerade er die Stimmung seiner Epoche bereits in den *Englischen Fragmenten* auf den Begriff »Europa-müde« gebracht (zuerst DHA 7/1,262).

Die Verlassenheit und Einsamkeit des Menschen im Tode wird bei den Gedanken um die Begräbnisstätte zusätzlich gesteigert durch die Vorstellung, ohne Familie und Freunde, im Exil und in der Fremde, damit im ›Elend‹ zu sein. Auch diese Erfahrung bestimmte die ureigenste existentielle Bedingung während der noch so gesellig-glücklichen Pariser Jahre. Sie prägt ganze Partien seines *Börne*-Buches von

1840. Die absolute Vereinzelung des Menschen in der Welt mit seinem von Rilke später so emphatisch berufenen je eigenen Tod findet ihren Trost in einer Weltfrömmigkeit des »Gotteshimmels«. Heine hat diesen Begriff im Manuskript bewußt zu einem einzigen verbessert, weil damit der persönliche Gott zugunsten des individuellen menschlichen Toten, dem das gesamte Universum als Mausoleum dient, zurücktritt. Die Nacht mit ihren frostig kalten Sternen hatte den Herren von Schnabelewopski während seines winterlichen Hamburger Aufenthalts in Heines Erzählfragment (ersch. 1833) an den Rand einer nihilistischen Verzweiflung gestürzt (DHA 5,161). Im *Wo?*-Gedicht sind die Sterne durchaus »liebende mitfühlende Wesen« und eben nicht »glänzende Täuschungen der Nacht, ewige Trugbilder in einem erträumten Himmel, goldne Lügen im dunkelblauen Nichts«. Heines »Todtenlampen« öffnen den Raum ins zeitlich und räumlich Unendliche. Das Andenken an den Verstorbenen als eigentlich in einsamer Würde weiter Lebenden ist durch das Universum selbst gewährleistet. Dem individuellen Leben, dem Ich, ist als Objekt der Erinnerung eine unaufhörliche Zukunft, eine grandiose »Gedächtnißfeyer« ohne Riten und Angehörige (vgl. *Romanzero*; DHA 3/1,114), garantiert.

Heine beginnt solche beruhigende Tröstung durch die Orts- als Überall-Bestimmung mit dem mehrdeutigen Wort »Immerhin« (»Ueberall wird mich« lautet übrigens die Variante zum Beginn der 3. Strophe! DHA 2,906). Nach der alten Lesart mit Rufzeichen, die durch Heines verworfene Fassung: »Imerhin [!]. Mich wird« nicht ganz und gar ungerechtfertigt ist (DHA 2,906), müßte man es verstehen als: wie es auch immer sei! Ohne Satzzeichen ist es als ›wenigstens‹, ›mindestens‹ oder ›jedenfalls‹ zu lesen. Beide Möglichkeiten und Inhalte, die nicht unbedingt streng voneinander getrennt werden müssen, machen darauf aufmerksam, daß nicht nur Schlaf und Tod verwandt sind, sondern auch Ergebenheit und trotziger Mut. Beide Reaktionen enthalten den Triumph über die menschliche Lebensbedingung, die stets und unweigerlich zum Tode führt. Die Nacht bringt zum Anfang zurück. Heines Grabschrift entspricht damit zugleich einer »Heimkehr«, wie der beliebte Zyklus des *Buchs der Lieder* überschrieben ist, und bildet ein Echo auf das LXXXVII. Gedicht *Der Tod das ist die kühle Nacht* (DHA 1/1,300 f.). Dort ist selbstverständlich auch von Liebe die Rede. Im *Wo?*-Gedicht ist sie das irdische Prinzip schlechthin, ohne überhaupt benannt werden zu müssen: sie erst verleiht der umarmenden Annahme von Himmel und Erde durch den Menschen, ausgedrückt durch die quasierotischen Verben »umgeben« und »schweben«, die pietätvolle Signatur von Unsterblichkeit und ewigem Frieden.

Literaturhinweise

Fendri, Mounir: Halbmond, Kreuz und Schibboleth. Heinrich Heine und der islamische Orient. Hamburg 1980. (Heine-Studien.)

Karpeles, Gustav: Heinrich Heine. Aus seinem Leben und aus seiner Zeit. Leipzig 1899.

Kruse, Joseph A.: Die Welt als Grab. In: Frankfurter Anthologie. Gedichte und Interpretationen. Hrsg. von Marcel Reich-Ranicki. Bd. 10. Frankfurt a. M. 1986. S. 140 f.

– Heinrich Heine – Der Lazarus. In: Heinrich Heine. Ästhetisch-politische Profile. Hrsg. von Gerhard Höhn. Frankfurt a. M. 1991. S. 258–275.

Peters, Paul: Die Abbildung des Bildlosen. Zu Heinrich Heines *Morphine*. In: Heine-Jahrbuch 30 (1991) S. 134–151.

Schanze, Helmut: Heines Geburtsjahre. In: Heine-Jahrbuch 31 (1992) S. 192–197.

Enfant perdu

Verlorner Posten in dem Freiheitskriege,
Hielt ich seit dreißig Jahren treulich aus.
Ich kämpfte ohne Hoffnung, daß ich siege,
Ich wußte, nie komm ich gesund nach Haus.

Ich wachte Tag und Nacht – Ich konnt nicht schlafen,
Wie in dem Lagerzelt der Freunde Schar –
(Auch hielt das laute Schnarchen dieser Braven
Mich wach, wenn ich ein bißchen schlummrig war).

In jenen Nächten hat Langweil ergriffen
Mich oft, auch Furcht – (nur Narren fürchten nichts) –
Sie zu verscheuchen, hab ich dann gepfiffen
Die frechen Reime eines Spottgedichts.

Ja, wachsam stand ich, das Gewehr im Arme,
Und nahte irgendein verdächtger Gauch,
So schoß ich gut und jagt ihm eine warme,
Brühwarme Kugel in den schnöden Bauch.

Mitunter freilich mocht es sich ereignen,
Daß solch ein schlechter Gauch gleichfalls sehr gut
Zu schießen wußte – ach, ich kann's nicht leugnen –
Die Wunden klaffen – es verströmt mein Blut.

Ein Posten ist vakant! – Die Wunden klaffen –
Der eine fällt, die andern rücken nach –
Doch fall ich unbesiegt, und meine Waffen
Sind nicht gebrochen – Nur mein Herze brach.

Michael Werner

Heines poetisch-politisches Vermächtnis

An bedeutsamer Stelle in der *Romanzero*-Sammlung, die zweite Abteilung der *Lamentazionen* abschließend und innerhalb dieser Abteilung wiederum am Ende des Zyklus *Zum Lazarus*, findet sich das Gedicht *Enfant perdu*. Eingerahmt von den *Historien* und den *Hebräischen Melodien*, bilden die *Lamentazionen* gewissermaßen den persönlichen Teil des *Romanzero*, in welchem sich das lyrische Ich – mit vielen autobiographischen Bezügen – über sein eigenes Schicksal ergeht. Dieser autobiographische Grundton ist besonders vernehmbar im Schlußteil der *Lamentazionen*, dem Gedichtzyklus *Lazarus*, in dem die Situation des totkranken, sterbenden Dichters zur Sprache kommt.

I

Der kompositorische Ort von *Enfant perdu* ist in mehrfacher Hinsicht von Belang. Heine maß ja bekanntlich der Zusammenstellung seiner Gedichte höchsten Wert zu, da sich daraus für Leser und Interpretation interessante Brechungen und Beleuchtungsverschiebungen ergaben, durch die Text und Rezeptionsprozeß bedeutend angereichert wurden. Darum zunächst einige Hinweise auf die umgebenden Gedichte.

Von besonderem Gewicht sind in diesem Zusammenhang die unmittelbar vorangehenden Nummern XVIII und XIX des *Lazarus*-Zyklus. Das erste der beiden Gedichte ist überschrieben *Sie erlischt*. Heine konstruiert darin eine Parallele zwischen einer Theatervorstellung und seiner dichterischen Existenz. Das Stück ist nunmehr zu Ende, in dem verlassenen Theaterraum macht sich eine zugleich empirisch faßbare wie merkwürdige Realität breit. Es erschallen seltsame Geräusche, ein »schollernd schnöder Klang«, der vielleicht von einer springenden Geigensaite herrührt, das Rascheln von Ratten, es riecht nach ranzigem Öl. Das zischend erlöschende Licht der letzten Lampe erweist sich als das arme Lebenslicht des Dichters, von dem im letzten Vers nurmehr im Präteritum die Rede ist: »Das arme Licht war meine Seele«. Damit ist die für den *Lazarus*-Zyklus so charakteristische Außen-Perspektive auf den eigenen Tod hergestellt, der poetisch antizipiert wird.

Der Parallelisierung von Dichterleben und Theaterstück folgt als vorletzte Nummer des Zyklus das Gedicht *Vermächtniß*. In pointiertem Kontrast zum elegischen Ton von *Sie erlischt* erstellt das lyrische Ich des Gedichts am Lebensende ein Testament, in dem es sarkastisch seine Feinde »christlich« bedenkt. Ihnen vermacht es die »sämmtlichen Gebresten« des kranken Dichters, die vollständig und detailliert aufgezählt werden, von den Koliken über die Harnbeschwerden zu Speichelfluß und Knochendarre. Damit wird nicht nur das Schema christlicher Vergebung blasphemiert, sondern auch die furchtbare empirische Realität der »Matratzengruft« in ein Netz von Freund-Feind-Beziehungen eingebunden und gewissermaßen funktionalisiert. Den Hintergrund bildet bekanntlich der Erbschaftsstreit mit der Hamburger Familie, die Heine ja für die entschiedene Verschlechterung seines Gesundheitszustands verantwortlich gemacht hat. Die »Gebresten« werden an ihre Verursacher zurückexpediert. In der letzten Strophe schließlich verhängt der Autor den Fluch der *damnatio memoriae* über die »Feinde«: »In Vergessenheit versenken / Soll der Herr Eu'r Angedenken, / Er vertilge Eu'r Gedächtniß.« (DHA 3/1, 121). Wie in dem Nachlaßgedicht *»Nicht gedacht soll seiner werden«* (vgl. DHA 3/1,346 f.) wird eine Situation zitiert, in der das auferlegte Redeverbot (die Verpflichtung, nichts Nachteiliges über die Familie zu veröffentlichen) in verwandelter Form an die Familienzensoren zurückgegeben wird: Das Schweigegebot wird in den positiven Fluch des Vergessens verkehrt.

Der kompositorische Hintergrund von *Enfant perdu* ist somit in seine mehrfachen bildnerischen Schichten aufgefächert. Das Gedicht entfaltet seine vornehmlich politische Thematik in perspektivischer Brechung zur Theater-Metapher des Dichterlebens und zur eher privaten Sphäre der Abrechnung mit den Feinden. Erst in solcher Kontrastierung vermag es sich zur Höhe eines eigentlichen Vermächtnisses zu erheben, des wahren Testaments, das die zentrale Selbstinterpretation an die Nachgeborenen weitergibt. Schließlich unterstreicht auch die Position am Ende der *Lamentazionen* und des *Lazarus*-Zyklus, daß es sich hier gewissermaßen um das letzte, endgültige Wort zur Sache handelt.

II

Das vermutlich im Sommer 1849 entstandene (DHA 3/2, 854–856) Gedicht selbst besteht aus sechs vierzeiligen Strophen. Der Vers, fünffüßige Jamben, greift den Bühnenvers des klassischen deutschen Dramas auf, wodurch der tragisch-emphatische Charakter des Gedichts unterstrichen wird. Die Reime, nach dem Schema a / b / a / b angeordnet und regelmäßig zwischen männlich und weiblich wechselnd (a ist jeweils männlich, b weiblich), zeigen, daß Heine mit bewußt einfachen Mitteln vorging, um die Eindringlichkeit der Aussage zu verstärken. Metrum und Versrhythmus fallen in der Regel zusammen, nur an einigen signifikanten Stellen treten sie auseinander, und zwar insbesondere am Versanfang (»Hielt ich«, 2; »Sie zu«, 11; »Ja, wachsam«, 13; »Brühwarme«, 16; »Doch fall«, 23) sowie zuweilen im Versinneren (»komm ich«, 4; »Langweil«, 9; »gleichfalls«, 18). In all diesen Fällen hebt die rhythmische Betonung der metrisch unbetonten Silbe das jeweilige Wort bzw. Wortsegment hervor und setzt einen besonderen inhaltlichen Akzent, führt zu einer Intensivierung der Aussage. Die Sparsamkeit und relative Strenge der verwendeten formalen Mittel zeigt sich auch an der Tatsache, daß die Versgrenze in der Regel einer syntaktischen Zäsur entspricht. Nur ausnahmsweise ist ein Zeilensprung festzustellen, insgesamt an fünf Versübergängen – am pointiertesten und effektvollsten sicher am Schluß des Gedichts »und meine Waffen / Sind nicht gebrochen – Nur mein Herze brach«, wodurch die gewichtige Selbsteinschätzung des eigenen Beitrags zum »Freiheitskrieg« unterstrichen und zugleich der letzte Halbvers rhythmisch und im Ton abgesetzt wird.

Die sechs Strophen spielen das Thema der »Verlorenen Schildwacht« – so der ursprüngliche Titel des Gedichts – in verschiedenen chronologischen Etappen und spezifischen perspektivischen Beleuchtungen durch. Die erste Strophe benennt mit dem »Freiheitskrieg« zunächst den Rahmen, in den sich die Existenz der Schildwacht einfügt. Der Terminus »Freiheitskrieg« erfährt indessen in Heines Gebrauch eine Umwertung: Während er von den Zeitgenossen entweder für den preußisch-russischen Krieg gegen Napoleon (vgl. Windfuhr) oder für den amerikanischen Unabhängigkeitskrieg gegen England verwandt wurde, bezeichnet er bei Heine den durch Aufklärung und Revolution eingeleiteten universalen Kampf um die Befreiung des Menschen vom Menschen. Zum anderen wird in dieser Expositionsstrophe die Position des lyrischen Ichs in diesem Kampfe näher benannt, die eines »verlorenen Postens«, der eine vorgeschobene Stellung zu halten hat. Daß mit den politischen Feinden nicht unbedingt ausschließlich die konservative Reaktion gemeint ist und auch die nationalistischen Teutomanen zu den Gegnern gezählt werden müssen, zeigt eine Parallelformulierung aus der deutschen Fassung der Vorrede zu *Lutèce*, wo Heine rückblickend auf die Situation der vierziger Jahre sagte, »der Schreiber dieser Blätter« habe damals in der politischen Situation eine sehr »vereinzelte« Position eingenommen, »wie ein verlorener Posten, inmitten der

Feinde eine sehr mißliche Stellung hatte« (DHA 13/1,296). Und schließlich wird in der ersten Gedichtstrophe der Tatsache Ausdruck gegeben, daß die Schildwacht sich von Anfang an dessen bewußt war, daß sie selbst in diesem Kampf unterliegen und zugrunde gehen würde. In Anspielung auf die Exilsituation des kranken Dichters, der nun in der Tat die Aussicht auf eine ›gesunde‹ Rückkehr aufgegeben hatte, wird die Eingangsformulierung vom »verlornen Posten« in der Weise umgedeutet, daß das Ich nicht nur sich selbst als einen verlorenen Posten darstellte, sondern auch auf verlorenem Posten stand, das heißt, von Anbeginn dem sicheren Untergang geweiht war. Die Zeitangabe »seit dreißig Jahren« (2), die unter Annahme einer Entstehungszeit des Gedichts im Sommer 1849 auf das Jahr 1819 zurückweist, die Zeit von Heines ersten größeren lyrischen Produktionen, unterstreicht schließlich die autobiographische Konstellation der dichterischen Existenz.

In den Strophen zwei bis fünf wird die Situation der Schildwacht in ihren wichtigsten Aspekten beschrieben. Zunächst, in Strophe 2, die Position des Wachenden, der sich weder Tag noch Nacht Ruhe gönnen kann, im Gegensatz zu den im Zelt schnarchenden Mitkämpfern, die sich der Gefahr offenbar nicht bewußt sind. Ja gerade das unbekümmerte Schnarchen der »Freunde« (die Benennung hier im Gegensatz zu dem im vorangehenden Gedicht bedachten »Feinden«), ihre Sorglosigkeit und politische Kurzsichtigkeit, bedingen die Außenseiterstellung der Schildwacht, ihre Isolierung, definieren geradezu ihre Position als die eines Einzelkämpfers innerhalb der Opposition. Auf diese Weise wird die Formulierung vom »verlornen Posten« noch einmal anders beleuchtet: als Stellung außerhalb, aber doch in Hörweite des »Lagers«, dessen Aufgabe darin besteht, über eben dieses Lager Wache zu halten. Charakteristisch ist zudem die niedrige Stilebene, die im Motiv des empirischen Schnarchens angeschlagen ist und den ansonsten eher erhabenen, getragenen Ton des Gedichts humoristisch ausbalanciert. Zugleich verweist das Motiv indessen auch als politische Chiffre auf den deutschen Vormärz, der ja vielfach unter anderem von Heine selbst, zum Beispiel im *Tannhäuser*-Gedicht, als Zeit politischen Tiefschlafs charakterisiert worden war. Doch während Deutschland in *Der Tannhäuser* unter der »Huth / Von sechs und dreißig Monarchen« schnarcht, die ein direktes Interesse daran haben, den Schlafzustand aufrechtzuerhalten, geht es in *Enfant perdu* ja darum, den Schlaf der »Freunde« gegen die Angriffe der politischen Reaktion und des Feudalismus zu schützen.

Die dritte Strophe behandelt die Haltung der Schildwacht zu Zeiten, in denen kein Angriff eintritt. Sie schwankt zwischen Langeweile (der Terminus nimmt das Schlafmotiv der vorigen Strophe auf) und Furcht, womit ein neues Element eingeführt wird. Heine stellt klar, daß er die Rolle der Schildwacht keineswegs heroisieren oder in besonderem militärischem Glanz erscheinen lassen möchte: Furcht ist zum einen ein Zeichen von Klugheit und zum anderen ein Gemütszustand, den man, gleich einem Kind im Dunkeln, zu »verscheuchen« sucht. Im Falle des wachenden Soldaten liefert sie die Begründung dafür, daß er zuweilen »Die frechen Reime eines Spottgedichts« gepfiffen, das heißt – auf die Schriftstellerexistenz übertragen – zur Feder gegriffen und sich als politischer Dichter betätigt hat. Auch verweist das Detail des Pfeifens wieder auf die realistisch niedere Gegenstandsebene, ein Ton, der schon bei der Erwähnung des Schnarchens angeschlagen worden war.

In der vierten Strophe geht Heine zur nächsten Etappe über, den Zeiten akuter Bedrohung und aktiver Verteidigung. Ähnlich wie er sich im Gedicht *Doktrin* als »guten Trommler« bezeichnet hatte, stellt er sich hier als guten Schützen hin, der seine handfeste Arbeit tüchtig verrichtet. Der Begriff des »verdächtgen Gauchs«, mit dem die Feinde bedacht und damit zugleich individualisiert werden, wandelt die ursprüngliche Bedeutung des Wortes (›Kuckuck‹) ab, verundeutlicht sie gewissermaßen in Richtung einer abschätzigen Bezeichnung im Sinne von ›Schelm‹, ›Spitzbube‹ oder ›Gauner‹ (*Deutsches Wörterbuch*, begr. von Jacob und Wilhelm Grimm, Leipzig 1878, Bd. 4, Sp. 1524–31).

Die Situation der aktiven Verteidigung wird dann in der fünften Strophe umgekehrt: Die Initiative liegt nun bei dem angreifenden »schlechten Gauch« (18), der sein Handwerk zuweilen ebenfalls »sehr gut« versteht und dem Verteidiger entscheidende Wunden beibringt. Auf diese Weise besiegelt er das von Anfang an so angelegte Schicksal der verlorenen Schildwacht. Seine Mitwirkung ist unabdingbar, aber er ist zugleich nur das Werkzeug eines höheren vorbestimmten Schicksals. Wie sich indessen nachher zeigen wird, ist dieses Schicksal nicht transzendent oder mystisch begründet, sondern läßt sich aus der zeitgeschichtlichen Analyse der damaligen Gegenwartssituation ableiten.

Das Gedicht schließt mit der Vakanzerklärung des von der sterbenden Schildwacht freigelassenen Postens, den es nunmehr neu zu besetzen gilt: »Der eine fällt, die andern rücken nach« (22). Der Tod der Wache erfolgt in dem Bewußtsein der Ersetzbarkeit, ja der Austauschbarkeit der Personen, ein Bewußtsein, das von dem Gemeinschaftsgefühl derer getragen ist, die den Sinn der Geschichte auf ihrer Seite wissen. Daher auch die Aussage über die ungebrochenen »Waffen«. Der letzte, die vorangehende Feststellung einschränkende und rhythmisch abgesetzte Halbvers »Nur mein Herze brach« zitiert in Form einer poetischen Chiffre den Untergang des Dichters. Zwischen dem restriktiven, relativierenden »Nur« und dem tragischen Inhalt, der ja durch seine Position am Gedichtschluß verstärkt wird, besteht ein Schwebezustand, eine Art Spannung, die sich über den Text hinaus gewissermaßen als fermatischer Schlußakkord verlängert.

III

Wenn es nach den tragenden Strukturprinzipien des Gedichts zu suchen gilt, die die Beziehung der einzelnen Teile zueinander regeln, ist als erstes das der permanenten Bedeutungs- und Perspektivenverschiebung auszumachen, die manchmal metonymischen oder metaphorischen Charakter haben, manchmal auch interne Polysemien jeweils verschieden aktualisieren. Schon der Titel *Enfant perdu* gehört dieser Kategorie zu. Vielleicht dachte Heine bei der ursprünglichen Formulierung »Verlorene Schildwacht« an den Ausdruck *sentinelle perdue*, dessen genaue Übersetzung sie darstellt. Er meint eine vorgeschobene, meist aus einem einzigen Soldaten bestehende Wache. Das dafür eingesetzte »enfant perdu« besitzt nun zum einen auch diese Bedeutung, wobei man noch eher als an eine Wache an einen Soldaten denkt, der im Rahmen einer gefährlichen Aktion der Truppe vorausgeschickt wird. Zum anderen steckt in »enfant perdu« die Nuance des von seinen Nächsten verlassenen, ausgestoßenen Opfers, das geradezu zum Sündenbock irgendwelcher politischer Strategien gestempelt werden kann. Zum dritten ist in der Formulierung natürlich die wörtliche Bedeutung des verirrten Kindes präsent, das seinen Weg verloren hat und nicht mehr nach Hause zurückfindet (vgl. die Formulierung V. 4: »nie komm ich gesund nach Haus«). Und zum vierten schwingt darin der Sinn von *enfant trouvé* mit, von dem verlassenen Findelkind, das – aus welchen Gründen auch immer – an einer bestimmten Stelle ausgesetzt wurde. Überhaupt öffnet der Wechsel von »Schildwacht« zu »enfant« ja den militärischen Bezugsrahmen und weitet den Blick in den existentiellen Bereich aus.

Vergleichbare Bedeutungsverschiebungen lassen sich im Gedicht selbst wiederholt ausmachen, so etwa gleich zu Beginn in der Selbstbezeichnung des »verlornen Postens«. Der Posten meint ja zum einen den Soldaten, der Wache hält, und zum anderen die von ihm besetzte militärische Stellung, eine Bedeutungsebene, die dann in der letzten Strophe in der Formulierung »Ein Posten ist vakant« aktiviert wird. Auch das Epitheton »verlorner« ist in der Eingangsformel eher im Sinne von ›isoliert‹, ›an verlorener Stelle‹, das heißt als Ortsangabe zu verstehen, wird aber im Laufe des Gedichts rückwirkend mit der Bedeutung ›in hoffnungsloser Situation‹ aufgeladen, insofern sich der individuelle Kampf als von vornherein verloren erweist. Die der Kugel in Vers 15/16 zugeordneten Beiwörter »warme« und »brühwarme« beziehen sich eigentlich eher auf den »Bauch«, den sie treffen, wohingegen das diesem Bauch zugesellte »schnöde« metonymisch die gesamte Person meint, der dieser Bauch gehört. In ähnlicher Weise wandelt sich der »verdächt'ge Gauch« von Vers 14 in den »schlechten Gauch« von Vers 18, der seinerseits mit seiner Eigenschaft als »guter« Schütze kontrastiert. Eine bedeutsame Verschiebung ergibt sich auch in der Kampfperspektive: was zunächst als völliger Einzelkampf des einsam wachenden Soldaten dargestellt war, erweist sich am Schluß als Bestandteil einer übergreifenden kollektiven Auseinandersetzung, in welcher der anonyme einzelne praktisch keine Rolle spielt und umgehend ersetzt werden kann. Auf dieser übergeordneten Bedeutungsebene tritt der einzelne, so hervorragend er gekämpft haben mag, wieder ins Glied zurück. Im Rahmen dieser Verschiebungsvorgänge ist ferner die Todesursache des »enfant perdu« anzuführen. Wie noch weiter unten gezeigt werden soll, ist dafür nicht nur der »schlechte Gauch« verantwortlich, der die Schildwache zu treffen vermag, sondern die historische Gesamtkonstellation, in der sich Heine diesen Platz des »enfant perdu« zuweist. Schließlich bewirkt auch der Tempuswechsel am Schluß des Gedichts vom Präsens des fallenden Postens zum Präteritum des gebrochenen Herzens einen Perspektivenwandel. Wie schon zuvor im Gedicht *Sie erlischt* oder als besonderes Strukturmerkmal in *Karl I.* aus dem Zyklus der *Historien* entsteht dadurch, daß der Sprecher von seinem eigenen Tod in der Vergangenheit spricht, zugleich ein Verfremdungs- und ein Intensivierungseffekt.

IV

Auf der inhaltlichen Ebene ist das tragende Strukturprinzip des Gedichts die auch vielen anderen Texten Heines zugrunde liegende Parallelisierung von persönlicher Biographie und Weltgeschichte. Das eigene Leben erhält seinen Sinn nur durch die Einbettung in den großen geschichtlichen Zusammenhang, so wie umgekehrt dieser Zusammenhang nur am individuellen Schicksal des einzelnen Kämpfers darstellbar ist. Ähnlich wie am Schluß von *Im Oktober 1849*, das im *Lazarus*-Zyklus als Nr. XVI unserem Gedicht um vier Stellen vorangeht, die politische Zeitkrankheit der gegenrevolutionären Reaktion zugleich die physische Krankheit ist, an welcher der Dichter zugrunde geht, (vgl. Werner), weist *Enfant perdu* eine Bedeutungsschicht auf, wo sich Exilsituation und Krankheit des ›Lazarus‹ (»Ich wußte, nie komm ich gesund nach Haus«, 4) mit der Analyse der zeithistorischen Situation 1849 treffen. Gerade im Hinblick auf das unmittelbar vorangehende Gedicht ist der »schlechte Gauch«, der den Soldaten tödlich trifft, eben auch ein Vertreter der persönlichen Reaktion, der Hamburger Sippschaft, die die »schnöde Meuchelthat« an ihm verübte (DHA 3/2,1517). Der Verallgemeinerung des Poetenschicksals Heine – in der Chiffre des Soldaten im »Freiheitskriege« – entspricht also umgekehrt eine Individualisierung des »enfant perdu«, des anonymen Kämpfers in Gestalt des physisch in seinem ›Lebensnerv‹ getroffenen, sterbenden Dichters.

Die Selbstdarstellung als Soldat im »Freiheitskrieg« greift Heine nicht nur an seinem Lebensende rückblickend auf, sondern sie durchzieht sein ganzes Werk. Schon in den *Reisebildern*, am Ende der drei Marengo-Kapitel der *Reise von*

München nach Genua, setzt er das rein poetische Selbstverständnis gegen den politischen Auftrag des Dichters ab:

> Die Poesie, wie sehr ich sie auch liebte, war mir immer nur heiliges Spielzeug, oder geweihtes Mittel für himmlische Zwecke. Ich habe nie großen Werth gelegt auf Dichter-Ruhm, und ob man meine Lieder preiset oder tadelt, es kümmert mich wenig. Aber ein Schwert sollt ihr mir auf den Sarg legen; denn ich war ein braver Soldat im Befreyungskriege der Menschheit.
>
> (DHA 7/1,74)

Auch daß dieser »brave Soldat« notwendig fallen muß, hat Heine mehrfach dargestellt, so zum Beispiel in den »Briefen aus Helgoland« des *Börne*-Buchs, wo er aus der Situation politischer Resignation heraus, die Stimmung unmittelbar vor Ausbruch der Julirevolution wiedergebend, seine politisch-philosophische Mission als Jugendillusion bezeichnet: »Einst, als ich noch jung und unerfahren, glaubte ich, daß wenn auch im Befreyungskampfe der Menschheit der einzelne Kämpfer zu Grunde geht, dennoch die große Sache am Ende siege [. . .]« (DHA 11,47). An beiden Stellen geht es um die Einordnung der Aktion des einzelnen in den großen Zusammenhang der Weltgeschichte. Die »große Sache«, die Heine später, in einer gestrichenen Variante der Vorrede zu *Lutèce*, als die der »Revoluzion« bezeichnet (vgl. Grésillon/Geiger, S. 40), bindet den »Freiheitskampf« historisch an die Ideale von 1789, 1830 und – mit Einschränkungen – von 1848 zurück, an die »demokratischen Grundsätze«, in deren Dienst er seine poetisch-politische Tat stellt, »in unwandelbarer Liebe für die Sache der Menschheit« (DHA 13/1,293).

Daß der Soldat fällt, hängt indessen, wie schon angedeutet, nicht nur mit der Aktion der Feinde zusammen, sondern mit dem historischen Ort des »verlorenen Postens«. Heine hat mehrfach an entscheidender Stelle betont, daß er selbst noch in der Nachtphase des »Befreyungskriegs der

Menschheit« geboren ist und das Stigma dieser Geburt trägt. In dem letzten Marengo-Kapitel aus der *Reise von München nach Genua*, auf das schon verwiesen wurde, stellt er – unmittelbar vor der oben zitierten Passage über das Schwert, das auf seinen Sarg gelegt werden soll – einen Gegensatz auf zwischen dem künftigen, in »freyer Wahlumarmung, nicht im Zwangsbette und unter der Controlle geistlicher Zöllner« erzeugten Geschlecht und denen, die wie er selbst in ihrem innersten Wesen noch »geborene Knechte« sind, die von den wirklichen »freyen Gedanken und Gefühlen« des künftigen Geschlechts noch »keine Ahnung haben«. Gerade, weil sie noch im Dunkel leben und mit »häßlichen Gespenstern, dumpfen Eulen und scheinheiligen Sündern« zu kämpfen haben, müssen sie untergehen, bevor der eigentliche Sieg errungen ist: »O wir armen Kämpfer! Die Glut des Sonnenaufgangs wird unsre Wangen nicht mehr röten und unsere Herzen nicht mehr wärmen können, wir sterben dahin wie der scheidende Mond – [...]« (DHA 7/1,74).

In dieser Selbstzuweisung eines noch der alten Nachtwelt angehörenden und von ihr geprägten Kämpfers für die neue Welt ist sich Heine zeitlebens treu geblieben. Je nach Situation und Kontext wird manchmal mehr die unauflösbare Bindung an die »alte Welt« oder die zukunftsgerichtete Aktion für die »neue Zeit« hervorgehoben (Brief an Varnhagen vom 3. Januar 1846; HSA 22,180 f.). Sowohl das Gedicht *Karl I.* wie auch *An die Jungen* – beide aus dem *Romanzero* – leben von dieser Spannung in der Selbstzuweisung zwischen der dem Untergang geweihten Vergangenheit, dargestellt in der Figur des Königs, der seinem künftigen Henker das Wiegenlied singt, und der Prophezeiung einer glücklichen Zukunft, an welcher der Sprecher allerdings nicht mehr teilzuhaben vermag (vgl. Werner/Werner). In seinem Innersten weiß sich Heine noch der »alten Zeit« zugehörig, in seiner poetischen Identität als »letzter und abgedankter Fabelkönig« der Romantik (HSA 22,181) sowie in seiner politischen Identität als »braver Soldat im Befreyungskriege der Menschheit«. So wie das Herzblut in *Enfant perdu* unter den von den Gegnern beigebrachten Wunden verströmt, so schießen in Caput VII des *Wintermährchens* »Blutströme« aus der Brust des Sprechers, dessen Doppelgänger im Traum die Gebeine der Drei Könige im Kölner Dom, die »Skelette des Aberglaubens«, auf einen Wink des Sprechers hin zerschmettert (DHA 4,109). In der Verkleidung dieses Sprechers weiß der politische Dichter Heine genau, daß nicht nur die von ihm bekämpften Gespenster der »Vergangenheit« angehören (ebd.), sondern auch er selbst – und daß darum die Hiebe, die er austeilt, immer zugleich ihn selbst treffen.

Alberto Destro weist im Kommentar der DHA mit Recht darauf hin, daß Heine in *Enfant perdu* eine ausgewogene Position vertritt, »fern von beiden Extremen« der politischen Kampfdichtung und der These von der Autonomie der Kunst (DHA 3/2,859). In der Parallelisierung von Dichterexistenz und Freiheitskrieg der Menschheit stellt das Gedicht allerdings explizit die zweite Komponente in den Vordergrund, zumal die interne Bewegung von der Einsamkeit und Unverwechselbarkeit des verlorenen Postens ebenfalls zur Vorstellung der prinzipiellen Ersetzbarkeit des einzelnen Soldaten im kollektiven Kampf geht. Wie indes gezeigt werden konnte, wird diese explizite Bewegungsrichtung durch eine unterschwellige, gegenläufige Dynamik ergänzt, die in der Chiffre des gebrochenen Herzens am Schluß noch einmal deutlich auf die Tragik der Dichterexistenz verweist, welche für Heine eben immer zugleich das Leiden an der Zeit – hier die tragische Entwicklung der Revolution von 1848/49 – und das Leiden an der Stellung des Dichters in dieser Zeit beinhaltet.

Literaturhinweise

Grésillon, A. / Geiger, B.: Les brouillons allemands de la préface à *Lutèce*. In: Cahier Heine 1 (1975) S. 9–41.

Werner, Eva / Werner, Michael: Zur Praxis der Handschriftenbeschreibung am Beispiel von Heines *Karl I.* und *An die Jungen*. In: Heinrich Heine und die Zeitgenossen. Berlin/Weimar 1979. S. 78 bis 107.

Werner, Michael: Politische Lazarus-Rede. Heines *Im Oktober 1849*. In: Gedichte und Interpretationen. Hrsg. von Günther Häntzschel. Stuttgart 1983. S. 286–299.

Windfuhr, Manfred: Ein Posten ist vakant. In: Frankfurter Anthologie. Gedichte und Interpretationen. Hrsg. von Marcel Reich-Ranicki. Bd. 2. Frankfurt a. M. 1977. S. 57–60.

Das Sklavenschiff

I

Der Superkargo Mynheer van Koek
Sitzt rechnend in seiner Kajüte;
Er kalkuliert der Ladung Betrag
Und die probabeln Profite.

»Der Gummi ist gut, der Pfeffer ist gut,
Dreihundert Säcke und Fässer;
Ich habe Goldstaub und Elfenbein –
Die schwarze Ware ist besser.

Sechshundert Neger tauschte ich ein
Spottwohlfeil am Senegalflusse.
Das Fleisch ist hart, die Sehnen sind stramm,
Wie Eisen vom besten Gusse.

Ich habe zum Tausche Branntewein,
Glasperlen und Stahlzeug gegeben;
Gewinne daran achthundert Prozent,
Bleibt mir die Hälfte am Leben.

Bleiben mir Neger dreihundert nur
Im Hafen von Rio-Janeiro,
Zahlt dort mir hundert Dukaten per Stück
Das Haus Gonzales Perreiro.«

Da plötzlich wird Mynheer van Koek
Aus seinen Gedanken gerissen;
Der Schiffschirurgius tritt herein,
Der Doktor van der Smissen.

Das ist eine klapperdürre Figur,
Die Nase voll roter Warzen –
Nun, Wasserfeldscherer, ruft van Koek,
Wie geht's meinen lieben Schwarzen?

Der Doktor dankt der Nachfrage und spricht:
»Ich bin zu melden gekommen,
Daß heute nacht die Sterblichkeit
Bedeutend zugenommen.

Im Durchschnitt starben täglich zwei,
Doch heute starben sieben,
Vier Männer, drei Frauen – Ich hab den Verlust
Sogleich in die Kladde geschrieben.

Ich inspizierte die Leichen genau;
Denn diese Schelme stellen
Sich manchmal tot, damit man sie
Hinabwirft in die Wellen.

Ich nahm den Toten die Eisen ab;
Und wie ich gewöhnlich tue,
Ich ließ die Leichen werfen ins Meer
Des Morgens in der Fruhe.

Es schossen alsbald hervor aus der Flut
Haifische, ganze Heere,
Sie lieben so sehr das Negerfleisch;
Das sind meine Pensionäre.

Sie folgten unseres Schiffes Spur,
Seit wir verlassen die Küste;
Die Bestien wittern den Leichengeruch,
Mit schnupperndem Fraßgelüste.

Es ist possierlich anzusehn,
Wie sie nach den Toten schnappen!
Die faßt den Kopf, die faßt das Bein,
Die andern schlucken die Lappen.

Ist alles verschlungen, dann tummeln sie sich
Vergnügt um des Schiffes Planken
Und glotzen mich an, als wollten sie
Sich für das Frühstück bedanken.«

Doch seufzend fällt ihm in die Red
Van Koek: Wie kann ich lindern
Das Übel? wie kann ich die Progression
Der Sterblichkeit verhindern?

Der Doktor erwidert: »Durch eigne Schuld
Sind viele Schwarze gestorben;
Ihr schlechter Odem hat die Luft
Im Schiffsraum so sehr verdorben.

Auch starben viele durch Melancholie,
Dieweil sie sich tödlich langweilen;
Durch etwas Luft, Musik und Tanz
Läßt sich die Krankheit heilen.«

Da ruft van Koek: »Ein guter Rat!
Mein teurer Wasserfeldscherer
Ist klug wie Aristoteles,
Des Alexanders Lehrer.

Der Präsident der Sozietät
Der Tulpenveredlung im Delfte
Ist sehr gescheit, doch hat er nicht
Von Eurem Verstande die Hälfte.

Musik! Musik! Die Schwarzen solln
Hier auf dem Verdecke tanzen.
Und wer sich beim Hopsen nicht amüsiert,
Denn soll die Peitsche kuranzen.«

II

Hoch aus dem blauen Himmelszelt
Viel tausend Sterne schauen,
Sehnsüchtig glänzend, groß und klug,
Wie Augen von schönen Frauen.

Sie blicken hinunter in das Meer,
Das weithin überzogen
Mit phosphorstrahlendem Purpurduft;
Wollüstig girren die Wogen.

Kein Segel flattert am Sklavenschiff,
Es liegt wie abgetakelt;
Doch schimmern Laternen auf dem Verdeck,
Wo Tanzmusik spektakelt.

Die Fiedel streicht der Steuermann,
Der Koch, der spielt die Flöte,
Ein Schiffsjung schlägt die Trommel dazu,
Der Doktor bläst die Trompete.

Wohl hundert Neger, Männer und Fraun,
Sie jauchzen und hopsen und kreisen
Wie toll herum; bei jedem Sprung
Taktmäßig klirren die Eisen.

Sie stampfen den Boden mit tobender Lust,
Und manche schwarze Schöne
Umschlingt wollüstig den nackten Genoß –
Dazwischen ächzende Töne.

Der Büttel ist *maître des plaisirs*,
Und hat mit Peitschenhieben
Die lässigen Tänzer stimuliert,
Zum Frohsinn angetrieben.

Und Dideldumdei und Schnedderedeng!
Der Lärm lockt aus den Tiefen
Die Ungetüme der Wasserwelt,
Die dort blödsinnig schliefen.

Schlaftrunken kommen geschwommen heran
Haifische, viele hundert;
Sie glotzen nach dem Schiff hinauf,
Sie sind verdutzt, verwundert.

Sie merken, daß die Frühstückstund
Noch nicht gekommen, und gähnen,
Aufsperrend den Rachen; die Kiefer sind
Bepflanzt mit Sägezähnen.

Und Dideldumdei und Schnedderedeng –
Es nehmen kein Ende die Tänze.
Die Haifische beißen vor Ungeduld
Sich selber in die Schwänze.

Ich glaube, sie lieben nicht die Musik,
Wie viele von ihrem Gelichter.
Trau keiner Bestie, die nicht liebt
Musik! sagt Albions großer Dichter.

Und Schnedderedeng und Dideldumdei –
Die Tänze nehmen kein Ende.
Am Fockmast steht Mynheer van Koek
Und faltet betend die Hände:

»Um Christi willen verschone, o Herr,
Das Leben der schwarzen Sünder!
Erzürnten sie dich, so weißt du ja,
Sie sind so dumm wie die Rinder.

Verschone ihr Leben um Christi will'n,
Der für uns alle gestorben!
Denn bleiben mir nicht dreihundert Stück,
So ist mein Geschäft verdorben.«

KARLHEINZ FINGERHUT

Doppelte Lektüre
Kritik und Erotik für ironisch distanzierte Leser

Vorbemerkungen zu Lektüre und Interpretation

Heines Ballade *Das Sklavenschiff* erzählt die Geschichte von zwei miteinander verbundenen Perversionen. Die eine wird in den Interpretationen der Ballade als Sozialkritik hervorgehoben: die Unterwerfung der Welt unter den Profit. Der Kaufmann kann auf seinen Sklavenhandel als einträgliches und damit – holländisch-calvinistisch gesprochen – gottwohlgefälliges Geschäft Gottes Schutz herabrufen (Peters, S. 580 ff.). Die andere, von Heine im zweiten Teil des Textes besonders hervorgetriebene Perversion besteht in der Deformation der Lebens-Lust, des Tanzes, der Erotik im Dienste des Profits. Mit der Peitsche und der Musik gleichermaßen zu Frohsinn »stimuliert« (II,27), vergessen die schwarzen Sklaven zeitweise ihr Los, bleiben als »Ware« (I,8) frisch und frei von tödlicher Melancholie. Außerdem spricht das Gedicht noch von etwas Drittem, das dem Schreiber näher ist als das Elend der schwarzen Sklaven. Es sind die Angstträume und die sadomasochistischen Phantasien des in der Matratzengruft ans Bett gefesselten Lazarus Heine angesichts des nahen eigenen Todes und angesichts der Erinnerung an die Fülle des Lebens, die für ihn unwiederbringlich verloren ist.

Von den Perversionen im gesellschaftlichen Bereich ist an der Oberfläche des Geschehens offen die Rede. Von der dritten möglichen Lektüre erfährt nur der Leser etwas, der den Text als Palimpsest entziffert (vgl. Altenhofer), genauer: der die sprachlich evozierten Vorstellungsbilder (den in der Kajüte sitzenden Kalkulator als Herrn über die menschliche »Ware«; den klapperdürren Chirurgius und seine »Pensionäre«; die »sehnsüchtig« zuschauenden Sterne; die stampfenden, tobenden und einander umschlingenden nackten Tänzer und Tänzerinnen) aus dem narrativen Kontext der Ballade löst, sie einzeln in ihrer irritierenden Widersprüchlichkeit betrachtet und auf die emotionale Situation des Schreibenden bezieht (vgl. de Man und Würker).

Erste Lektüre, das zynische Kalkül: Sozialkritik

Die Forschung ist nahezu einig: *Das Sklavenschiff* ist ein satirisches politisches Gedicht. Am Beispiel des Sklavenhandels entlarvt Heine Grundzüge des bürgerlichen Systems. Zuerst spricht dafür die Vorlage, die Heine offensichtlich verwendete, Bérangers Chanson mit dem Titel *Les nègres et les marionnettes*, das Chamisso und Gaudy bereits 1838 in deutscher Übersetzung erscheinen ließen (vgl. Kraft; Heine an Dumas, 8. Februar 1855, HSA 23,410 f.):

Die Neger und die Marionetten

Neger härmten sich und starben
Auf dem Schiffe dutzendweise,
Starben, starben, und verdarben
Dem Patron die ganze Reise:
»Blitz! Die Waare muß man retten!
Ei, vergeßt doch eurer Ketten,
Seht auf meine Marionetten,
Gute Sklaven, seid vergnügt!«

Also läßt er auf der Stelle
Den Theaterkasten bauen,
Quäkend zeigt sich Pulcinelle,
Frau und Nachbar sind zu schauen;
Negern sind das fremde Sachen,
Sie verwundern sich, sie machen
Große Augen, ja, sie lachen!
Gute Sklaven, seid vergnügt!

Pulcinell, ein arger Zänker;
Mord und Todschlag! – kommt der Richter, –
Kommt der Galgen, – kommt der Henker, –
Gar befremdliche Gesichter!
Jener Ketten sind indessen
Harm und Leiden schon vergessen,
Seht, sie lachen wie besessen,
Gute Sklaven, seid vergnügt!

Und der Teufel holt am Ende
Pulcinell, er unterlieget.
Jene klatschen in die Hände;
Schwarz! Triumph! Er! wir! er sieget!
Lassen von dem Stück sich irren,
Jubeln, schreien, jauchzen, schwirren, –
Helden, deren Ketten klirren,
Gute Sklaven, seid vergnügt!

(Béranger's Lieder. Ausw. in freier Bearb. von Adelbert von Chamisso und Franz Freiherr Gaudy. Leipzig 1838. S. 141 f.)

Bérangers Kritik richtet sich gegen die Ablenkbarkeit, das Vergessen, das mangelnde Bewußtsein der eigenen Lage. In der von Chamisso/Gaudy nicht mehr übersetzten resümierenden Schluß-Strophe kommt das noch deutlicher zum Ausdruck:

De leur humeur mélancholique
Ils sont tirés par des pantins.
Tout roi que la peur désenivre
Nous prodigue ainsi des joujoux.
N'allez pas vous lasser de vivre.
Bons esclaves, amusez-vous.

(Kraft, S. 112)

Vergleichspunkt zwischen den Sklaven und den Lesern ist die Abhängigkeit von Zerstreuungen, die von den Herren inszeniert werden, von den Sklavenhändlern gegenüber den »bons esclaves«, von den Königen, die um ihre Macht fürchten, gegenüber den Bürgern, an die sich Béranger wendet.

Heine hat aus diesem Gedicht eine Reihe von Motiven entlehnt, den Begriff der »Ware« für die Sklaven, die Rede von den »lieben Schwarzen« (I,28), den Gedanken der tödlichen Melancholie (I,69) und des Amusements als Ablenkung (I,71 f.) (vgl. Murdoch). Aber er verschärft ganz erheblich die Satire, indem er die Zustände auf dem Sklavenschiff als solche thematisiert und sie nicht als Beispielmaterial allgemeiner menschlicher Schwächen einsetzt. Er verschärft die Konstellation zusätzlich dadurch, daß er das Marionettenspiel und die harmlose Freude an der Identifikation mit dem »schwarzen Mann« durch eine suggestive Schilderung der Leidenschaften bei den Sklaven ablöst. Schließlich fügt er die zunächst in ihrer Funktion noch undurchsichtige schwarzromantische Abschweifung über die unbeteiligte Natur und die gierigen Haifisch-Bestien ein. Alles zielt auf eine sehr konkrete Kritik an der doppelten Zerstörung humaner Prinzipien auf dem Sklavenschiff, nämlich der Achtung vor dem Menschen als Person und des Rechts eines jeden auf ein Stück unentfremdeter Lebensfreude.

Dafür sprechen die Textbefunde selbst, nicht nur die zynische Definition der Sklaven als »Ware« und ihre Berechnung »per Stück« (I,19), das Kaufmannskalkül, das wie selbstverständlich Pfeffer, Gummi und die physische Beschaffenheit der Sklaven auf eine Ebene stellt, die perverse Idee des Schiffsarztes, durch erzwungene und organisierte Tanzveranstaltungen die Gefangenen aus der möglicherweise um sich greifenden Melancholie zu reißen, damit sie die Überfahrt überstehen (vgl. Peters und Murdoch). Hinzu kommen vor allem Indizien der Sprache. Zahlreiche Varianten belegen deutlich, daß Heine sich intensiv darum bemüht hat, den authentischen Kaufmannsjargon zu treffen. In seinen Gedanken über die »probabeln Profite« (I,4) sagt der Supercargo zu sich selbst zuerst alltagssprachlich »Und bleiben / Dreihundert Neger«, dann kaufmännisch »Behalt ich / Dreihundert Neger«, dann das Risiko abwägend »Bring ich / Dreihundert Neger«, schließlich ökonomisch kalkulierend »Verkauf ich zu hundert Dukaten« und »Dort zahlt mir hundert Dukaten per Stück«. Zuletzt kehrt er zum ursprünglichen Verb zurück, ändert aber die Syntax im Sinne der stockenden Überlegung des Rechners: »Bleiben mir – Neger dreihundert – nur [. . .] / Zahlt dort mir hundert Ducaten per Stück / Das Haus Gonzales Perreiro« (I,19 f.; DHA 3/2,1115).

Van Koek und van der Smissen reden auch untereinander über die »lieben Schwarzen« so, daß dem Leser klar wird, diesen beiden kann nicht der geringste Gedanke daran kommen, in welches inhumane Unrechtssystem sie aktiv eingebunden sind. Ihr Zynismus ist ihnen unbewußt, das zeigt vor allem das groteske Mißverhältnis zwischen Rede und Redegegenstand (»meine lieben Schwarzen«; »dankt der Nachfrage und spricht«; insbesondere der Begriff »possierlich«, bezogen auf die Haifische, die menschliche Körper zerreißen; Fingerhut, S. 293). Sowohl van Koeks ökonomisches als auch van der Smissens medizinisch-bürokratisches Kalkül rechnet mit menschlichen Dingen (Emotionen, Leid, Trauer, Niedergeschlagenheit, vielleicht ohnmächtiger Wut) wie mit Zahlen und feststehenden Regeln, die man profitorientiert berücksichtigen sollte, oder sie scherzen darüber mit schlechtem Geschmack.

Weder van Koek noch van der Smissen hassen oder verachten die Schwarzen. Sie können in ihnen eben nur keine Menschen sehen. Und dieses ökonomisch fundierte Aussteigen aus der allgemein akzeptierten europäischen christlichen Weltsicht, daß alle Menschen – zumindest vor Gott – gleich seien, provoziert das liberal denkende aufgeklärte Lesepublikum, an das Heine sich wendet. Die Wertung der Sklaven als Sache galt bei den Heiden der Antike, sie gilt nicht mehr bei Christen und erst recht nicht bei den Verfechtern der Menschenrechte, wie sie die Französische Revolution verkündet.

Paul Peters hat die Signatur der Zeitenwende am Bild des brütenden Helden herausgearbeitet: Achill sitzt am Strand und überdenkt den Sinn des heldischen Lebens (Homer, *Ilias*, V. 488–492), Faust sitzt im Studierzimmer und fragt nach dem Sinn der wissenschaftlichen Erforschung der Welt. Nach ihrem Muster sitzt der Superkargo in seiner Kajüte – und errechnet »probable Profite«. Sein Kalkül ist das Zeichen der neuen bürgerlichen Zeit, in der der wirtschaftliche Gewinn zählt. Nach dem heroischen und dem wissenschaftlichen kommt nun das ökonomische Zeitalter zu seiner ›Figur‹. Und ganz wie schon in der antiken Gesellschaft, von der sich das Christentum doch ideologisch abzugrenzen versucht, gelten dem *homo oeconomicus* der Gegenwart Menschen und Ware gleich:

> Lobend werden die Sklaven mit Eisen, abschätzig mit Vieh verglichen; Marx, im *Kapital*, erinnert daran, daß die Antike ihr Werkzeug in stummes, stimm- und sprachbegabtes eingeteilt hatte. Der Unterschied des Menschen zum Eisen und zum Vieh war damit, für die Sklavenhalter-Gesellschaft der Antike, ein gradueller. In der Gesellschaft des universalisierten Tauschprinzips, so läßt Heines Sprache es uns auf verwandte

> Weise fühlen, verhält es sich nicht anders. Weit mehr als Béranger und Chamisso wäre *Das Kapital* als die eigentliche Quelle dieses Gedichts anzusehen, wenn Marx' Schrift nicht erst dreizehn Jahre später erschienen wäre. Die ›exakte Phantasie‹ des Dichters Heine nimmt hier Marx vorweg. (Peters, S. 573)

Wie stark diese gesellschaftsanalytische Perspektive im Text selbst ist, zeigt die Äußerung von Marx über Kapital und Profit, die sowohl Kraft als auch Peters zur Deutung heranziehen:

> Das Kapital hat einen horror vor Abwesenheit von Profit oder sehr kleinem Profit, wie die Natur vor der Leere. Mit entsprechendem Profit wird Kapital kühn. Zehn Prozent, es wird lebhaft; 50 Prozent, positiv waghalsig; für 100 Prozent stampft es alle menschlichen Gesetze unter seinen Fuß; 300 Prozent, und es existiert kein Verbrechen, das es nicht riskiert, selbst auf Gefahr des Galgens. Wenn Tumult und Streit Profit bringen, wird [es] sie beide encouragieren. Beweis: Schmuggel und Sklavenhandel.
>
> (MEW 23,788; zit. nach: Peters, S. 575)

Was van Koek hier rechnend überschlägt, ist keineswegs Ausgeburt einer kranken Phantasie oder dichterisch-satirische Übertreibung, sondern es sind Posten der historischen Wirklichkeit. Reiseberichte und sogar Lexikonartikel informierten das Lesepublikum zu Heines Zeit über die menschenverachtende Praxis des Sklavenhandels, um dessen politische Ächtung ja soeben gestritten wurde (vgl. Prochaska). Im Kölner *Neuen Rheinischen Conversations-Lexikon in 12 Bänden* aus dem Jahre 1835 sind folgende Fakten festgehalten: »Der scheußliche, Gott und die Natur beleidigende Handel mit unsern schwarzen Mitbrüdern wurde seit dem Anfange des 16. Jahrh. zuerst von den Portugiesen, dann von allen christlichen Colonialmächten bis in die neueste Zeit getrieben.« (Bd. 10, Sp. 960–968.) Über die Zustände auf Sklavenschiffen heißt es an gleicher Stelle:

> Auf den Schiffen selbst in den engsten, ungesundesten Raum zusammengepreßt, oft gefesselt, schlecht genährt und gemißhandelt, starben nicht selten ein Drittel, ja die Hälfte dieser Unglücklichen auf dem Transport; oft ergriff sie die Verzweiflung, sie mußten zum Essen geprügelt werden; ja sie erfanden eine Art des Selbstmords, gegen welche sich nichts vorkehren ließ – sie verschluckten ihre Zunge; – zuweilen auch wohl brachen sie die Fesseln, und wenn sie nicht überwältigt wurden, war die Mannschaft des Schiffs das gerechte Opfer ihrer Wuth. Am schonendsten wurden sie noch von den Spaniern und Portugiesen aus Brasilien behandelt, am schlechtesten von dem Amerikanern und Holländern.

Der Artikel wartet mit exaktem Zahlenmaterial auf. Seit 1814 war in Holland der Sklavenhandel unter Strafe gestellt worden. Kein Schiff durfte in einem holländischen Hafen abgefertigt werden, das Sklaven transportierte. Ähnliche Gesetze kamen in England 1823 und durch englisch-portugiesische Verträge auch in Portugal zustande, – »Dennoch sind vom 21. Sept. 1817–18 bloß nach Rio Janeiro 26.808 Neger verschifft worden, wovon der äußerst schändlichen Behandlung wegen 3475 unterwegs gestorben.« Obwohl Sklavenschiffe »confisziert« wurden, blühte der Handel weiter. »1822 wurden noch 31 240 Sklaven in Rio Janeiro und 8000 in Bahia eingeführt; 3884 waren durch die empörendste Behandlung auf der Reise gestorben. 1823 wurden 21 472 Negersklaven nach Rio gebracht (wovon 1800 auf der Überfahrt starben).« Bis 1833 reicht die Statistik. Sie schließt mit den Worten: »Der Eigennutz siegte über alle Anstrengungen der Engländer. Von Havanna gingen die Sklavenschiffe öffentlich ab, beladen mit Gold, Silber, Branntwein, baumwollnen Tüchern, gedruckten Cattunen und Schießpulver und kehrten nach einigen Monaten angeblich bloß mit Ballast zurück, nachdem sie die mitgebrachten Neger heimlich an der Küste ausgeschifft hatten.« Auch die Gewinnrechnungen des Mynheer van Koek sind nachvollziehbar: »Die Kosten einer solchen Unternehmung betrugen in einem bestimmten Fall 52 000 Piaster. Dagegen brachte ein solches Schiff 484 Neger zurück, welche im Durchschnitt zu 300 Piaster verkauft wurden und hatte also einen Gewinn von 93 000 Piastern.« Gegen den Handel werden vor allem moralische Gründe ins Feld geführt. Der zitierte Artikel spart nicht mit wertenden Adjektiven. Er nennt das Verhalten der Sklavenhändler »empörend« und spricht von den Schwarzen als unsern »Mitbrüdern« und von »Unglücklichen«. Das ist bereits eine Konsequenz der öffentlichen Verurteilung des Sklavenhandels. Auf der anderen Seite prägt die Sprache des Handels den ganzen Artikel. Von »Sklaven einführen« ist die Rede, sogar von »Sklavenzucht« in den Staaten Virginia und Carolina. Insofern konnte Heine bei seinen Zeitgenossen auf Vorinformation und Sensibilität zählen und darauf, daß die Perspektive seiner kritischen Ballade weitgehend geteilt wurde. Er mußte zugleich damit rechnen, daß die Zusammenhänge von Grausamkeit, Inhumanität und Profitstreben nicht strukturell, sondern eher moralisch gesehen wurden.

Das war nicht immer so gewesen. Das moralische Gewissen als öffentliche Instanz ist eine Errungenschaft der Aufklärung. Noch hundert Jahre zuvor, im *Großen Universal-Lexikon aller Wissenschaften und Künste* von Johann Heinrich Zedler aus dem Jahre 1740, sind unter dem Artikel »Nigritien« (Bd. 24, S. 887–890) alle bekannten Vorurteile, auf die der Leser in der Ballade bei den Sklavenhändlern stößt, als Beschreibungen der Wirklichkeit ausgeführt. Die schwarze Hautfarbe ist eine Strafe Gottes. Sie wird – in der Auslegung Gen. 9,25 – auf Cham, den Sohn Noahs, zurückgeführt. Cham wurde bestraft, weil er schamlos die Blöße seines betrunkenen Vaters aufgedeckt hatte. Dann heißt es:

»Sonsten sind die Negres in ihren Wollüsten gantz viehisch, daneben faul, dumm und unwissend. Doch sind einige, welche an der See-Cüste wohnen, etwas höflicher als die andern, weil sie vielen Umgang mit den Portugiesen haben.« Zur Rechtfertigung des Sklavenhandels wird ausführlich auf die Grausamkeit der Stammeskriege und des innerafrikanischen Sklavenhandels der Kriegsherren verwiesen. Das Aufkaufen von Sklaven (»und ist dieser Sclaven-Handel unter dem Namen Asziento berühmt«) sieht dagegen schon fast wie ein Freikaufen aus:

> Dieser Handel scheinet zwar denen unmenschlich, welche nicht wissen, daß die armen Leute Heyden und Türcken sind, und daß christliche Kaufleute, wenn sie selbige von ihren Feinden kauffen, solche von einer grausamen Sclaverey erretten, und hingegen in denen Insuln, wohin sie gebracht werden, nicht allein in eine gelindere Dienstbarkeit versetzen, sondern auch zur Erkenntniß des wahren GOttes, und auf den Weg zur Seligkeit durch die Unterrichtungen, welche ihnen Christliche Prediger geben, bringen, ohne solche Absicht dergleichen Handel ihnen schwerlich zugelassen seyn würde.

Selbst die Beobachtungen und Überlegungen des Doktor van der Smissen sind lexikonwürdig:

> So muß man auch von dem Moment, da sie in das Schiff geladen werden, die Segel aufziehen, weil sonst die armen Leute vor ihr Vaterland eine solche Liebe tragen, daß sie, daraus zu weichen, vor Verzweiffelung sterben möchten, welches auch verursachet, daß etliche wol gar sich in das Meer stürtzen, andere den Kopff an das Schiff stossen, oder den Odem, zu erstikken, an sich halten, ingleichen etliche vor Hunger sterben, und nichts essen wollen. So bald sie aber ihr Land nicht mehr sehen, fangen sie an sich unter einander zu trö-

> sten, vornemlich wenn man ihnen mit Instrumenten vorspielet. Weswegen denn zur Erhaltung erwehnter Negern nicht undienlich ist, wenn man etliche Personen, die auf der Sack-Pfeife, Geige, Leyer und andern Instrumenten spielen können, dadurch die Schwartzen auf dem Wege, munter zu erhalten, mit in dem Schiff führet, inmassen es ein sehr gutes Mittel ist, selbige gesund zu überbringen. Wenn man sie auch hernach verkaufft, werden die, so frisch und fröhlich aussehen, viel theurer verkaufft als die andern, welche sich ihrer Gefangenschafft halber abgegrämet haben.

Die Mischung aus christlicher und ökonomischer Argumentation, die diesen Artikel auszeichnet, ist ideologisch, das heißt dem Schreiber als solche nicht bewußt. Heines Ballade hebt die in der frommen Kaufmannsrede verborgenen Widersprüche als manifest werdenden Zynismus ans Licht. Tatsachen braucht sie ihren Lesern aber keine neuen zu sagen.

Der Höhepunkt des unbewußten Zynismus ist das Gebet des Kaufmanns, das den Schluß der Ballade bildet. Man kann eben weil es durch und durch ideologisch ist, nicht von Blasphemie sprechen, denn van Koek hat nicht die Absicht, Gott zu lästern oder die Weltordnung in Frage zu stellen. Er wiederholt betend nur, was er weiß: Die Schwarzen sind »in ihren Wollüsten ganz viehisch«, ganz »liebe Natur«, wie es in einem ersten Entwurf der Ballade heißt (DHA 3/2,1119), sie sind »dumm wie die Rinder« (II,56) und folglich auch ohne das für den Puritaner charakteristische Schamgefühl bei körperlichen, insbesondere erotischen Lebensäußerungen. Daß van Koek selbst die Gewichte verschiebt, sich Gott als Kaufmann vorstellt, dem er den möglichen Profitverlust im Gebet vorrechnen kann, während er die eigene Mißachtung der Gebote der Humanität nicht bemerkt, zeigt ihn als einen von der Menschlichkeit Abgeirrten. Van der Smissen trägt seine Deformation körperlich sichtbar an sich: das klapperdürre Gestell mit der verwarzten Nase. Van Koek demonstriert sie in seinem Denken und Verhalten, in seinem Rechnen, das ein Beten, und seinem Beten, das ein Rechnen ist.

Zweite Lektüre, der Tanz: Bearbeitung der Irritation

Was van Koek am Vorschlag seines Schiffschirurgius so begeistert, daß er den Doktor mit Aristoteles vergleicht, ist die Mischung aus Spektakel, Musik und Tanz. Er organisiert auf seinem Schiff mit Peitschenhieben ein Amusement. Beim Lesen spürt man intensiv den Widerspruch von Fesseln und Wollust, von Zwang und Rausch und ist geneigt, ihn sozialkritisch zu verstehen (Peters, S. 577 ff.). Unbefriedigend und irritierend an dieser Deutung bleibt aber, daß der Text selbst die Empörung über den Zynismus der Sklavenhändler bei der Darstellung des Spektakels ganz zu vergessen scheint. Warum übersieht Heine hier, daß sein Thema die Versklavung von Menschen durch Menschen ist? »Tanz« ist in Heines Gedichten und Prosa zumeist eine eindeutige Figur sensualistischer Lebensbejahung. Er verbindet Extase, Eros, Verzauberung zu einer »Signatur der menschlichen Existenz überhaupt (v. Wiese, S. 89 f.). Das Bacchantische des außergesellschaftlichen Tanzes, des Tanzes der Elfen und der Willis (der vor der Hochzeit verstorbenen Bräute), signalisiert immer Naturverbundenheit. Der selbstvergessene Tanz der Straßen-Mignon Laurence aus den *Florentinischen Nächten* und der aufreizende der Pomare, der berühmten Pariser Hetäre aus Heines gleichnamiger *Historie*, fügen Raffinement hinzu. Sie mischen Dionysisches mit Artifiziellem und verkörpern das Wiederaufleben der antiken Lebensfreude im modernen Leben (v. Wiese, S. 81–88). Der Tanz erlebt als Körpersprache bei Heine eine Mystifikation. Tanzend erzählt Laurence von ihrer dunklen Vergangenheit. Pomare tanzt und bezaubert wie einst Herodias, »Ihr Auge sprüht wie Blitze des Todes. / Sie tanzt mich rasend – ich werde toll« (DHA 3/1, 154–158). Ihr Tanz verbindet erotische Verführung als kommunikative und eigene Extase als expressive Qualität. Seine Beziehung zum Pariser *Cancan* ist unverkennbar (vgl. *Lutetia*; DHA 13/1,156–158). »Realität« habe dieser Tanz, betont der Paris-Korrespondent Heine. Gallischer Leichtsinn und unbotmäßige Lebenslust hielten sich hier die Waage, die Regeln der Sitte würden überschritten, so daß manchmal die Polizei die Ordnung gewaltsam wiederherstellen müsse. Aber, so resümiert Heine, »das Verbotene reizt eben am süßesten«, das Volk umgeht die Zensur der Wohlanständigkeit, spottet seiner Bewacher, »zeigt, wie weit es die Franzosen in der Freyheit gebracht haben« (DHA 13/1,157).

So verschiedenartig auch Heine ›Tanz‹ in den unterschiedlichen Werken in Poesie oder Prosabeschreibung umsetzt, er entwirft immer die Signatur von Lebenskraft, von Unangepaßtheit, Freiheit und dionysischer Fülle. Das ist in der Tanzdarstellung in *Das Sklavenschiff* nicht anders, aber der Kontext zeigt die Deformation des Tanzes durch Zwang und die Ausbeutung der Lust für ökonomische Interessen. Menschenschindung und erzwungenes Amüsement gehen zusammen. Heine läßt den Wasserfeldscherer seine makabere Problemlösung ausführlich als ›Therapie‹ vortragen. Dadurch erlebt der Leser die Perversion im Augenblick ihrer Genese.

Was Heine als die Ausgeburt eines kranken Hirns ausmalt, war in Wirklichkeit auf Sklaventransportern geläufige Praxis. Man unterstellte eine besondere erotische Ansprechbarkeit und Tanzlust bei der ›Rasse‹ der Schwarzen und nutzte sie aus. Ein Augenzeuge, der Seemann Nettelbeck, berichtet ausführlich von dem Tanz als »munterem Zeitvertreib«, den die Schiffsbesatzung veranstaltete, um die Sklaven »desto gesunder zu erhalten«, und »keine schwermütigen Gedanken aufkommen zu lassen«:

Alles ist dann wie elektrisiert, das Entzücken spricht aus jedem Blick, der ganze Körper gerät in Bewegung, und Verzuckungen, Sprünge und Posituren kommen zum Vorschein, daß man ein losgelassenes Tollhaus vor sich zu haben glaubt. Die Weiber und Mädchen sind indes doch die Versessensten auf dieses Vergnügen, und um die Lust zu vermehren, springen selbst der Kapitän, der Steuermann und die Matrosen mit den leidlichsten von ihnen zuzeiten herum. (Lahnstein, S. 288)

Was Nettelbeck hier sachlich berichtet, wird im zweiten Teil von Heines Ballade rhythmisch inszeniert. Der Tanz der Sklaven entfesselt ein Inferno, gewinnt durch die Darstellung eine erotische Eigendynmaik, betont durch Klang und Rhythmus:

Sie stampfen den Boden mit tobender Lust,
Und manche schwarze Schöne
Umschlingt wollüstig den nackten Genoß –
Dazwischen ächzende Töne.
(II,21–24)

Zuerst war der Tanz unter van Koeks Regie Teil einer mit der Peitsche beherrschten Tortur. Im zweiten Teil aber schlägt er um in die Negation der ausgeübten Gewalt. Ein utopisches Moment ist in diesem tollen »Jauchzen und Hopsen und [Herum-]Kreisen« (II,18 f.) der Körper aufbewahrt, das sich der Deformation durch den beabsichtigten Zweck entzieht. Aus der Zwangsveranstaltung entwickelt Heine eine sensualistische Evokation der faszinierenden Körperlichkeit der schwarzen Sklaven, an der die Händler keinen Anteil haben (Hofrichter, S. 179 ff.). Im Gegenteil, sie sind in diesem Augenblick nur Dienstleister, sie machen den Schwarzen die Kapelle. Angesichts dieser Textbewegung erhält der abschließende Vers »Dazwischen ächzende Töne« (II,24) einen deutlich hervortretenden Doppelsinn. Bezogen auf das Thema ›Unterdrückung‹ meint er Laute des Schmerzes, bezogen auf das Thema ›Tanz‹ solche der Lust.

Beim Tanz klirren die Eisen im Takt. Von Befreiung durch selbstvergessene Bewegung ist nichts zu spüren. Sind aber deshalb »Musik und Tanz hier vollendete Anti-Utopien, heruntergekommen auf die Rolle der ›Anpeitscher‹ in einem nicht endenwollenden Ritornell von Unterdrückung und Gewalt, Gleichnis des Schicksals aller technischen und schönen Künste in einer Gesellschaft, die, in der Alchemie ihrer profitsüchtigen Anwendung, alle Künste in ihr Gegenteil verwandelt«? (Peters, S. 579) Oder ist die Tanzszene auch anders zu lesen, weniger metaphorisch (als Bild der Unterdrückung), sondern genauer, wörtlicher genommen, als Evokation eines durch die gesellschaftliche Deformation nicht zerstörbaren vitalen Körper-Ichs?

Um diese Frage zu klären, muß der Eingang des zweiten Teils der Ballade näher untersucht werden. Da entwirft Heine nicht einfach eine friedliche Meereslandschaft im Stile der romantisierenden Natureingänge seiner *Nordseebilder*, um einen provozierenden Kontrast zur Unterdrückungsszenerie des ersten Teils der Ballade zu gewinnen (Fingerhut, S. 299 f.). Vielmehr erotisiert er die Meereslandschaft nahezu gewaltsam. Er vergleicht die Sterne mit sehnsuchtsvoll blickenden Frauenaugen, fügt an das Substantiv »Woge« in suggestiver Alliteration das Adjektiv »wollüstig« (II,8); er benutzt das Verb »girren« für die Akustik des Wassers bei Windstille. »Wogen« dürfte es bei Windstille erst gar nicht geben. Das alles ist auffällig, und Interpreten haben auch schon sprachliche Nachlässigkeiten geargwöhnt. Aber »Wogen« und »Wollust« bilden zusammen Assonanz und Alliteration, zudem einen eigenen metaphorischen Subtext. Denn man kann von ›wogender Lust‹ und dementsprechend von den ›Wogen der Wollust‹ sprechen. Die Wellenbewegung und die Bewegungen der erotischen Lust stehen als Bilder füreinander ein. Das wollüstige Umschlingen des »nackten Genoß« (II,23), der auch nur »Genoß« heißt, weil das zusätzlich auf »genießen« deutet, und die ächzenden Töne der Schwarzen werden von den Sternen – die man sich romantisch als die »sehnsüchtig glänzend, groß und klug« (II,3 f.) herabblickenden Augen weißer Damen der Oberschicht denken muß, betrachtet. Zwischen dem Himmel und Meer umfassenden romantischen Liebesspiel und der Tanzorgie auf dem Sklavenschiff etabliert Heine die Opposition von Seele und Körper, von Empfindung und Leidenschaft (Foucault, S. 146 ff.). Die spirituelle Erotik (»Sehnsüchtig glänzend, groß und klug / Wie Augen von schönen Frauen«; II,3 f.) ist metaphorisch an die Natur delegiert, die körperliche Erotik (hopsen, kreisen, stampfen, umschlingen) ist an die Negersklaven gebunden. Zwischen beiden gibt es eine Kohärenz zweiter Ordnung. Der Himmel ist ein hohes, blaues Zelt (wenngleich es dunkle Nacht ist und Laternen angesteckt worden sind), die Tänzer und Tänzerinnen sind schwarz. Damit ist die Opposition der spirituellen und der erotischen Liebe im romantischen Diskurs über die semantisch dominierenden Farbkontraste (blaue Augen – schwarze Augen) evoziert. Man kann sich vorstellen, daß die Sterne nicht nur sehnsüchtig auf das wollüstig girrende Meer, sondern ebenso auf das erotische Tanzspektakel blicken, von dem sie ausgeschlossen sind. Wenn es stimmt, daß ein Text auch immer etwas meint, was er nicht sagt, und daß sich das in den unbeachteten Doppelbedeutungen der benutzten Wörter manifestiert, so ist das hier mit der Opposition von Sehnsucht und Lust der Fall (de Man, S. 31–49). Durch diese Anordnung der Aussagen zu Spiritualität ›oben‹ und ›in der Natur‹ und Erotik ›unten‹ und ›zwischen Menschen‹ erscheinen die exotischen Schwarzen sensualistischer, und das heißt lebenskräftiger, spontaner, vitaler, ›natürlicher‹ als die romantische Natur zu sein. Bezogen auf die erste, sozialkritische Lektüre bedeutet das eine Differenzierung des Themas ›Versklavung der Schwarzen‹. Diese Negersklaven besitzen in ihrem Tanz etwas, das Heine bei seiner Beschreibung des Cancan dem Pariser

»Volk« zuerkannt hatte: eine in der menschlichen Sinnlichkeit aufgehobene Naturfreiheit, auf die die »wohlanständige« bürgerliche Gesellschaft mit Neid blickt.

Dritte Lektüre, des Todes Rachen: Archäologisches Interpretieren oder kontingente Verbindungen zur Lebenssituation des Schreibenden

Seit drei Jahren ist Heine ans Bett gefesselt. Er fühlt sich »geistesklar, sogar heiter«, im Herzen »lebensgierig gesund«, aber sein Leib ist »so gelähmt, so makulaturig« (Brief an Campe, 26. April 1848; HSA 22,272 f.). Seine Schmerzen betäubt er mit Opium, so daß ihm oft dumpf davon im Kopf ist. Nur wenn das Bett gemacht wird, setzt ihn die Wärterin kurz in den Sessel. Die Lähmung ergreift auch den Oberkörper, er kann nicht einmal mehr selbst schreiben, dennoch arbeitet er besessen, an den Gedichten des *Romanzero*, an Auftragsarbeiten wie dem *Faust*-Ballett, an der Zusammenstellung der *Lutetia*-Berichte in deutscher und französischer Fassung, er schreibt lange Briefe, um seine Projekte zu befördern. Campe soll unverzüglich mit der ausbedungenen Gesamtausgabe beginnen, damit er sie noch erlebt, aber Campe schweigt zwei lange Jahre. Kolb soll ihm die alten Artikel der *Augsburger Allgemeinen Zeitung* schicken, Cotta Informationen über weitere Artikel aus seinen Geschäftsunterlagen heraussuchen, aber alles geht schleppend. Dazwischen immer wieder Briefe an die Brüder Gustav oder Maximilian, immer geht es um Gemeinheiten der reichen Hamburger Verwandten, um Geld und Dienstleistungen, um falsch angelegtes Kapital und falsche Freunde (vgl. Kraft; Sammons, S. 119–149). Hinzu kommt die ständige Sorge um das verzerrte Bild, das das deutsche Publikum von ihm erhält, weil er nicht energisch genug intervenieren kann, so zum Beispiel die verbreiteten Geschichten über seine »Bekehrung«. Heine mag sich selbst sehr wohl als gefesselt, als gequält und als »Sklave« fühlen (Briegleb). In dieser Zeit läßt er sich zur Entspannung Reisebeschreibungen aus Afrika vorlesen, eine Art Flucht aus der viel zu engen Wohnung in der Rue d'Amsterdam:

> seit 2 Monaten bin ich nicht aus Senegambien und Guinea herausgekommen. Der Überdruß, den mir die Weißen einflößen, ist wohl Schuld daran, daß ich mich in diese schwarze Welt versenke, die wirklich sehr amüsant ist. Die schwarzen Negerkönige machen mir mehr Vergnügen, als unsre heimischen Landesväter, ob sie gleich ebenfalls von Menschenrechten wenig wissen und die Sclaverei als etwas Naturwüchsiges betrachten. (Brief an Georg Weerth, 5. November 1851; HSA 23,148)

Die Erfahrung, wie mit Eisen an den Beinen gefesselt zu sein, die Erfahrung des Eingepferchtliegens in einem dumpfen Raum, die tägliche Erwartung neuer Schmerzen, Krämpfe, Erstarrungen, eines fast beiläufig herbeikommenden Todes, die im *Lazarus* dokumentierten Anwandlungen tiefer Melancholie, auch die Erfahrung mit dem Zynismus von Medizinern, die vielerlei Schmerzhaftes mit seinem Körper anstellen, all das läßt Heine in seinem Gedicht vor sich selbst Revue passieren, wenn er über die im Schiffsbauch gefangenen Neger schreibt. Vor allem der Sadismus des Arztes, der geradezu in Erregung gerät, wenn er von den Haien und dem Zerfleischen der Leichen redet, entspringt Heines eigener Phantasie. Warum aber erfindet er eine Gestalt wie van der Smissen und benutzt sie sowohl als »braver / Kommissär« in *Jammertal* (DHA 3/1, 326 f.) als auch in der *Sklavenschiff*-Ballade? Irene Guy resümiert in ihrer Untersuchung über Sexualität in Heines Lyrik:

> Hier läßt sich nicht eindeutig feststellen, ob die Sinnlichkeit der Darstellung nur ein satirisches Ziel, näm-

> lich die vernichtende Kritik einer als inhuman verstandenen Wissenschaft, verfolgt oder ob die Vorstellung des geschilderten Todes [der Schwarzen durch Enge, Fesselung und Melancholie] die Phantasie des Schreibenden so stark ergriffen hat, daß in der Darstellung Urängste – aber auch Wünsche – mitwirken und sich in der unmittelbaren Lebendigkeit der Verse manifestieren. (Guy, S. 251)

Auch wenn man beim nacherlebten Verschlungenwerden nicht sofort »femininen Masochismus« in Anschlag bringen mag, so bleibt doch die Beobachtung richtig, daß die Haifisch-Digression in mehrfacher Hinsicht intensive Körperempfindungen zur Sprache bringt. Von »Negerfleisch« ist die Rede, von »Kopf, Bein und [Fleisch-]Lappen« (I,55 f.) und von den Fischen als verfolgenden Bestien, die wittern, schnappen, fassen, verschlingen. Die aus der Sicht des Doktors »possierliche« (I,53) Szene erscheint in Heines Beschreibung vielmehr aggressiv, verletzend. Die Irritation des Lesers schlägt sich in einem kritischen Urteil nieder: Die dominante Perspektive des Chirurgius ist durch Sadismus geprägt.

Aber nicht nur der Doktor zieht einen befremdlichen Lustgewinn aus den beiden ausführlichen Beschreibungen des Todes und des Tanzes der Schwarzen, sondern auch der in der Matratzengruft gefesselt daliegende Dichter. Der inszeniert die Beseitigung der Leichen »des Morgens in der Fruhe« (I,44) artistisch als groteske Belustigung über seltene und gesuchte Reime: Heere / Pensionäre; Küste / Fraßgelüste; schnappen / Lappen; Planken / bedanken). So wie der Doktor den Tod der Sklaven hatte er selbst in dem Gedicht *Erinnerung* den Tod des Knaben Wilhelm Wisetzki ironisiert: »O Wilhelm Wisetzki, du starbest so fruhe – / Doch die Katze, die Katz ist gerettet« (DHA 3/1,109). Ist Identifikation im Spiel, so ist es eine sado-masochistische. Genuß wird aus der makabren Komik des eigenen vorauszusehenden Sklaven-Todes im Maul der sich um seine Körper-Fetzen streitenden Haie gezogen. Setzt man für Körper ›Werk‹ und für Haifisch ›Verleger‹, so entsteht die Konstellation, die Heine in seinem *Testament* scherzhaft vorwegnimmt: »Der Kaiser von China, der Rabbi von Posen / Sie sollen beide darum losen« (DHA 2,184 f.).

Den dionysischen Tanz der Schwarzen choreographiert Heine lautlich und rhythmisch suggestiv. Man denke nur an die Binnen-Assonanz Boden – toben, die sich über den Sachkontext »Schiffsplanken« einfach hinwegsetzt, die gehäuft vorkommenden Daktylen. Der Leser muß über der in der Phantasie neu entstehenden Szene das zuvor beschriebene Elend der Schwarzen punktuell vergessen. Andererseits erinnert Heine aber durch die in der Zeilenmitte versteckt eingebaute und vergiftete Reimkorrespondenz von »girren« (der Wogen) und »klirren« (der Fesseln) daran, daß auch in dieser Phantasie-Abschweifung Lust unter dem Primat der Gewalt steht. Wieder zeigen die erhaltenen Varianten an dieser Stelle eine außerordentlich intensive Suche Heines nach der passenden Formulierung: von »gierigen« Haifisch-Heeren ist zuerst die Rede, dann vom Negerfleisch als »Lieblingsspeise«, von »Begier« und »Lust«, dann von »witterndem Gelüst«, vom lockenden »Fraßgelüste«, schließlich vom witternd aufgenommenem Leichengeruch und dem »schnuppernden Fraßgelüste« (DHA 3/2, 1117). Der Variantenreichtum, der nahezu ein Viertel des gesamten Variantenbestandes der Ballade umfaßt, belegt, wie stark Heines Phantasie an dieser Stelle engagiert war. Auch zwischen »verzehren«, »verschlingen« und »verschlucken« kann er sich länger nicht entscheiden. Das erinnert an die Bewältigung eines Alptraums durch das nachfolgende ausführliche Erzählen.

Heine setzt also in seiner Phantasie einer als sadistisch empfundenen Wirklichkeit den erotischen Lustgewinn, der sich ungeachtet der manifesten Gewalt Bahn bricht, als Kontrapunkt entgegen. Die Haifische, bedrohliche Bilder

der bedrohlichen Verfolgung und der tödlichen Aggression, sind desorientiert. Die Musik lockt sie aus blödsinnigem Schlaf, sie sperren den Rachen auf, aber vergeblich. Ihnen fehlt es an musikalischer Sensibilität. Vor Ungeduld beißen sie sich selbst in die Schwänze. Das sieht zunächst aus wie ein bloß groteskes Detail, ist aber – auf der Ebene der erotischen und sadistischen Spannung zwischen Schauder und Euphorie – ein allegorisches Zeichen der Entschärfung. Die Bestien ärgern sich, ein Teil der erwarteten Beute wird ihnen entgehen. Mehr als das: Tanz und Musik bewirken ihre Frustration, und aus dieser heraus verstümmeln sie sich selbst, sie beißen sich selbst oder einander in die Schwänze. Und das geschieht auf dieser Leseebene nicht etwa, weil das zynische Kalkül der Sklavenhändler aufginge, sondern weil da bei den Sklaven ein Überschuß an Lebenslust vorhanden ist, der sich im erotischen Tanz manifestiert und die Bedrohungsmaschinerie der »Pensionäre« des Doktors von der Smissen in Selbstdestruktion treibt.

Sieht Heine in den aufgesperrten Haifischmäulern Präfigurationen von »des Todes Rachen«, so bedeuten der sensualistische Tanz und die Erotik – auch unter den Bedingungen der »als etwas Naturwüchsiges betrachteten« Lebenssklaverei – für ihn ein Hinauszögern, einen Aufschub, einen kleinen Sieg des Lebens (vgl. dagegen Guy, S. 256). Ausgelassenheit als Aufschwung aus tiefer Melancholie, Spektakel, »Musik und Tanz« formen ein lebhaftes Vorstellungsbild, das in der Phantasie des bewegungslos ans Bett Gefesselten aufsteigt. Wenn auch gebrochen durch die distanzierte Perspektive des wissenden Betrachters der Szene, so ist hier durch die Phantasiearbeit einen Augenblick lang das doppelte Sklavesein als Schriftsteller und Kranker vergessen. Der Teufel, der ungeheure Profite aus ihm schlägt, der Verleger und ›Menschenhändler‹ Campe, profitiert davon, daß sein Gefesselter, der arme Lazarus Heine, durch die Einfälle der ihm zuarbeitenden Teufel, der sadistischen Mediziner, etwa der Ärzte Dr. Guby, Dr. Wertheim oder des

Dr. von Bury (vgl. Stern), noch einmal vor dem Selbstmord aus Melancholie (Brief an seinen Bruder Maximilian Heine, 3. Dezember 1848; HSA 22,300 ff.) oder dem Haifischrachen des seit Jahren stets drohenden Todes »in der Fruhe« bewahrt wird. Der erreicht ihn erst später, am 17. Februar 1856, um 5 Uhr morgens.

Weiterführung der Lektüren: Die Berücksichtigung von intertextuellen Bezügen

Je nach Kontextualisierung entstehen unterschiedliche Lektüren; je nach Bezugspunkten der Lektüre entstehen unterschiedliche ›Botschaften‹ des Textes, Sozialkritik oder die schreibende Disziplinierung der »lieben Natur« oder ein Bild der Qual des in der Matratzengruft eingeschlossenen Schreibsklaven. Die Leseweisen widersprechen einander nur teilweise, teilweise sind sie miteinander vereinbar. Die Fülle der Leseweisen, die durch die Kommentierungen der Literaturwissenschaft aufgedeckt sind, stellen uns Materialien bereit, durch deren Kombination wir ständig und selbständig neue und uns persönlich bedeutsame Deutungen entwickeln können. Auch spätere Dichter, die Heine intensiv gelesen haben oder die sich selbst als Heine nahestehend empfinden, verhalten sich ähnlich. Die Reminiszensen und Anspielungen auf Heine in den eigenen Werken zeigen sie als intensive und phantasievolle Leser.

Es ist nicht bekannt, ob Bertolt Brecht an Heines *Sklavenschiff* gedacht hat, als er seine Keuner-Parabel *Wenn die Haifische Menschen wären* (Brecht, S. 394–396) schrieb. Von den Haifischen gibt es aber das Stereotyp, daß sie grausam, gierig und menschenfressend sind, Eigenschaften, die sie den Menschen zugleich ähnlich und verhaßt machen. In Heines Ballade verhalten sich die Haifische genau nach diesem Stereotyp. Van Koek und sein Schiffsarzt, die die Bestien mit den Leichen ihrer Negersklaven füttern, sind, folgt man Brechts Auflösungsanweisungen, selbst menschliche Haie. Denn sie tun genau das, was von Brechts Herrn Keuner an den als Menschen gedachten Haifischen beobachtet wird: sie sind ›nett‹ zu ihren Opfern, sie erheitern sie, sie sorgen dafür, daß sie bei Laune bleiben, damit sie überleben und höheren Profit bringen.

Brecht benutzte die Vergleichsbeziehung Haifisch – Kapitalist, um die Frage der kleinen Tochter seiner Wirtin satirisch zu beantworten: Hinter der Fürsorge und der Bildung, dem Theater und der Religion steckt die zynisch verschleierte Mehrung des eigenen Vorteils und die Stabilisierung der Haifisch-Ordnung durch die dazugehörige Ideologie. Heine hat keinen solchen Vergleich ausgebaut, aber er macht im Text doch deutlich, daß die Haie, die zunächst wie ein exotisches Dekor zur Mittelpassage eines Sklavenschiffs eingeführt zu sein schienen, dem Autor nicht nur als Seefahrt-Motiv, sondern auch als Metapher dienen. Die Fische der Ballade sind nämlich keineswegs nur die blödsinnigen »Bestien« der Meere, sondern die »Pensionäre« des Chirurgius. Sie ›leben‹ von den Sklaven, ganz wie die Sklavenhändler auch, nur eben unmetaphorisch und konkret. Sind sie satt, so »tummeln sie sich vergnügt um des Schiffes Planken« (II,58 f.), ebenso zufrieden wie die beiden christlichen Holländer, wenn ihnen ihre Pläne gelingen; sie bedanken sich für das »Frühstück«, so wie Mynheer van Koek sich im Gebet für ein gelungenes Geschäft bei Gott bedanken wird. Die Haifische der Ballade sind also die ins Bild gesetzten Verhaltensweisen der Schiffsbesatzung. Sie ›zeigen‹ auf der Ebene der Natur, was jene durch ihr Verhalten auf der Ebene des Sozialen bewirken. Das Brechtsche Urteil, das Haifischhafte am Sozialsystem des bürgerlichen Staates könne am natürlichen Haifisch expliziert werden, ist bereits in Heines Gedicht auf der Ebene der metaphorisch zu erschließenden Bedeutung eingezeichnet.

Leonard Forster und Brian Murdoch haben andere intertextuelle Vernetzungen vorgeschlagen: Neben der detaillierten Vergleichsbeziehung der Heineschen Ballade zu Bérangers Anti-Sklavenhandel-Chanson betonen sie die Bindung des Textes an die jüdische Kultur, die Heine gerade im *Romanzero* stark akzentuiert hat, und eine aktualisierende Beziehung zu Paul Celans *Todesfuge* (vgl. Forster; Murdoch). Ihre wichtigsten Beobachtungen lassen sich so zusammenfassen: Wenn Heines Gedicht nicht nur als historisches Dokument einer historisch gewordenen Form der Menschenunterdrückung gelesen werden soll, müssen Bezüge, die der Text selbst enthält, und solche, die er anregt, in die Betrachtung einbezogen werden.

Ein Beispiel für Anspielungen auf ältere Muster der zynischen Unterdrückung ist Heines Reminiszenz an den Psalm 137, der von Israels Exil in Babylon erzählt. Hier werden die Gefangenen gezwungen zu singen: »Denn dort hießen uns singen, die uns gefangen hielten, und in unserm Heulen fröhlich sein: ›Singet uns ein Lied von Zion!‹«

Überraschende Analogien lassen sich bei einer Verbindung der *Sklavenschiff*-Ballade zur Poesie der Gegenwart beobachten: Van Koek sitzt in der Kajüte und rechnet. In Celans berühmtem Gedicht über die Vernichtung der Juden in den Lagern der SS sitzt ein einzelner Mann, der den Tod verfügt, allein in einem Raum und schreibt: »Ein Mann wohnt im Haus der spielt mit den Schlangen, der schreibt«. Den Juden, die ihr Grab schaufeln müssen, befiehlt er »spielt auf nun zum Tanz«. Er »greift nach dem Eisen im Gurt er schwingts«.

Das erzwungene Tanzen und das Musizieren am Rande des Todes (»Streicht dunkler die Geigen dann steigt ihr als Rauch in die Luft«) reicht also als Chiffre von Israel in Babylon zu den Negersklaven in des siechen Juden Heine Gedicht zu der Judenvernichtung durch die Deutschen. Gleichzeitig etabliert sich eine literarische Intertextreihe von den Psalmen über Heine zu Celan und eine ideologische des menschenverachtenden Zynismus und des Profitdenkens von der Sklavenhaltergesellschaft der Babylonier über den

Kapitalismus des neunzehnten Jahrhunderts zum Faschismus des zwanzigsten.

Die sozialkritische Lektüre und die Kontextuierung der Heineschen *Sklavenschiff*-Ballade mit Bérangers Chanson und Brechts Keuner-Parabel akzentuiert Kritik, Empörung, Wunsch nach Veränderung. Die Kontextuierung mit den genannten Texten zum jüdischen Schicksal akzentuiert Trauer und Scham. Beide Kontexte haben ihre spezifischen Referenzpunkte in dem Gedicht Heines. Beide passen zudem zum Autor selbst, zu Heine, dem politisch denkenden Aufklärer des neunzehnten Jahrhunderts, und zu Heine, dem Lazarus, dem geschundenen Juden, auf dem die Hand des »großen Thierquälers« (Brief an Heinrich Laube, 12. Oktober 1850; HSA 23,56) schwer liegt.

Literaturhinweise

Altenhofer, Norbert: Die verlorene Augensprache. Marginalien zum Problem der ›Wirkung‹ Heinescher Texte. In: Diskussion Deutsch 8 (1977) S. 304–317.

Brecht, Bertolt: Geschichten vom Herrn Keuner. In: B. B.: Gesammelte Werke. Bd. 12. Frankfurt a. M. 1967.

Briegleb, Klaus: Schriftstellernöte und literarische Produktivität. Zum Exempel Heinrich Heine. In: Neue Ansichten zu einer künftigen Germanistik. Hrsg. von Jürgen Kolbe. München 1973. S. 121–159.

Fingerhut, Karlheinz: Strukturale Interpretation und die Tätigkeit des Rezipienten. Untersuchungen an Heinrich Heines *Das Sklavenschiff*. In: Diskussion Deutsch 8 (1977) S. 281–304.

Forster, Leonhard: A Note on Celan's *Todesfuge* and Heine's *Das Sklavenschiff*. In: German Life and Letters 24 (1970) S. 95 f.

Foucault, Michel: Sexualität und Wahrheit. Bd. 1: Der Wille zum Wissen. Übers. von Ulrich Raulf und Walter Seitter. Frankfurt a. M. 1983.

Guy, Irene: Sexualität im Gedicht. Heinrich Heines Spätlyrik. Bonn 1984.

Hofrichter, Laura: Heinrich Heine. Biographie seiner Dichtung. Göttingen 1966.

Kraft, Werner: Ein politisches Gedicht. *Das Sklavenschiff*. In: W. K.: Heinrich Heine der Dichter. München 1983. S. 111–126.

Lahnstein, Peter: Report einer ›guten alten Zeit‹. Stuttgart 1970.

Man, Paul de: Allegorien des Lesens. Frankfurt a. M. 1988.

Murdoch, Brian: Poetry, Satire and Slave-Ships: Some Parallels to Heine's *Sklavenschiff*. In: Forum for Modern Language Studies 15 (1979) S. 323–335.

Peters, Paul: Homo absconditus. Zu Heines *Sklavenschiff*. In: Weimarer Beiträge 38 (1992) S. 571–588.

Prochaska, Walter: »Ich nahm den Toten die Eisen ab . . .« Quellenmaterial zu Heinrich Heines Gedicht *Das Sklavenschiff*. In: Deutschunterricht 13 (1960) S. 584–591.

Sammons, Jeffrey L.: Heinrich Heine. Stuttgart 1991. (Sammlung Metzler. 261.)

Stern, Arthur: Heinrich Heines Krankheit und seine Ärzte. In: Heine-Jahrbuch 3 (1964) S. 63–79.

Wiese, Benno von: Das tanzende Universum. In: B. v. W.: Signaturen. Zu Heinrich Heine und seinem Werk. Berlin 1976. S. 67–130.

Würker, Achim: Das Unsagbare sagen. Überlegungen zu Sinn und Funktion der tiefenhermeneutischen Literaturinterpretation. In: Kulturanalysen. Zeitschrift für Tiefenhermeneutik und Sozialisationstheorie 2 (1990) S. 32–62.

Wie langsam kriechet sie dahin,
Die Zeit, die schauderhafte Schnecke!
Ich aber, ganz bewegungslos
Blieb ich hier auf demselben Flecke.

In meine dunkle Zelle dringt
Kein Sonnenstrahl, kein Hoffnungsschimmer;
Ich weiß, nur mit der Kirchhofsgruft
Vertausch ich dies fatale Zimmer.

Vielleicht bin ich gestorben längst;
Es sind vielleicht nur Spukgestalten
Die Phantasien, die des Nachts
Im Hirn den bunten Umzug halten.

Es mögen wohl Gespenster sein,
Altheidnisch göttlichen Gelichters;
Sie wählen gern zum Tummelplatz
Den Schädel eines toten Dichters. –

Die schaurig süßen Orgia,
Das nächtlich tolle Geistertreiben,
Sucht des Poeten Leichenhand
Manchmal am Morgen aufzuschreiben.

ARNOLD PISTIAK

». . . die selbstbewußte Freyheit des Geistes«

Zum Lazarus nannte Heine einen »kleinen Cyclus« von 11 Gedichten, den er am 30. Mai 1854 seinem Verleger Campe zur Aufnahme in seine letzte Gedichtsammlung (*Gedichte. 1853 und 1854*) zusandte. Dieser kleine, eher unauffälligbescheiden anmutende Zyklus ist durch die Dichte seiner motivischen Struktur mit den inhaltlichen Hauptlinien des Heineschen Gesamtwerkes auf mehrfache Weise verknüpft: mit den Gedichten von 1853/54 etwa, mit den drei Bänden *Vermischte Schriften*, innerhalb derer diese Sammlung erschien, aber auch mit dem umfangreicheren Komplex der *Lazarus*-Gedichte aus dem *Romanzero*. Unser Gedicht, das im Zyklus *Zum Lazarus* an der dritten Stelle steht, hat an dieser Verknüpfung keinen geringen Anteil.

Das Gedicht scheint nicht dazu angetan, den Leser vor verzwickte Probleme zu stellen. Jeder weiß doch, daß Heine in seinen letzten Lebensjahren ohne fremde Hilfe kaum sein Bett verlassen konnte – geschweige denn sein Zimmer, dem er selbst die sarkastische Bezeichnung »Matratzengruft« gegeben hatte! Und auch, daß seine Krankheit sich in einer fortschreitenden Lähmung aller Gliedmaßen äußerte, daß er an enormen Schmerzen litt und deshalb von den Ärzten Opiate verabreicht bekam, ist weitgehend bekannt. – Von diesen Lebensbedingungen ist das Gedicht zweifellos mitgeprägt. Der Eindruck der sich kaum bewegenden Zeit, der durch die eigene Bewegungslosigkeit noch schmerzhafter empfunden wird (weder Goethes »allmächtige« noch Hölderlins »reißende« Zeit korrespondieren mit der »schauderhaften Schnecke« des Gedichts; Guy, S. 184); der völlige Verlust der Hoffnung, jemals zu gesunden; der unverhüllte, drastische Ausdruck körperlichen Leidens; die bedrohliche Verklammerung der Motive »das fatale Zimmer«, »dunkle Zelle« und »Kirchhofsgruft« in einer einzigen kurzen Strophe: dies alles dürfen wir wohl als Abbild der wirklichen Lebenssituation Heines ansehen. Zu denken ist hier nicht nur an seine Krankheit im engeren Sinn, sondern auch an das Verhältnis Innen – Außen: von außen dringt nichts in die »dunkle Zelle« herein, kein Hoffnungsschimmer, keine Sonne der Aufklärung noch »Französisch heit'res Tageslicht« (DHA 2,130); und es kommt auch kein »Weib, schön wie der Morgen« (ebd.), um die Sorgen des sterbenden lyrischen Subjekts fortzulächeln. Der Poet lebt in größter Abgeschiedenheit, er ist allein. Was in der Welt geschieht, erreicht den in die Zelle gesperrten Sprecher des Gedichts nicht. Was er denkt, erlebt, erleidet, woran er sich erinnert, macht er mit sich selbst aus.

Insofern spricht hier der Dichter unmittelbar über sich selbst. Denn in der Tat hat er seine späte Poesie mit einer kaum vorstellbaren Energie über Jahre hinweg seinem geschwächten (»toten«) Körper regelrecht abgezwungen – und er hat sich seiner physischen Lage gleichsam bedient, wenn er immer wieder Denken und Fühlen, Gesundheit und Krankheit, Leben und Tod, Sieg und Niederlage, Aktivität und Passivität thematisiert hat. Wir dürfen das Gedicht deshalb wohl als eine poetische Äußerung über wesentliche Umstände des eigenen Spätschaffens ansehen. Jene Bemerkung, die Heine nach dem Zeugnis Alfred Meißners über eigene, vergleichbare Gedichte gemacht hätte, trifft sicher auch auf unser Gedicht zu: »[...] das ist schön, entsetzlich schön! Es ist eine Klage wie aus einem Grabe, da schreit ein Lebendigbegrabener durch die Nacht, oder gar eine Leiche, oder gar das Grab selbst.« (Werner, S. 351)

Gedichte der Agonie also (HSA 23,294); »poésie de l'agonie« (Andler, S. 166), »Lirika umiranija« (Dejč, S. 276), »Gesang aus dem Grab« (Kaufmann, S. 126), »agony of waiting« (Prawer, S. 263), »Gedichte aus der Matratzengruft« (Preisendanz, S. 99), – gewiß wird in den Kontexten solcher Formulierungen jeweils Unterschiedliches akzentuiert, aber im Grunde handelt es sich immer um dieselbe Idee; die aber bedarf der Präzisierung. Denn der Schrei aus dem Grab ist so eindeutig nicht, wie es den Anschein hat.

So ist zu bedenken, daß nicht nur *»Wie langsam kriechet sie dahin«*, sondern nahezu jedes einzelne der Gedichte von 1853/54 das Todesmotiv aufweist; das Nachdenken über Tod und Leben stellt mithin eine der thematischen Hauptlinien dieser Sammlung dar. Was uns Heine bietet, ist ein höchst vielfältiger, facettenreicher Umgang mit dieser Problematik; wir finden da – ich deute nur einige Beispiele an – die Verbindung von Liebe und Tod (*Die Launen der Verliebten*; DHA 3/1,215–217) und die Klage über den Tod im Exil (*Die Libelle*; DHA 3/1,205–207); die Forderung der Unterdrückten nach irdischer Gerechtigkeit (*Laß die heil'gen Parabolen*; DHA 3/1,198) und die unerschrockene Entlarvung der Brutalität einer Obrigkeit, die sich die Erhaltung historisch tradierter Eigentums- und Machtverhältnisse angelegen sein läßt (*Erinnerung aus Krähwinkels Schreckenstagen*; DHA 3/1,227 f.); die sarkastische Zurückweisung von biblisch-religiösen Auferstehungsvorstellungen (*Himmelfahrt*; DHA 3/1,207–210); den auf biblische wie antike Quellen zurückgehenden Aufschrei »Der Tod ist gut, doch besser wär's, / Die Mutter hätt' uns nie geboren« (*Ruhelechzend*; DHA 3/1,185) und den drastischen Einspruch gegen diese Haltung: im *Epilog* (DHA 3/1,236) verteidigt Heine selbst dieses extrem reduzierte Leben als wirkliches irdisches Leben gegenüber dem wirklichen irdischen Tod.

Leben – Tod, Tod – Leben: Betrachten wir das *Lazarus*-Gedicht *»Wie langsam kriechet sie dahin«* unter diesem Gesichtspunkt, isolieren es dabei aber nicht aus seinem Kontext, sondern nehmen jene motivischen Zusammenhänge ernst, die Heine mit Bedacht geschaffen hat, so läßt sich sagen: Diese Lyrik ist wohl auch als ein Gegenstück zu solchen Texten aufzufassen, für die die *Hymnen an die Nacht* (Novalis) beispielhaft stehen können. Keine Todessehnsucht (auch nicht als poetisches Bild), keine Absage an das Grundverständnis einer aufklärerisch akzentuierten Weltsicht, kein biblisch-religiös interpretierbarer Glaube an Auferstehung bzw. Weiterleben nach dem Tode, sondern statt dessen ein uneingeschränktes Bekenntnis zum irdischen Leben.

Fragen wir uns nun, was es mit den im Gedicht beschworenen »Spukgestalten« auf sich hat, so empfiehlt es sich, die erhalten gebliebenen Handschriften Heines heranzuziehen

(DHA 3/2,1141–1146; Nöthlich, S. 61–64). Es handelt sich dabei um drei große Papierbögen; ihre Analyse gestattet es, zumindest folgende Arbeitsstufen anzunehmen: Heine arbeitete ein dreistrophiges Gedicht vollständig im Kopf aus; er schrieb diese drei Strophen eigenhändig auf und begann, sie zu verändern; den veränderten Text schrieb sein Sekretär Reinhardt ab; Heine überarbeitete diese Abschrift und fügte eine Strophe hinzu; er notierte eine neue, nun fünfstrophige Fassung des Gedichts; schließlich veranlaßte er weitere Veränderungen an diesem Text, die wahrscheinlich durch Reinhardt vorgenommen wurden; als endgültige, authentische Fassung ist dann der Erstdruck anzusehen. – Insgesamt gesehen, zielen die Veränderungen insbesondere auf die immer stärkere Entfaltung zweier Motive, die sich in der ersten nachweisbaren handschriftlichen Notierung noch unscheinbar ausnehmen; dort lautet die dritte (ursprünglich letzte) Strophe:

Im Grund bin ich verstorben längst,
Ich träum' nur noch von altem Leben –
Wird's auch in meinem künftgen Bett
Dergleichen tolle Träume geben?

(DHA 3/2,1143)

Während Heine im weiteren Arbeitsprozeß die Frage nach dem »künftgen Bett« völlig fallen ließ, griff er das Traummotiv und das Motiv des Dichters auf, weitete sie aus und verknüpfte sie miteinander. Hieß es zunächst bloß »des Todten Hirn«, so vereinigt die endlich gefundene Lösung gleich mehrere Bestimmungen: zum Dichter selbst (»ich«, »Hirn«, »Schädel eines toten Dichters«, »des Poeten Leichenhand«), zur Art der Produktion (»sucht [. . .] aufzuschreiben«), zur Zeit (»am Morgen«), zur Häufigkeit (»Manchmal«). – In gleicher Weise entwickelte Heine das Traum-Motiv: Aus dem »alten Leben und den tollen Träumen« wurden: »spukend bunter Umzug«, »Spukgestalten«, »Des Heidenthums Gespenster sind's«; und erst danach fand er die endgültige Formel: »Es mögen wohl Gespenster sein, / Altheidnisch göttlichen Gelichters; [...].« Der so entstandene Komplex umfaßt nun die drei letzten Strophen des Gedichts (mithin dessen Hauptteil) und bekommt dadurch eine Dimension, auf die hier nur andeutend hingewiesen werden kann.

Zunächst: Wie die endgültige Gestalt des Gedichts und die Richtung der Umarbeitung des ursprünglichen Entwurfs eindeutig belegen, können wir nicht von einer eingeschränkten schöpferischen Aktivität des Dichters sprechen, wie Sammons meint (»the interesting thing about the persona is the apparent passivity of the creative act [...]«; Sammons, S. 410), sondern vom genauen Gegenteil. Wir haben davon auszugehen, daß auch die lyrischen Texte des späten Heine das Ergebnis höchst intensiver, höchst angestrengter geistiger Tätigkeit sind. Und so ist die lyrische Produktion des »toten Dichters« weder durch Krankheit, Tod noch durch die in »*Es hatte mein Haupt*« erwähnten »Ohnmächtigen Flüche« bestimmt; und wenn sie auch etwas zu tun hat mit »Flennen«, so doch nichts mit »Beten« (ebd.). Was der Poet am Morgen aufschreibt – das, wovon er einiges dann einem langen Überarbeitungsprozeß unterzieht und es anschließend veröffentlicht – das sind die Erinnerungen, Gedanken, Träume des früheren »alten« Lebens, die nachts durch den Kopf des schlaflosen, kranken Dichters ziehen: der ihrer Realität mißtraut (»vielleicht«), sie aber dennoch aufschreibt, daran verbissen arbeitet und uns die ursprünglich-nächtlichen Spukgestalten schließlich als geformte Kunst übergibt. Damit aber spricht das Verspaar aus, was in den *Gedichten. 1853 und 1854* insgesamt nachzulesen ist: nicht das Jüdisch-Christliche bildet deren geistiges Fundament, sondern eben das ›Altheidnisch-Göttliche‹. Denn »altheidnische« Motive treten in gut der Hälfte aller Gedichte auf; zwei Motivfelder dominieren dabei: germanisch-altdeutsche bzw. antik-griechische Geschichte und Mythologie einerseits, deutsche Philosophie andererseits. Das zweite Gedicht (*Im May*; DHA 3/1,186) enthält beispielsweise einen Hinweis auf den »Orkus«; dadurch aber wird die in *Ruhelechzend* (DHA 3/1,185) geäußerte Ansicht, derzufolge das »Paradies« nicht als ein jüdisch-christlich gefaßtes Himmelreich, sondern allgemein als »Grab« aufzufassen ist, aufgenommen und in ›heidnischer‹ Weise abgebogen und radikalisiert. Von hier aus führt eine durchgehende gedankliche Linie zu der großen Rede der weißen Dame im vorletzten Gedicht der Sammlung (*Kobes* I.; DHA 3/1,230 bis 235). Obgleich sie ›eigentlich‹ doch nur ein Gespenst ist, lebt gerade sie ihr »lebendigstes Leben« (DHA 15,39); ihre entschiedene Betonung der Vernunft verweist auf die »gottlose« deutsche Philosophie, die im Gedichtzyklus nicht explizit, sondern nur in Andeutungen verhandelt wird – so, wenn es in der denunziatorischen Rede von »Bürgermeister und Senat« über die »Gottesläugner« heißt:

> Wer sich von seinem Gotte reißt,
> Wird endlich auch abtrünnig werden
> Von seinen irdischen Behörden.
>
> (DHA 3/1,227)

Außerdem bereitet die Rede der weißen Dame das gleichfalls ›heidnisch‹ geprägte Schlußgedicht vor. Dieser großartige *Epilog* – sein letztes Wort lautet »Homeros« – beschließt nicht nur die *Gedichte. 1853 und 1854* (DHA 3/1, 236), sondern er ist das letzte von Heine veröffentlichte Gedicht überhaupt: ein kurzes, unerhört kunstvolles Gebilde, in dem keinerlei Anspielungen auf jüdisch-christliches Gedankengut enthalten sind und in dem die Problematik von Tod und Leben, Krankheit und Gesundheit, von Alltagsleben, Liebe und Kunst unmittelbar verknüpft ist mit der Beschwörung der »alten Heidengötter« (DHA 3/1,180) und mit dem Beharren auf der eigenen poetischen Identität. »Was ist in der Kunst das Höchste?« lesen wir in der *Lutetia* (DHA 14/1,48), und finden dort auch die weitreichende, erstaunliche Antwort: »Das, was auch in allen andren Manifestazionen des Lebens das Höchste ist: die selbstbewußte Freyheit des Geistes.« In ganz ähnlicher Weise werden Leben, Kunst und der ›Geist‹ des Dichters im Gedicht *Die Wahlverlobten* (DHA 3/1,211) miteinander verklammert. Dort wird gefragt, was mit dem Menschen nach dem Tod geschehe. Im Anschluß an das kategorische Urteil: »Die Schönheit ist dem Staub verfallen« folgt die hymnische Entgegensetzung:

> Viel anders ist es mit Poeten;
> Die kann der Tod nicht gänzlich tödten.
> Uns trifft nicht weltliche Vernichtung,
> Wir leben fort im Land der Dichtung, [. . .].

Ganz anders also als dem Leib, ganz anders auch als einer religiös verstandenen immateriellen ›Seele‹ ergeht es dem Geist des Dichters: ›Vergegenständlicht‹ im Kunstwerk und insofern im Gedächtnis der Menschheit festgehalten, kommt ihm ewiges Leben zu: und auch hiervon spricht unser Gedicht.

Insgesamt gesehen, stellt das »Altheidnische« also nicht nur eine wesentliche Seite des gegebenen Gedichts dar, sondern es repräsentiert eine konzeptionelle Grundlinie im Schaffen Heines; sie bestand darin, die poetische Reflexion über verschiedene zentrale thematische Bereiche des Heineschen Denkens demonstrativ mit dem poetischen Rückgriff auf nichtbiblische Bezüge und Motive zu verknüpfen – insbesondere mit Bildern, mit historischen Persönlichkeiten oder mythischen Figuren. Ja, ohne sonderlich zu übertreiben könnte man sagen: Wenn Heine in den Gedichten von 1853/54 über Gott, Religion, Kirche oder Christen spricht, dann handelt es sich zumeist um Religions- und Gesellschaftskritik; verwendet er jedoch ›heidnisches‹ Bildmaterial, so geht es nicht primär um Kritik, sondern um Diskussion und Bekenntnis: einerseits um Fragestellungen, bei denen Heine nicht als Antwortender auftritt, sondern – zumindest partiell – als Suchender (Krankheitsbewältigung,

Wesen der Frau, Tendenz der Weltgeschichte); andererseits um den Vortrag von bekenntnishaft formulierten Grundgedanken der eigenen poetischen Produktion. – Die Gesamtproblematik der Heineschen Bibelrezeption – und hierbei wiederum die Aufnahme und produktive Umarbeitung der *Lazarus*-Motive (Lk. 16,19–31; Joh. 11,1–45; Joh. 12,1–19; Lk. 10,38–42) – hat es allerdings mit beiden zu tun: mit Religions- und Gesellschaftskritik wie mit Diskussion und Bekenntnis.

Mit Blick auf unser Gedicht schreibt Prawer: »Out of opium dreams and nocturnal visions, out of his apprehensions of death and memories of life, out of his physical pain, mental anguish and spiritual resurgence Heine fashioned his greatest and truest poetry« (Prawer, S. 269). Im Lichte des von Heine disponierten ›Altheidnisch-Göttlichen‹ möchte ich diese Bemerkung wie auch vergleichbare Äußerungen anderer Autoren als eine Akzentsetzung betrachten, die Heines Spätwerk einer beengenden Interpretation unterwirft. So wie Hölderlins *Nachtgesänge* bis in unser Jahrhundert hinein immer wieder als Ausdruck der ›Umnachtung‹ des Dichters aufgefaßt wurden, so hat sich ein Umgang mit der späten Lyrik Heines herausgebildet, der sie in durchaus vereinseitigender Weise mit den Stichworten ›Krankheit‹ und ›Tod‹ in Verbindung bringt. Aber selbst unser Gedicht, das häufig genug gleichsam als Kronzeuge dieser Auffassung herangezogen wird, widersetzt sich ihr energisch. Denn so sicher die »schauderhafte Schnecke« als ein Bild für die wirkliche Langsamkeit gesellschaftlicher Entwicklungen verstanden werden kann, die nicht auf Profit- oder Machtverhältnisse, sondern auf die Vermenschlichung des Menschen zielen, so sehr Heine die damit zusammenhängende Rat- und Orientierungslosigkeit des Individuums artikuliert, dessen Ohnmacht und Verzweiflung – so wenig geht das Gedicht darin auf.

Vielmehr enthalten seine ursprüngliche Idee, die von Heine in minutiös-verbissener Arbeit vorgenommenen Veränderungen und schließlich die Anlage und Konzeption des fertigen Textes zugleich ganz andere Gesichtspunkte: Nicht-Aufgeben, Suchen nach neuen Konzeptionen, List, produktiver Umgang auch mit dem ›Alten‹, geistvolles, niemals larmoyantes Nachdenken über Krankheit und Tod. Das *Lazarus*-Gedicht *»Wie langsam kriechet sie dahin«* reflektiert Heines Ringen, ein ironisch-distanziertes und somit souveränes Verhältnis zu seiner jahrelangen Krankheit einzunehmen (»Vielleicht bin ich gestorben längst«); es ist Ausdruck seines Glaubens an die Schöpferkraft des Menschen, und es vermittelt uns schließlich eine authentische Interpretation seines Spätwerkes durch den Poeten selbst: indem es uns signalisiert, daß die wirklichen Wurzeln dieser Dichtung nicht etwa in dem Einverständnis mit den proreligiösen Auffassungen zu suchen sind, die Heine im *Nachwort zum Romanzero* oder in den *Geständnissen* aussprach, sondern in deren Kritik: daß auch seine späten Gedichte dem Bereich entstammen, der als ›altheidnisch-göttliches‹ Gedanken- und Bildmaterial jenes spezifische Medium darstellte, dessen Heine sich immer wieder bediente, um im poetischen Text von dem zu sprechen, was ihm das Wichtigste war – von der Emanzipation des Volkes und von den Grundfragen seines poetischen Selbstverständnisses. So gesehen, belegt das Gedicht, daß Heine mit seiner späten Lyrik nicht, wie Irene Guy meint, aus der Geschichte ausscheidet (Guy, S. 183), sondern vermittels seiner Kunst wie eh und je gerade in der Geschichte sich bewegt.

Literaturhinweise

Andler, Charles: La poésie de Heine. Lyon/Paris [1948].
Dejč, Aleksandr: Poėtičeskij mir Genricha Gejne. Moskau 1963.
Guy, Irene: Sexualität im Gedicht. Heinrich Heines Spätlyrik. Bonn 1984.
Kaufmann, Hans: Gesang aus dem Grab. In: Lesarten. Texte zu Gedichten. Hrsg. von Christian Löser. Berlin/Weimar 1982. S. 126 bis 135.
Nöthlich, Werner: Heines letzte Gedichte. Vorarbeiten zu einer historisch-kritischen Ausgabe. Diss. Köln. Düsseldorf 1963.
Prawer, S. S.: Heine the Tragic Satirist. A Study of the Later Poetry. 1827–1856. Cambridge 1961.
Preisendanz, Wolfgang: Die Gedichte aus der Matratzengruft. In: W. P.: Heinrich Heine. Werkstrukturen und Epochenbezüge. München 1973. S. 99–130.
Sammons, Jeffrey L.: The Elusive Poet. New Haven / London 1969.
Werner, Michael (Hrsg.): Begegnungen mit Heine. Berichte der Zeitgenossen. Bd. 2: 1847–1856. Hamburg 1973.

Die Wanderratten

Es gibt zwei Sorten Ratten
Die hungrigen und satten
Die satten bleiben vergnügt zu Haus,
Die hungrigen aber wandern aus

Sie wandern viel tausend Meilen
Ganz ohne Rasten und Weilen
Gradaus in ihrem grimmigen Lauf
Nicht Wind noch Wetter hält sie auf.

Sie klimmen wohl über die Höhen
Sie schwimmen wohl durch die Seen,
Gar mancher ersäuft oder bricht das Genick,
Die Lebenden lassen die Toten zurück

Es haben diese Käuze
Gar fürchterliche Schnäuze
Sie tragen die Köpfe geschoren egal
Ganz radikal, ganz rattenkahl

Die radikale Rotte
Weiß nichts von einem Gotte.
Sie lassen nicht taufen ihre Brut
Die Weiber sind Gemeindegut.

Der sinnliche Rattenhaufen
Er will nur fressen und saufen,
Er denkt nicht während er säuft und frißt,
Daß unsre Seele unsterblich ist.

So eine wilde Ratze
Die fürchtet nicht Hölle nicht Katze,
Sie hat kein Gut, sie hat kein Geld
Und wünscht aufs neue zu teilen die Welt.

Die Wanderratten, O wehe!
Sie sind schon in der Nähe,
Sie rücken heran, ich höre schon
Ihr Pfeifen, die Zahl ist Legion.

O wehe! wir sind verloren
Sie sind schon vor den Toren!
Der Bürgermeister und Senat,
Sie schütteln die Köpfe und keiner weiß Rat.

Die Bürgerschaft greift zu den Waffen,
Die Glocken läuten die Pfaffen.
Gefährdet ist das Palladium
Des sittlichen Staats, das Eigentum.

Nicht Glockengeläute, nicht Pfaffengebete
Nicht hochwohlweise Senatsdekrete
Auch nicht Kanonen, viel Hundertpfünder,
Sie helfen euch heute, ihr lieben Kinder.

Heut helfen euch nicht die Wortgespinste
Der abgelebten Redekünste.
Man fängt nicht Ratten mit Syllogismen
Sie springen über die feinsten Sophismen

Im hungrigen Magen Eingang finden
Nur Suppenlogik mit Knödelgründen
Nur Argumente von Rinderbraten
Begleitet mit Göttinger Wurst-Zitaten.

Ein schweigender Stockfisch in Butter gesotten
Behaget den radikalen Rotten
Viel besser als ein Mirabeau
Und alle Redner seit Cicero.

Dolf Oehler

Der vergnügte Kommunistenfresser
oder
Jargon der Leidenschaft und List der gereimten Vernunft in der gar schröcklichen Endzeitfabel von den Wanderratten

Norbert Altenhofer zum Gedächtnis

Unter allen Gedichten Heines ist dies das vielleicht umstrittenste. Es handelt von einem welthistorischen Phänomen, das seit dem Fall der Berliner Mauer an Brisanz verloren hat, das aber zur Zeit Heines und weit darüber hinaus von einer geradezu gespenstischen Aktualität gewesen ist: es handelt vom Gespenst des Kommunismus. Von ihm hat der politische Schriftsteller Heine in seinem Pariser Exil vieles geschrieben, ja er hat sogar seinen Triumph prophezeit und sich dieser Prophezeiungen auch noch zu rühmen gewagt; aber nur einmal ist *der Dichter* Heine aufreizend ungeschminkt und dennoch zweideutig wie ein Orakelspruch auf dieses »fürchterliche Thema« (*Vorrede* zu *Lutezia*; DHA 13/1,294), den Kommunismus, diesen prosaischsten aller Gegenstände, zu sprechen gekommen, und dieses Gedicht hat er wohlweislich zu Lebzeiten nicht veröffentlicht: Die *Wanderratten* erschienen erstmals dreizehn Jahre nach Heines Tod; und die Ironie der Geschichte wollte es, daß im selben Jahre 1869, in dem A. Strodtmann das Gedicht in der *Gartenlaube* [!] veröffentlichte, in Paris die großen Zeittexte erschienen, die ebenfalls auf die Revolution von 1848 zurückblickten und Zukünftiges wie die *Pariser Commune* ankündigten: Flauberts *L'Education sentimentale* und Baudelaires *Petits poëmes en prose*. Unter der Rubrik *Zeitgedichte und Fabeln* figurieren die *Wanderratten* inzwischen in den Ausgaben von Heines Werken. In der Tat sind sie beides zugleich: Zeitgedicht und Fabel. Als Zeitgedicht beziehen sie sich auf das, was die Zeit bewegte, auf die Zeichen der Zeit und nicht zuletzt auf die sprachlich-ideologischen Zeichen. Der Bezug auf letztere legt dann auch die Wahl der Fabel als geeignete poetische Form für ein solches Thema nahe, war es doch damals üblich – und das sollte sich bis in unsere Zeit hinein nicht ändern –, den politisch oder religiös Andersdenkenden zu bestialisieren (vgl. Oehler, 1988, S. 27–42). Um ein Heinesches Zeitgedicht, das niemals ganz dunkel hermetisch, meist aber schillernd und hintergründig ist, recht verstehen zu können, genügt es nicht, es bloß in den Kontext der Heineschen Schriften zu stellen, man muß es im größeren Kontext der zeitgenössischen politischen Diskussionen lesen.

In den *Wanderratten* benutzt Heine mit unvergleichlichem Witz und abgründiger Ironie einen Gemeinplatz der Zeit: denjenigen nämlich, der die armen Leute oder die Proletarier oder die Kommunisten als eine Horde von Bestien, als eine einzige Ausgeburt der Hölle darstellt (denn die Bestialisierung geht im allgemeinen mit der Dämonisierung einher). Mit diesem Gemeinplatz hatte er auch in den publizistischen Texten schon gespielt, welche die revolutionären oder gar kommunistischen Gefahren erörterten, die vom hungernden Volke ausgingen, wobei er sein Publikum gern im Ungewissen darüber ließ, wie er selbst es mit dem Kult der Revolution hielt. Was Heine immer wieder den Vorwurf der Frivolität eingetragen hat, war der Umstand, daß er niemals davon Abstand nahm, ideologische Glaubensfragen scherzhaft zu behandeln. Gänzlich abgeschmackt aber mußte es einem überwiegend bürgerlichen Publikum erscheinen, wenn er auf eine Frage, welche man als die eigentliche Gretchenfrage des 19. Jahrhunderts bezeichnen könnte – ›Wie hältst Du's mit der Religion ... des Eigentums?‹ –, zweideutige Antworten erteilte. Aus der Sicht der Besitzenden wie aus der der Besitzlosen war die Frage der ›Neuverteilung der Welt‹ eine Frage auf Leben und Tod, und mit ihr scherzen hieß, mit dem blanken Entsetzen Scherz treiben.

Alle Kommunismus-Passagen im Werk Heines haben einen makaber ironischen Einschlag, es sind Zeugnisse eines aufklärerischen schwarzen Humors. Heines Kunst des schwarzen Humors besonderer Art gipfelt in den *Wanderratten*, die in der Nähe von Swifts *Modest Proposal*, der *Philosophie dans le Boudoir* des Marquis de Sade oder gewisser Prosagedichte Baudelaires anzusiedeln sind (vgl. Oehler, 1979, S. 160 ff. und 1988, S. 293 ff.; der Urahn dieses schwarzen Humors ist kein geringerer als Niccolò Machiavelli, der Begründer der modernen politischen Wissenschaft, den Heine, wie wir seit Bodo Morawe wissen, durchaus studiert und beherzigt hat).

Dieses Gedicht nimmt sowohl im Werk Heines selbst als auch innerhalb der Tradition politischer Lyrik, insbesondere der sozialen Fabel, die im Umkreis der Revolution von 1848 europäische Popularität genoß, eine Sonderstellung ein. Historischer Ausgangspunkt ist eine, nach der Niederschlagung der 48er Revolution noch nicht restlos beschwichtigte, Angst der bürgerlichen Öffentlichkeit vor dem Kommunismus, die Heine schon in den Pariser Berichten der frühen 40er Jahre immer wieder beschworen hatte. Diese Angst, die sich selbst begreift als eine Angst des Zivilisierten vor der reinen Barbarei, vor dem Zugriff des absolut Schmutzigen, hat Heine schon in *Lutezia* ironisch charakterisiert, so als er im Artikel vom 29. Juli 1842 – also am 12. Jahrestag der Revolution von 1830 – den Plan erwähnt, ein napoleonisches Monument des Volkes, die Elefantenstatue, vom Bastilleplatz zu entfernen:

> Aber die Forträumung des Elephanten erregte große Besorgnisse. Es ging nemlich unter dem Volk das unheimliche Gerücht von einer ungeheuren Anzahl Ratten, die sich im Innern des Elephanten eingenistet hätten, und es sey zu befürchten, daß wenn man die große Gypsbestie niederreiße, eine Legion von kleinen aber sehr gefährlichen Scheusalen zum Vorschein käme, die

sich über die Faubourgs Saint-Antoine und Saint-Marceau [die klassischen Pariser Arbeiterviertel] verbreiten würden. Alle Unterröcke zitterten bey dem Gedanken an solche Gefahr, und sogar die Männer ergriff eine heimliche Furcht vor der Invasion jener langgeschwänzten Gäste. Es wurden dem Magistrate die unterthänigsten Vorstellungen gemacht, und in Folge derselben vertagte man das Niederreißen des großen Gyps-Elephanten, der seitdem jahrelang auf dem Bastillenplatze ruhig stehen blieb. Sonderbares Land! wo trotz der allgemeinen Zerstörungssucht sich dennoch manche Dinge erhalten, da man allgemein die schlimmeren Dinge fürchtet, die an ihre Stelle treten könnten! Wie gern würden sie den Ludwig Philipp niederreißen, diesen großen klugen Elephanten, aber sie fürchten Se. Majestät den souverainen Rattenkönig, das tausendköpfige Ungethüm, das alsdann zur Regierung käme [. . .]. Die Bourgeoisie selbst ist ebenfalls [wie ihre »adeligen und geistlichen Feinde«] vom Dämon des Zerstörens besessen, und wenn sie auch die Republik nicht eben fürchtet, so hat sie doch eine instinktmäßige Angst vor dem Communismus, vor jenen düstern Gesellen, die wie Ratten aus den Trümmern des jetzigen Regiments hervorstürzen würden. (DHA 14/1,26 f.)

Das reine Pariser Szenario wird in unserem Gedicht, das aus den letzten Lebensjahren Heines stammen dürfte, in jedem Fall aber ein Nachmärzgedicht ist, topographisch umgeschrieben. Aus den großstädtischen Ratten werden Wanderratten, die von irgendwoher in eine Stadt einfallen, welche atmosphärisch sehr viel mehr an Krähwinkel als an Paris – Lutezia erinnert. Der Ton des Gedichts ist zunächst balladenhaft naiv, als werde es von einem Bänkelsänger vorgetragen. Die Kunst und Künstlichkeit dieser Naivität geht dem Leser erst allmählich auf, im Maße wie die anfangs nur spärlichen Ironiesignale sich häufen und schriller werden.

Welch unheimliche Ironie ist allein schon in der lakonischen Feststellung des Gedichtanfangs verborgen! Als seien Hunger und Sattheit artenspezifische Merkmale, Reichtum und Armut unumstößliche Naturtatsachen! Womöglich noch langsamer tritt auch die Wendung dieses Textes ins Moderne hervor, gewahren wir, daß der Protagonist dieser Fabel nicht mehr ein moralisches Individuum oder ein sozialer Typ ist, sondern die sprach- und gesichtslose Masse an sich. Kommt es in vergleichbaren Fabeln von Äsop, Horaz, La Fontaine oder Luther zu einer Begegnung zwischen der Stadtmaus und der Feldmaus bzw. -ratte, die einander bewirten und miteinander diskutieren, so bleibt hier von der ganzen Behaglichkeit des Vergleichs der reichen Stadtmaus mit dem »armen Feldmeuslin« (Luther) allenfalls noch das »Die satten bleiben vergnügt zu Haus« (3) übrig. Auffälligerweise erzählt diese Fabel keine (erbauliche) Begebenheit – wie die Flucht vor der Katze –, statt dessen schildert sie in der Zeitform des Präsens einen Prozeß, der schließlich grotesk apokalyptische Züge annimmt, so als brächte der Einfall der Wanderratten das christliche Abendland zum Untergehen. Aber just aus dieser tragikomischen Untergangsvision erwächst so etwas wie die Moral der Fabel: der Rat nämlich, es mit den Ratten nicht zum Äußersten kommen zu lassen, sie nicht länger mit Rhetorik abzuspeisen und ihnen wirklich sättigende Nahrung zu geben. Freilich wird auch dieser Rat in komischer Form erteilt, so daß man sich fragen kann, ob es die Fabel mit ihrer Moral wirklich ernst meint oder ob sie den Leser – einen »schweigenden Stockfisch« (53) – nur mit Hohn übergießt.

Nun weiß niemand besser als Heine, daß mit dem Bürger – in Fragen des Eigentums zumal – nicht gut Kirschen essen und nicht zu spaßen ist und daß der deutsche Bürger, der Leser, mit dem er in erster Linie zu rechnen hatte, mit Humor und Ironie ohnehin auf dem Kriegsfuß steht. Mit anderen Worten: Dieses Gedicht ist, wie so viele verwandte Prosatexte Heines, eine Provokation des Bürgers und des

Deutschen, weil es dem biederen Besitzdenken zumutet, seine eigenen Vorstellungen von Gut und Böse im Lichte einer emanzipatorischen Geschichtsauffassung ironisch, aber nichtsdestoweniger ganz radikal, ganz ratzekahl (vgl. V. 16) in Frage stellen zu lassen. Da Heines Ironie jedoch immer wieder Anleihen bei den tiefsten Emotionen derer macht, die er bloßstellt, kann ihre Absicht durchaus im Sinne einer Komplizenschaft mit den primären Adressaten mißverstanden werden, ja sie ist geradezu auf das Mißverständnis hin angelegt. Wer, mit Heine zu reden, eine »instinktmäßige Angst« vor der unermeßlichen und unersättlichen Habgier der Habenichtse empfindet, der hat kein Ohr mehr für die Zwischen- und Untertöne der Ironie, der ist nur allzu geneigt, dem panischen Zeter und Mordio Gehör zu schenken, mit dem Heine vor dem Kommunismus zu warnen sich den Anschein gibt. Mehr noch: Jede Form von ideologischer Befangenheit macht einem derartigen Text gegenüber befangen. Wer von Heine einen Hymnus auf das erhabene Volk erwartet oder einen flammenden Aufruf an die Verdammten dieser Erde, sich zu erheben und ihre Ketten abzuwerfen, den werden diese *Wanderratten* nicht minder befremden als den gottes- und eigentumsgläubigen Wohlstandsbürger. Wer erwartet, daß die Poesie in den Dienst der Revolution tritt, der ist leicht enttäuscht oder gekränkt über das Ausbleiben einer handfesten Botschaft. So wie andererseits der Bürger verletzt ist, wenn seine heiligsten Werte verspottet werden, so haben militante Kommunisten es Heine stark verübelt, daß er die Arbeiterbewegung – und sei es im Scherz – mit einem sinnlichen Rattenhaufen zu vergleichen sich erdreistete. Franz Mehring nannte Heines Idee »nichts weniger als schmeichelhaft«. Wie ein Pariser Freund erzählt, hat die PCF (*Parti Communiste Français*) einmal die *Wanderratten* zu poetischen *personae non gratae* erklärt und Heines Gedicht auf den roten Index gesetzt.

Heute, wo der Kommunismus – Gott oder Gorbi sei Dank! – so gut wie mausetot, wo kein kluger Kopf mehr ideologisch vermauert ist und das »Palladium / Des sittlichen Staats, das Eigentum« (39 f.) unangefochten das Feld behauptet, sind wir endlich in den Stand gesetzt, den Humor und die Ironie dieses köstlichen Gedichts unbefangen zu genießen. Noch Dolf Sternberger genoß ihn mit der Befangenheit eines, der im Kalten Krieg die Werte westlicher Liberalität zu verteidigen hat. Schadenfroh zitiert er am Ende des Einleitungskapitels seiner Monographie über Heine aus dem ganzen Gedicht nur die sechste Strophe (21 bis 24), worin Heine auf höchst komische Art und Weise eine gemeinplätzige Gehässigkeit explodieren läßt:

> Der sinnliche Rattenhaufen
> Er will nur fressen und saufen,
> Er denkt nicht, während er säuft und frißt
> Daß unsere Seele unsterblich ist.

Sternbergers Kommentar hierzu klingt wie eine Fortsetzung des Heineschen Humors mit andern, unfreiwilligen Mitteln, so wie überhaupt der rechten wie linken Rezeptionsgeschichte dieses Textes etwas durch und durch Komisches anhaftet. Komisch sind viele Kommentare in und dank der Verkennung des Komischen, komisch dank dem blutigen Ernst, mit dem sie Heines Spiel in eigene Wissenschaft zu überführen trachten. Doch hören wir Sternbergers enthusiastisches Lob des angeblich zur Besinnung gekommenen Heine:

> Diese und andere Verse aus den späten *Wanderratten*, der grimmigen und in der Tat fürchterlichen Vision vom Triumph des Proletariats [...] sind wie ein Epilog und eine Absage zugleich. Nichts mehr vom göttlichen Menschenrecht. Nichts mehr vom armen Hund Medor [der das Volk von 1830 verkörperte] und seiner vordem sehnlich erhofften Wiederkehr, nichts mehr von diesem symbolisch-anekdotischen Stellvertreter des wahren Volkes. Es zeigt sich jetzt in ganz anderer, nun

> erst eigentlich tierischer Gestalt. Das hohe Eß-Recht von ehedem hat sich in einen niederen Freß-Willen verkehrt. (Sternberger, S. 26)

Ganz offenbar ist hier der fromme Wunsch des Lesers Vater des deutenden Gedankens oder besser der Gedankenlosigkeit, mit der Sternberger sich über den Sarkasmus dieser Verse hinwegsetzt. Denn was sie widerspiegeln, das sind die Ängste von Lesern, die satt zu essen haben, vor der nackten Begehrlichkeit derer, die zu verhungern drohen. Diese Ängste verkleiden sich bekanntlich, sie äußern sich als moralische Entrüstung über das Barbarische, Gott- und Hemmungslose von sogenannten Untermenschen und als Ekel vor deren animalischer Triebhaftigkeit. Mithin ist ein Haufen Ratten das ideale Objekt für die Projektionen der Ängste des gebildeten Besitzbürgertums vor den Massen, denn wenige Säugetiere erregen solches Grauen. Der Ekel, versichert Heine in den *Geständnissen*, sei es, der ihm letztlich zu seiner Bekehrung verholfen habe: »da gingen mir plötzlich die Augen auf, und was ich nicht durch meinen Verstand begriffen hatte, das begriff ich jetzt durch den Geruchssinn, durch das Mißbehagen des Ekels, und mit meinem Atheismus hatte es, gottlob! ein Ende« (DHA 15,30). Umgekehrt kann der Ekel ihm die Kirchenmänner verleiden – man denke an das Ende des Gedichts *Disputazion* des *Romanzero* (DHA 3/1,158–172), in dem übrigens die Christen ihre jüdischen Widersacher aufs Fanatischste bestialisieren, oder an das Ende von *Im Oktober 1849*: »Das heult und bellt und grunzt – ich kann / Ertragen kaum den Duft der Sieger [. . .]« (V. 57 f.; DHA 3/1,119). In den *Wanderratten* bietet gerade der Ekel vor dem hemmungslos Oralen, Sexuellen und Analen der Ratte, die wir mit Tollwut, Pest, Kot und Fäulnis zu assoziieren pflegen, Heine Anlaß zu dem Spott, der namentlich in den Strophen 4 bis 7 auf die Spitze getrieben und in den drei Schlußstrophen zugleich vollendet und mit einer Art praktischer politischer

Gebrauchsanweisung versehen wird. Ironie und Humor der Heineschen Invektiven gegen die Massen bestehen nicht zuletzt darin, daß die Darstellung der Hemmungslosigkeit selbst hemmungslos übertrieben ausfällt, daß die Technik der Übertreibung bewußt das Absurde streift; wie in den Versen: »Es haben diese Käuze / Gar fürchterliche Schnäuze« (13 f.), in denen Heine ein physiognomisches und sprachliches Verwirrspiel treibt. Handelt es sich um Ratten, Menschen oder Vögel, um gefährliche oder nur gar wunderliche Tiere oder Untiere? Sprachspielerische Wortverbiegungen wie »Schnäuze«, »Gemeindegut«, »rattenkahl«, »Hundertpfünder«, »Suppenlogik mit Knödelgründen«, »Göttinger Wurst-Zitate«, komische semantische Chocs, die meist in die Reime verlegt werden, komische Anspielungen auf Ideologisches (»Sie lassen nicht taufen ihre Brut / Die Weiber sind Gemeindegut«, 19 f.), sind ein an sich untrügliches Indiz für die Reflektiertheit der Angst vor den Ratten, die ja, mehr als der Kommunismus als solcher, das eigentliche Thema des Gedichts ist. Oder doch kein untrügliches Indiz? Nichts sei »lächerlicher als das hochmoralische Entsetzen unserer Bourgeois über die angebliche offizielle Weibergemeinschaft der Kommunisten«, befinden Marx und Engels im *Manifest der kommunistischen Partei* (MEW 4,479). Auch in Flauberts *Education sentimentale* finden sich einschlägige Spottpassagen. Diejenigen jedoch, für die jenes »hochmoralische Entsetzen« die Stärke einer »instinktmäßigen Angst« annimmt, laufen leicht Gefahr, die Strophen der *Wanderratten*, die jenes lächerliche Entsetzen vollends der Lächerlichkeit preisgeben, tierisch ernst zu nehmen und Heine zu einem frommen Fanatismus zu beglückwünschen, der doch nur der ironische Widerschein ihres eigenen Spießerfanatismus ist. So der selige Politikprofessor Sternberger, wenn er die Moral des Gedichts im Lichte der Verdammung des »sinnlichen Rattenhaufens« liest, um vergnügt kalauernd zu schließen:

> Das gibt kein Rätsel auf. Wo ist nun die ›Rehabilitierung des Fleisches‹ – einschließlich des Rindfleisches geblieben? Drastisch genug läßt sich die Verwerfung der utopischen Motive an diesen Vokabeln ablesen, es bedarf kaum der umständlichen Erörterung von Heines ›Bekehrung‹ auf dem Elendslager, kaum der Erörterung, was davon Ernst und was neues, letztes geistiges Spiel gewesen sei. (Sternberger, S. 27)

Um Texten wie den *Wanderratten* Gerechtigkeit widerfahren zu lassen, muß der Leser sich Klarheit darüber verschaffen, aus welcher Perspektive sie geschrieben sind. Wer Heine liebt, der möchte freilich, daß er ihm gehöre, das heißt, der unterliegt leicht der Versuchung, Heines Texten die eigene Perspektive zu unterstellen. Auf diesem Umstand aber beruht die Bedingung der Möglichkeit von Heines politischer Dichtung und Schriftstellerei; seine Verstellungskunst ist integraler Bestandteil seiner Politik, die nur Verbreitung finden kann, wenn sie nicht restlos verstanden wird, wie Heine verschiedentlich selbst es erläutert hat, am deutlichsten in der berühmten *Vorrede* zu *Lutezia*. In ihr findet sich auch jenes widerspruchsvolle Plädoyer für den Kommunismus, das Heine bewußt so angelegt hat, daß sein konservatives oder liberales Publikum es als einen Aufschrei der Angst vor den »dunklen Iconoklasten«, die mit ihren »rohen Fäusten« auf das für sie überflüssige Schöne eintrommeln würden, auffassen konnte (DHA 13/1,294). Mit diesem Passus und einem analogen in den *Geständnissen* (DHA 15,29–31) bildet unser Gedicht eine Trias, von thematisch, methodisch und politisch gleichgerichteten Schlüsseltexten, die Heines dichterische Stellung zur sozialen Frage zum Gegenstand haben. Ohne im einzelnen auf die beiden verwandten Prosatexte einzugehen (dazu Oehler, 1977), möchte ich noch einmal versuchen, die strategischen Prämissen jener Texte präzise zu benennen, weil sie die Strategie der *Wanderratten* verstehen helfen.

Nach der Niederlage der revolutionären Bewegungen von 1848 und dem Triumph der Reaktion war der Literatur in ganz Europa ein Maulkorb umgehängt worden in Form einer drastisch verschärften Zensurgesetzgebung. Dergestalt, daß es schlechterdings nicht möglich war, offen und unverblümt für gerechtere Verhältnisse, einen tiefgreifenden sozialen und politischen Wandel einzutreten. (Eine Unmöglichkeit, die übrigens dem Dichter Heine gar nicht so ungelegen kam, zwang sie ihn doch zu immer neuen Kunststükken des Witzes und der Ironie.) Gänzlich undenkbar aber war es, von so etwas Ungeheuerlichem wie »dem schauderhaft nacktesten, ganz feigenblattlosen, communen Communismus« (*Geständnisse*; DHA 15,30) mit Verständnis oder Anteilnahme zu reden. Wenn er es dennoch tat, riskierte Heine damit selbst in seinem Pariser Exil, wo doch traditionell größere Toleranz herrschte als in Preußen, strafrechtliche Verfolgung. Die Öffentlichkeit erwartete nunmehr vom Dichter das Bekenntnis zu dem, was sie selbst hoch und wert hielt. In Paris nicht anders als in ganz Europa wurden die einstigen Tendenzliteraten der Linken still und zahm, und etliche entblödeten sich nicht, als Lobhudler der Sieger aufzutreten. Heine ist, soweit ich sehe, der einzige bedeutende Dichter jener Epoche, der die brennenden politischen Themen des Vormärz nicht wie heiße Kartoffeln fallenläßt, der im Gegenteil das am stärksten Tabuierte unter diesen Themen – den Kommunismus – immer wieder aufgreift. Um dies tun zu können, muß er das Publikum über seinen eigenen Standpunkt beruhigen; gerade er konnte nicht ungestraft als Sympathisant oder Fürsprecher der Roten auftreten. Infolgedessen stellt er ein Ich aus, das seinerseits durch das Debakel der Revolution zur Besinnung gekommen ist – »just in den Tagen des allgemeinen Wahnsinns kam ich selber wieder zur Vernunft« (*Geständnisse*; DHA 15,36) –, das den alten Heidengöttern abgeschworen, ein offenbar inzendiäres Manuskript über die Hegelsche Philosophie dem Feuer überantwortet hat und seitdem eifrig betet, flennt und intensiv die Bibel liest. Virtuos schlägt der bekehrte Heine sich an die einst sündige Brust, virtuos gibt er sich den Anschein einer neuen Bigotterie und ebenso virtuos setzt er in Prosa und Verse um, was er über das Verhältnis des Volkes zu seinen Schmeichlern beobachtet. Er weiß: Nicht anders als das Volk schenkt auch das bürgerliche Publikum Liebe und Vertrauen nur denjenigen, »die den Jargon seiner Leidenschaft reden oder heulen, während es jeden braven Mann haßt, der die Sprache der Vernunft mit ihm spricht, um es zu erleuchten und zu veredeln« (*Geständnisse*; DHA 15,31).

Um unter strengsten Zensurbedingungen das »fürchterliche Thema« des Kommunismus überhaupt anfassen zu können, muß der Dichter den »Jargon der Leidenschaft« des einzig ihm verbliebenen Publikums, des entschieden anti-kommunistischen, »reden oder heulen«, und daher gibt er sich in der *Vorrede* zu *Lutezia* wie in den *Geständnissen* und in den *Wanderratten* als einer, der voller Verständnis ist für den Ekel, das Grauen, die »instinktmäßige Angst« seiner Adressaten vor den Kommunisten als der Verkörperung des schlechthin Bösen. Wenn er auch in den beiden Prosatexten auf ganz eigene künstlerische Gründe für seine Angst hinweist, was diese – sich unentwegt selbst ironisch durchkreuzenden – Passagen nur um so glaubwürdiger erscheinen läßt. Doch beläßt es Heine in keinem dieser Texte bloß bei der Versicherung einer Gleichheit der bewahrenden Leidenschaft bzw. bei der Parodie des erzkonservativen Jargons, vielmehr versucht er, nachdem er das mißtrauische Publikum erst einmal in Sicherheit gewiegt hat, die Sprache der Vernunft dann doch noch zur Geltung zu bringen. Auch in den *Wanderratten* täuscht der Text eine angewiderte Mißbilligung kommunistischer Doktrin und Bräuche vor, um dann mit dem plötzlichen Auftauchen eines Ichs massive Betroffenheit über eine Gefahr zu simulieren, die kurioserweise als unmittelbar bevorstehend und schier unabwendbar vorgestellt wird.

Die Wanderratten, O wehe!
Sie sind schon in der Nähe.
Sie rücken heran, ich höre schon
Ihr Pfeifen, die Zahl ist Legion.

O wehe! wir sind verloren
Sie sind schon vor den Toren!
Der Bürgermeister und Senat,
Sie schütteln die Köpfe und keiner weiß Rat.

Besonders in den Versen 29–34 scheint das »Ich« des Gedichts – man trägt Bedenken, es ›lyrisches Ich‹ zu nennen – sich mit den Bedrohten zu identifizieren, ihre Panik zu teilen. Doch von Vers 35 an schlägt diese Stimmung um und wird zunehmend spöttischer. Das Ich wird zum Zeugen einer absurden Abwehrschlacht, in der die Bürger – und hier gibt es wörtliche Anklänge sowohl an den Paris-Text von 1842 (s. S. 241 f.) als auch an das wohl zeitgleiche Gedicht *Erinnerung aus Krähwinkels Schreckenstagen* (*Gedichte 1853 und 1854*, DHA 3/1,227 f.) – vergeblich mit Kanonen auf Ratten schießen, wobei die witzige Wendung des Verses 43, »Auch nicht Kanonen, viel Hundertpfünder«, an den Kampfruf der Aufständischen des Pariser Juni 1848 erinnert »Du pain ou du plomb!« (»Brot oder Blei!«) und zugleich die nun folgende Moral vorbereitet.

Diese Moral ist keineswegs deckungsgleich mit der kommunistischen Doktrin, wie sie etwa im *Manifest* niedergelegt war, es sind einzig und allein vernunftmäßige, aufklärerische Forderungen, die in den letzten zwei Strophen in unverändert ironischer, komischer Form vorgebracht werden. »Abgelebte Redekünste« werden als sinnlos verabschiedet. Gemeint ist wohl wesentlich die, sei es christlich, sei es republikanisch, vertröstende Brüderlichkeitsrhetorik, über die sich ja auch Baudelaire, Flaubert oder der Russe Alexander Herzen unermüdlich mokiert haben.

Die beiden Schlußstrophen sind witzige, gleichwohl aber

durchaus beherzigenswerte sozialpolitische Maximen, deren Tenor stark an die entsprechenden Passagen aus den *Geständnissen* (»Das Volk [. . .] seine Boßheit kommt vom Hunger; wir müssen sorgen, daß das souveraine Volk immer zu essen habe; sobald allerhöchst dasselbe gehörig gefüttert und gesättigt seyn mag, wird es Euch auch huldvoll und gnädig anlächeln, ganz wie die Andern«; DHA 15,31) oder der *Vorrede* zu *Lutezia* erinnert. In der letzteren schildert Heine im Geständnis-Ton, wie ihn die Stimme der Logik dazu bringe, seiner Angst vor den »rohen Fäusten« Herr zu werden: »Kann ich der Prämisse nicht widersprechen: ›daß alle Menschen das Recht haben zu essen‹, so muß ich mich auch allen Folgerungen fügen [. . .]« (DHA 13/1, 295). Auch diesen Passus hat Heine natürlich mit Finten und Kautelen gespickt, so daß der unschuldige Leser ein Gefühl bekommen kann ähnlich dem, das Goethes Baccalaureus angesichts der Empfehlungen Mephistos befällt: »Mir wird von alledem so dumm / Als ging mir ein Mühlrad im Kopf herum.« – Doch das ändert nichts an der durchschlagenden Logik und letztlichen Stringenz der Heineschen sozialpolitischen Geschichtsphilosophie.

In dem Gedicht selbst bleibt von dem »unheimlichen Grauen«, das die radikalen Rotten dem Sänger angeblich einflößen, am Ende nur noch der Witz übrig, der auf den Kannibalismus dieser Horden anspielt: »Ein schweigender Stockfisch, in Butter gesotten / Behaget den radikalen Rotten [. . .]« Man erinnert sich, daß Heine nur um des Reimes willen den doppelsinnigen Ausdruck Stockfisch im berühmten Caput XII seines *Wintermährchens* durch einen verwandten ersetzt hatte:

Ich bin kein Schaaf, ich bin kein Hund,
Kein Hofrath und kein Schellfisch –
Ich bin ein Wolf geblieben, mein Herz
Und meine Zähne sind wölfisch.

(DHA 4,117)

Im *Wintermährchen* ist, wie man sieht, die Identifikation mit dem Angreifer sehr viel eindeutiger als in den *Wanderratten*, wo sie erst in der Moral zum Ausdruck kommt.

Man hat verschiedentlich darauf hingewiesen, daß eine Betrachtung der Varianten auf dem Bleistiftmanuskript der *Wanderratten* lohnenswert sei (Werner, Hahn u. a.). Bei Betrachtung dieser Lesarten (abgedruckt in DHA 3/2,1434 bis 1438) fällt auf, daß Heine den Fabelcharakter des Gedichts immer stärker eingeschränkt und damit die Deutlichkeit seiner Aussage abgemildert hat. So folgte ursprünglich nach Strophe 10, welche in fast Hegelschen Termini die Gefährdung des Palladiums – das heißt der Schutzgottheit – des sittlichen Staats konstatiert (ein böser Scherz übrigens, der, wie manches andere an diesem Gedicht, an den Zyklus *Révolte* in Baudelaires *Fleurs du Mal* erinnert), eine »Moral«, die dann gestrichen wurde. Auch erwog Heine zeitweise, die Ratten selbst zu Worte kommen zu lassen, in der letzten Strophe hätten sie sagen sollen: »Wir armen Ratten wir begehren« (DHA 3/2,1438), was ein schwerer taktischer und wohl auch ästhetischer Fehler gewesen wäre, denn die Leistung des Gedichts besteht ja nicht zuletzt im Festhalten am Gegensatz zwischen den sprachmächtigen Eigentümern, die ihre Herrschaft mit Hilfe von Syllogismen, Sophismen und demagogischen Feindbildern – wie dem der Ratten – zu sichern suchen, und den sprachlosen Massen, die nur ihrem Hungertrieb gehorchen und nichts anderes können als voranstürmen, fressen, saufen und »pfeifen« (32), also protestieren. (»Rasse Kains, deine Eingeweide / Heulen den Hunger heraus wie ein alter Hund«, heißt es in Baudelaires Gedicht *Kain und Abel*, das die Opposition von Arm und Reich noch, mit Heine zu reden, im Jargon der revolutionären Leidenschaft ausmalt.) Es kam aber damals darauf an, die subversive Moral des Textes im Dunkeln zu lassen, weshalb Heine sowohl die Überschrift »Moral« strich als auch davon absah, am Ende des Gedichts gleichsam persönlich das Vorige zu kommentieren; so ersetzte er ebenfalls das allzu deutliche:

> Was ist zu thun in dieser Noth?
> Ich rath Euch
> (a) stopft mit Brod
> (b) Ihr Herren, stopft mit Brod,
> Mit Fleisch, mit Kuchen sogar
> Die Mäuler der schwarzen Schaar
>
> (DHA 3/2, 1437)

durch die schweigende Stockfisch-Strophe. Der Kunstgriff Heines besteht aber darin, daß der Verdacht, er stelle sich auf die Seite der Armen, der Proletarier oder ähnlicher Parias, gar nicht erst aufsteigen kann, weshalb jeder Appell an Mitgefühl, Mitleid, philanthropisches Handeln unterdrückt wird zugunsten eines humoristischen Lakonismus. Bemerken wir noch, daß am Ende Krähwinkel, Paris und Rom durch den schönen Reim Mirabeau/Cicero, der aufs Originellste mit den vorherigen materialistischen Reimen kontrastiert, zusammengeführt und verdichtet werden.

Müssen wir eigens betonen, daß dieses Zeitgedicht – es war seinerzeit unter der Überschrift »Aus dem Schwanengesange eines deutschen Dichters« erschienen – auch in unserer postkommunistischen Gegenwart von seiner Aktualität wenig eingebüßt hat? Zwar haben die ›satten Ratten‹ unserer westlichen Zivilisation vorerst einen welthistorischen Sieg davongetragen, aber der Hunger ist damit leider nicht aus der Welt und die soziale Frage nach wie vor ungelöst. »Gar fürchterliche Schnäuze« tauchen tagaus, tagein auf unseren Bildschirmen auf, mit immer neuen Physiognomien, bald glatzköpfig, bald langmähnig, einmal uniformiert, dann wieder in Räuberzivil, dann grauenhaft vermummt oder splitternackt schwarz, mit aufgedunsenen Bäuchen oder ausgemergelten Leibern. Die einen gläubig, die anderen gottlos bis zur Raserei, ein bunt anarchisches Gewimmel fäusteschwingender, heulender oder bloß apathischer menschlicher Ungeheuer, die allesamt von nichts anderem träumen, als wie sie an die Fleischtöpfe des einst christlichen Abendlandes gelangen können. Bisweilen gar – wenn das Leben das Fernsehen nachahmt oder einholt – springt das übelriechende Elend uns auf offener Straße an und würde uns liebend gern das so sauer verdiente Geld aus der Tasche ziehen. Als ob wir am Solidaritätszuschlag und der sittlichen Staatsvision von den blühenden Landschaften nicht schon genug zu würgen hätten!

Solange es Hunger gibt, bleibt die Bedrohung durch tierähnliche Hungerleider bestehen und mit ihr die panische Angst der Wohlgenährten. Dies unsentimental bedacht und bedichtet zu haben, ist nicht das geringste Verdienst des satirischen Propheten aus der Matratzengruft.

Literaturhinweise

Fairley, Barker: Heinrich Heine. Eine Interpretation. Stuttgart 1965.

Freund, Winfried: Heinrich Heine. *Die Wanderratten* – Zeitgeschichtlicher Aspekt und dichterische Autonomie. In: Wirkendes Wort 26 (1976) S. 122–132.

Hahn, Karl-Heinz: Aus der Werkstatt Deutscher Dichter. Goethe, Schiller, Heine. Halle (Saale) 1963.

Hinderer, Walter: Die Suppe der Nützlichkeit oder Mit Speck fängt man Ratten. In: Geschichte im Gedicht. Texte und Interpretationen. Protestlied, Bänkelsang, Ballade, Chronik. Hrsg. von Walter Hinck. Frankfurt a. M. 1979. S. 120–127.

Marx, Karl / Engels, Friedrich: Werke. Hrsg. vom Institut für Marxismus – Leninismus beim ZK der SED. 42 Bde. und 2 Erg.-Bde. Berlin 1956 ff. [Zit. als: MEW.]

Morawe, Bodo: List und Gegenlist: Heinrich Heine als politischer Schriftsteller. In: Euphorion 82 (1988) S. 281–315.

Oehler, Dolf: Pariser Bilder 1 (1830–1848). Antibourgeoise Ästhetik bei Baudelaire, Daumier und Heine. Frankfurt a. M. 1979.

– Ein Höllensturz der Alten Welt. Zur Selbsterforschung der Moderne nach dem Juni 1848. Frankfurt a. M. 1988.

Oehler, Dolf: Heines Genauigkeit. Und zwei komplementäre Stereotypen über das Wesen der proletarischen Massen. In: Diskussion Deutsch 35 (1977) S. 250–271.

Opitz, Alfred: »Adler« und »Ratte«. Schriftstellerisches Selbstverständnis und politisches Bewußtsein in der Tiermetaphorik Heines. In: Heine-Jahrbuch 20 (1981) S. 22–54.

Sternberger, Dolf: Heinrich Heine und die Abschaffung der Sünde. Hamburg/Düsseldorf 1972.

Werner, Michael: Noch einmal: Heines *Wanderratten*: zur Interpretation einer Handschrift. In: Jahrbuch für Internationale Germanistik. Reihe A: Kongreßberichte. Bd. 9. Bern / Las Vegas 1979. S. 286–301.

Bibliographische Hinweise

Textnachweise

Die abgedruckten Texte sind mit einer Abweichung folgender Ausgabe entnommen:

Heinrich Heine: Gedichte. Hrsg. von Bernd Kortländer. Stuttgart: Reclam, 1993.

»Das ist der alte Märchenwald« wird zitiert nach:

Heinrich Heine. Buch der Lieder. Hrsg. von Bernd Kortländer. Stuttgart: Reclam, 1990 [u. ö.].

Ausgaben

Heinrich Heine: Sämmtliche Werke. Hrsg. von Adolf Strodtmann. 21 Bde. Hamburg: Hoffmann & Campe, 1861–66. 2 Suppl.-Bde. Ebd. 1869. 1884.

Heinrich Heine: Sämmtliche Werke. Hrsg. von Ernst Elster. Krit. durchges. und erl. Ausg. 7 Bde. Leipzig: Bibliographisches Institut, 1887–90. Nachdr. Leipzig/Wien [1893]. Bd. 1–4. 2. Aufl. 1925.

Heinrich Heine: Sämtliche Werke. Unter Mitw. von Jonas Fränkel, Ludwig Krähe, Albert Leitzmann und Julius Petersen hrsg. von Oskar Walzel. 10 Bde. und Reg.-Bd. Leipzig: Insel-Verlag, 1910 bis 1920.

Heinrich Heine: Werke und Briefe in 10 Bdn. Hrsg. von Hans Kaufmann. Berlin/Weimar: Aufbau-Verlag, 1961–64.

Heinrich Heine: Sämtliche Schriften. Hrsg. von Klaus Briegleb. 6 Bde. München: Hanser, 1968–76.

Heinrich Heine: Säkularausgabe. Werke, Briefwechsel, Lebenszeugnisse. Hrsg. von den Nationalen Forschungs- und Gedenkstätten der klassischen deutschen Literatur in Weimar und dem Centre National de la Recherche Scientifique in Paris. Bd. 1 ff. Berlin/Paris: Akademie-Verlag / Ed. du Centre National de la Recherche Scientifique, 1970 ff. [Zit. als: HSA.]

Heinrich Heine. Historisch-kritische Gesamtausgabe der Werke. Hrsg. von Manfred Windfuhr. Bd. 1 ff. Hamburg: Hoffmann & Campe, 1973 ff. [Zit. als: DHA.]

Hinweise zur Sekundärliteratur

Auswahl; Interpretationen einzelner Gedichte sind nicht berücksichtigt. Siehe dazu die Literaturangaben zu den einzelnen Beiträgen sowie die vorliegenden Bände der Heine-Bibliographie (bis 1982) bzw. die laufenden Bibliographien im Heine-Jahrbuch.

Allgemeine einführende Literatur

Höhn, Gerhard: Heine-Handbuch. Zeit, Person, Werk. Stuttgart 1987.

Sammons, Jeffrey L.: Heinrich Heine. Stuttgart 1991. (Sammlung Metzler. 261.)

Zur Lyrik allgemein

Adorno, Theodor W.: Die Wunde Heine. In: Th. W. A.: Noten zur Literatur I. Frankfurt a. M. 1958. S. 144–152.

Brandt, Helmut: Geschichtsbewußtsein und Poesie. Zum literarhistorischen Charakter der Lyrik Heinrich Heines. In: Heinrich Heine. Streitbarer Humanist – und volksverbundener Dichter. Hrsg. von Wolfgang Becker [u. a.]. Weimar 1973. S. 78–108.

Brummack, Jürgen: Heines Entwicklung zum satirischen Dichter. In: Deutsche Vierteljahrsschrift für Literaturwissenschaft und Geistesgeschichte 41 (1967) S. 98–116.

Geißler, Rolf: Heine, der Dichter. In: Literatur für Leser 1 (1991) S. 46–62.

Perels, Christoph: »Wahlverwandte Farbtöne«. Heinrich Heines Lyrik im Licht seiner Schrift *Französische Maler*. In: Jahrbuch des Freien Deutschen Hochstiftes (1991) S. 179–206.

Prawer, S. S.: Heine the Tragic Satirist. A Study of the Later Poetry 1827–1856. Cambridge 1961.

Reeves, Nigel: Heinrich Heine. Poetry and politics. Oxford 1974.

Zum *Buch der Lieder*

Altenhofer, Norbert: Ästhetik des Arrangements. Zu Heines *Buch der Lieder*. In: Heinrich Heine. Hrsg. von Heinz Ludwig Arnold. 4., völlig veränd. Aufl. München 1982. (Text+Kritik. 18/19.) S. 16 bis 32.

Bianchi, Danilo: Die unmögliche Synthese. Heines Frühwerk im Spannungsfeld von petrarkistischer Tradition und frühromantischer Dichtungstheorie. Bern [u. a.] 1983.

Destro, Alberto: Das *Buch der Lieder* und seine Leser. Die Prämissen einer mißlungenen Rezeption. In: Zu Heinrich Heine. Hrsg. von Luciano Zagari und Paolo Chiarini. Stuttgart 1981. S. 59–73.

Fingerhut, Karlheinz: Heines *Buch der Lieder*. Ein didaktischer Aufriß mit Materialien zu Kontexten. In: Heinrich Heine: *Buch der Lieder*. Materialien Deutsch. Stuttgart 1991. S. 1–96.

Klußmann, Michael: *Auf Flügeln des Gesangs*. Heines *Buch der Lieder* im Spiegel des Kunstliedes. In: Heinrich Heine: *Buch der Lieder*. Materialien Deutsch. Stuttgart 1991. S. 97–105.

Kortländer, Bernd: Poesie und Lüge. Zur Liebeslyrik des *Buchs der Lieder*. In: Heinrich Heine. Ästhetisch-politische Profile. Hrsg. von Gerhard Höhn. Frankfurt a. M. 1991. S. 195–213.

Lüdi, Rolf: Heinrich Heines *Buch der Lieder*. Poetische Strategien und deren Bedeutung. Frankfurt a. M. 1979.

Mayser, Erich: H. Heines *Buch der Lieder* im 19. Jahrhundert. Stuttgart 1978.

Ochsenbein, Wilhelm: Die Aufnahme Lord Byrons in Deutschland und sein Einfluß auf den jungen Heine. Bern 1905. Nachdr. Hildesheim 1975.

Perraudin, Michael: Heinrich Heine. Poetry in Context. A Study of *Buch der Lieder*. Oxford [u. a.] 1989.

Prawer, S. S.: Heine. *Buch der Lieder*. London 1960.

Rose, William: The early Love Poetry of Heinrich Heine. An Inquiry into Poetic Inspiration. Oxford 1962.

Windfuhr, Manfred: Heine und der Petrarkismus. Zur Konzeption seiner Liebeslyrik. In: Jahrbuch der Deutschen Schillergesellschaft 10 (1966) S. 266–285.

Zu den *Neuen Gedichten*

Grab, Walter: Heinrich Heine als politischer Dichter. Heidelberg 1982. Überarb. und erw. Aufl. Frankfurt a. M. [u. a.] 1992.

Hasubek, Peter: Heinrich Heines *Zeitgedichte*. In: Zeitschrift für deutsche Philologie 91 (1972). Sonderh.: S. 23–46.

Hermand, Jost: Erotik im Juste Milieu. Heines *Verschiedene*. In: Heinrich Heine. Artistik und Engagement. Hrsg. von Wolfgang Kuttenkeuler. Stuttgart 1977. S. 86–104.

Hermand, Jost: Vom *Buch der Lieder* zu den *Verschiedenen*. Heines zweimalige Partnerverfehlung. In: Heinrich Heine. Ästhetisch-politische Profile. Hrsg. von Gerhard Höhn. Frankfurt a. M. 1991. S. 214–235.

Hinck, Walter: Ironie im Zeitgedicht Heines. Zur Theorie der politischen Lyrik. In: Internationaler Heine-Kongreß Düsseldorf 1972. Hrsg. von Manfred Windfuhr. Hamburg 1973. S. 81–104.

Hooton, Richard Gary: Heinrich Heine und der Vormärz. Meisenheim 1978.

Möller, Irmgard: Historische Bezüge in Heines *Zeitgedichten*. In: Impulse 1 (1978) S. 232–259.

Oesterle, Günther: Heinrich Heines Tannhäusergedicht – eine erotische Legende aus Paris. Zur Entstehung eines neuen lyrischen Tons. In: Signaturen – Heinrich Heine und das 19. Jahrhundert. Hrsg. von Rolf Hosfeld. Berlin 1986. S. 6–49.

Peters, George F.: Heine's *Buch des Unmuts*. In: Monatshefte 68 (1976) S. 248–256.

Sammons, Jeffrey L.: »Der prosaisch bombastischen Tendenzpoesie hoffentlich den Todesstoß geben«: Heine and the Political Poetry of the Vormärz. In: The German Quarterly 51 (1978) S. 150–159.

Zu *Romanzero* und *Gedichte. 1853 und 1854*

Bark, Joachim: »Versifiziertes Herzblut«. Zu Entstehung und Gehalt von Heines Romanzero. In: Wirkendes Wort 36 (1986) S. 86 bis 103.

Betz, Albrecht: Heinrich Heines *Romanzero*. In: Meisterwerke der Weltliteratur. Ringvorlesung der Philosophischen Fakultät der RWTH Aachen. Hrsg. von Helmut Siepmann und Frank-Rutger Hausmann. Vorl. 3: Von Augustinus bis Heinrich Mann. Bonn 1989. S. 232–254.

Guy, Irene: Sexualität im Gedicht. Heinrich Heines Spätlyrik. Bonn 1984.

Koopmann, Helmut: Heines *Romanzero*: Thematik und Struktur. In: Zeitschrift für deutsche Philologie 97 (1978) Sonderh. S. 51 bis 76.

Kruse, Joseph A.: Heinrich Heine – der Lazarus. In: Heinrich Heine. Ästhetisch-politische Profile. Hrsg. von Gerhard Höhn. Frankfurt a. M. 1991. S. 258–275.

Lefebvre, Jean-Pierre: Die Krise der Geschichtsphilosophie im Syl-

logismus des *Romanzero*. In: J.-P. L.: Der gute Trommler. Heines Beziehung zu Hegel. Hamburg 1986. S. 125–143.
Preisendanz, Wolfgang: Die Gedichte aus der Matratzengruft. In: W. P.: Heinrich Heine. Werkstrukturen und Epochenbezüge. München 1973. S. 99–130.
Zagari, Luciano: »Das ausgesprochene Wort ist ohne Scham«. Der späte Heine und die Auflösung der dichterischen Sprache. In: Zu Heinrich Heine. Hrsg. von Luciano Zagari und Paolo Chiarini. Stuttgart 1981. S. 124–140.

Die Autoren der Beiträge

Werner Bellmann

Geboren 1940. Studium der Germanistik und Geschichte in Köln. Dr. phil. Professor für Neuere deutsche Literaturwissenschaft an der Bergischen Universität – GH Wuppertal.

Publikationen: Erläuterungen und Dokumente: Gerhart Hauptmann. *Der Biberpelz.* 1978. – Erläuterungen und Dokumente. Heinrich Heine. *Deutschland. Ein Wintermärchen.* 1980. – Erläuterungen und Dokumente. Thomas Mann. *Tonio Kröger.* 1983. – Erläuterungen und Dokumente. Gerhart Hauptmann. *Die Ratten.* 1990. – (Hrsg.) Clemens Brentano: Sämtliche Werke und Briefe. Hist.-krit. Ausg. Bd. 16: *Godwi.* 1978. – (Hrsg.) Heinrich Heine: *Deutschland. Ein Wintermärchen.* 1979. – (Hrsg.) Hugo von Hofmannsthal: Sämtliche Werke. Krit. Ausg. Bd. 16.1: *Der Turm.* 1990. – (Hrsg.) Heinrich Böll: *Der Engel schwieg.* 1992. – (Hrsg.) Das Werk Heinrich Bölls. Bibliographie mit Studien zum Frühwerk. 1995. – Aufsätze zu Brentano, Heine, Hauptmann, Hofmannsthal und Böll.

Karlheinz Fingerhut

Geboren 1939. Studium der Germanistik, Romanistik, Philosophie in Münster, Besançon und Bonn. Dr. phil. Professor für Deutsche Literatur und Literaturdidaktik an der Pädagogischen Hochschule Ludwigsburg.

Publikationen: Die Funktion der Tierfiguren im Werke Franz Kafkas. Offene Erzählgerüste und Figurenspiele. 1969. – Das Kreatürliche im Werke Rainer Maria Rilkes. Untersuchungen zur Figur des Tieres. 1970. – Standortbestimmungen. Vier Untersuchungen zu Heinrich Heine. 1971. – (Mitverf.) Politische Lyrik. 1972. ^{3}1981. – Kafka, Klassiker der Moderne. 1981. ^{2}1983. – (Mitverf.) Liebeslyrik. 1983. ^{2}1986. – (Mitverf.) Naturlyrik. 1984. ^{2}1988. – Heine der Satiriker. 1991. – Heinrich Heine. *Deutschland. Ein Wintermärchen.* Grundlagen und Gedanken zum besseren Verständnis. 1992. – (Mithrsg.) Diskussion Deutsch. 1985 ff. – Aufsätze zu Fragen der Literaturdidaktik, zu Heine und Kafka.

Jan-Christoph Hauschild

Geboren 1955. Studium der Germanistik und Geschichte in Düsseldorf. Dr. phil. Wissenschaftlicher Mitarbeiter des Heinrich-Heine-Instituts Düsseldorf und freier Autor.

Publikationen: Georg Büchner. Studien und neue Quellen zu Leben, Werk und Wirkung. 1985. – Die kleine Alltagswelt und das Universum der Zahlen. 1990. – Georg Büchner in Selbstzeugnissen und Bilddokumenten. 1992. – Georg Büchner. Biographie. 1993. – Grenzgänger. Der Schriftsteller Werner Steinberg. 1993. – (Hrsg.) Oder Büchner. Eine Anthologie. 1988. – (Bearb.) Heinrich Heine: Shakespeares Mädchen und Frauen und Kleine literaturkritische Schriften. 1993. – (Hrsg.) Georg Büchner: Briefwechsel. Krit. Studienausg. 1994.

Gerhard Höhn

Geboren 1939. Studium der Literaturwissenschaft und Philosophie in München, Bonn und Paris. Dr./Univ. Paris. Freie wissenschaftliche und publizistische Tätigkeit in Barbizon, Frankreich.

Publikationen: Heine-Handbuch. Zeit, Person, Werk. 1987. – Heinrich Heine. Un intellectuel moderne. 1994. – (Mithrsg.) Henri Heine: De la France. 1994. – (Hrsg.) Heinrich Heine. Ästhetisch-politische Profile. 1991. – Aufsätze und Beiträge in dt. und frz. Sprache zur Kritischen Theorie, politischen Romantik der 20er Jahre und aktuellen französischen Philosophie; zu Kant, Fr. H. Jacobi, Hegel, Fr. Schlegel, Heine, Brecht und Adorno.

Jocelyne Kolb

Geboren 1951. Studium der Germanistik in New Haven, Connecticut, USA. Ph. D. Professor of German Studies am Smith College in Northampton (Mass., USA).

Publikationen: The Ambiguity of Taste: Freedom and Food in European Romanticism. 1995. – Aufsätze zu Heine, E. T. A. Hoffmann, Goethe und Diderot, Thomas Mann, Literatur und Musik.

Bernd Kortländer

Geboren 1947. Studium der Germanistik, Pädagogik, Philosophie und Romanistik in Münster und Freiburg i. Br. Dr. phil. Stellvertretender Direktor des Heinrich-Heine-Instituts Düsseldorf.

Publikationen: Annette von Droste-Hülshoff und die deutsche Literatur. Kenntnis – Beurteilung – Beeinflussung. 1978. – (Hrsg.) Heinrich Heine: *Atta Troll.* Ein Sommernachtstraum. 1983. – (Mithrsg.) Interferenzen. Deutschland und Frankreich. Literatur – Wissenschaft – Sprache. 1983. – (Mithrsg.) Französische Literatur in deutscher Sprache. Eine kritische Bilanz. 1985. – (Mithrsg.) Das Junge Deutschland. 1986. – (Hrsg.) Heinrich Heine: *Buch der Lieder.* 1990. – (Hrsg.) Heinrich Heine: Gedichte. Auswahl. 1993. – (Hrsg.) Heinrich Heine: Sämtliche Werke. Bd. 2: Dramen, Kleine Schriften, Reisebilder. 1994. – (Hrsg.) Annette von Droste-Hülshoff. Hist.-krit. Ausg. Bd. 2: Gedichte aus dem Nachlaß. 1994/95. – (Hrsg.) Literatur von nebenan. Autoren aus dem Gebiet des heutigen Nordrhein-Westfalen. 1900–1945. 1995. – (Mithrsg.) Nationale Grenzen und internationaler Austausch. Literatur – Geschichtsschreibung – Wissenschaft. 1995. – Aufsätze zur deutschen Literatur des 19. und 20. Jhs.; zum Literaturtransfer zwischen Deutschland und Frankreich.

Joseph A. Kruse

Geboren 1944. Studium der Germanistik, Geschichte und kath. Theologie in Bonn. Dr. phil. Direktor des Heinrich-Heine-Instituts und Honorarprofessor an der Heinrich-Heine-Universität in Düsseldorf.

Publikationen: Heines Hamburger Zeit. 1972. – Heinrich Heine. Leben und Werk in Texten und Bildern. 1983, [2]1992. – Heine und Düsseldorf. 1984. – Denk ich an Heine. Biographisch-literarische Facetten. 1986. – Heinrich-Heine-Institut. 1991. – Heines Provinz Lüneburg / Heine als Theologe. 1994. – (Hrsg.) Heine-Jahrbuch. 1977 ff. – (Hrsg.) Veröffentlichungen des Heinrich-Heine-Instituts. 1977 ff. – (Hrsg.) Heine-Studien. 1978 ff. – (Mithrsg.) Wer wird nicht einen Dichter loben? Literatur – Verständnis und Vermittlung. Anthologie für W. Gössmann. 1991. – (Hrsg.) Heinrich-Heine-Institut. Archiv, Bibliothek, Museum. 1992 ff. – Aufsätze zu

Friedrich Spee und Joachim Neander, Lessing, Immermann, Börne, Heine, Büchner, Vormärz, Robert Schumann, Felix Mendelssohn, Rilke, Rose Ausländer und zu Beständen des Heine-Instituts.

Dolf Oehler

Geboren 1943. Studium der Romanistik, Germanistik und Philosophie in Frankfurt a. M. und Tübingen. Dr. phil. Professor für Vergleichende Literaturwissenschaft an der Universität Bonn.

Publikationen: Pariser Bilder I (1830–1848). Antibourgeoise Ästhetik bei Baudelaire, Daumier und Heine. 1979. – Ein Höllensturz der Alten Welt. Zur Selbsterforschung der Moderne nach dem Juni 1848. 1988. – Zahlreiche Aufsätze zur Literatur und Ästhetik der Moderne, Übersetzungen von Baudelaire, Sartre und Marthe Robert.

Michael Perraudin

Geboren 1950. Studium der Germanistik, Romanistik und Niederlandistik in Cambridge, Freiburg i. Br., Amsterdam. Ph. D. Senior Lecturer in German Studies an der Universität Birmingham, Großbritannien.

Publikationen: Heinrich Heine: Poetry in Context. A Study of *Buch der Lieder.* 1989. – Aufsätze zu Kleist, Eichendorff, Heine, Büchner, Mörike, Storm, Böll.

Paul Peters

Geboren 1954. Studium der Germanistik und Philosophie in Berlin. Dr. Phil. Dozent für deutsche Philologie an der McGill University, Montréal, Kanada.

Publikationen: Heinrich Heine »Dichterjude«: Die Geschichte einer Schmähung. 1990. – Aufsätze zu Heine, Kafka, Brecht, Celan.

Arnold Pistiak

Geboren 1941. Studium der Musikwissenschaft und Germanistik in Berlin. Dr. phil. Wissenschaftlicher Mitarbeiter an der Universität Potsdam.

Publikationen: Aufsätze zu Fürnberg und Heine.

Frieder Reininghaus

Geboren 1949. Studium der Musik, Musikwissenschaft, Germanistik und Soziologie in Stuttgart, Tübingen und Berlin. Lebt als Kulturkorrespondent und Publizist in Köln.

Renate Stauf

Geboren 1949. Studium der Germanistik und Geschichte in Gießen. Dr. phil. Wissenschaftliche Assistentin an der Technischen Universität Berlin.

Publikationen: Justus Mösers Konzept einer deutschen Nationalidentität. Mit einem Ausblick auf Goethe. 1991. – Aufsätze: »Sensibilität und Innerlichkeit in der Erzählprosa der siebziger Jahre (Botho Strauß und Karin Struck)« (1989); »Justus Mösers ›Arminius‹« (1989); »Zeitgeist und Nationalgeist bei Heine, Börne und dem Jungen Deutschland« (1993); »Nationale Identitätsmythen bei Möser und Winckelmann« (1995); »Literarische und philosophische Entwürfe des Weiblichen zwischen Aufklärung und Sturm und Drang« [im Druck].

Michael Werner

Geboren 1946. Studium der Germanistik, Romanistik, Geschichte in Freiburg i. Br., München, Bonn. Dr. phil. Directeur d'études an der Ecole des Hautes Etudes en Sciences Sociales in Paris, Leiter des dortigen Deutschland-Zentrums.

Publikationen: Begegnungen mit Heine. Berichte der Zeitgenossen. 1973. – Genius und Geldsack. Zum Problem des Schriftstellerberufs bei Heine. 1978. – (Hrsg.) Cahier Heine. 1975. 1981. 1983. – (Mithrsg.) Heine in Paris 1831–1856. 1981. – (Mithrsg.) Leçons d'écriture. Ce que disent les manuscrits. 1985. – (Mithrsg.) Edition et manuscrits. Probleme der Prosa-Edition. 1986. – (Mithrsg.) Wolfgang Strähl: *Briefe eines Schweizers aus Paris* 1833–1836. Neue Dokumente zur Geschichte der frühproletarischen Kultur und Bewegung. 1988. – (Hrsg.) Transferts. Relations interculturelles franco-allemandes (XVIIIe–XIXe siècle). 1988. – (Hrsg.) Lettres d'Allemagne. Victor Cousin et les hégéliens. 1990. – (Hrsg.) Philologiques I. Contribution à l'histoire des disciplines littéraires en France et en Allemagne au XIXe siècle. 1990. – (Hrsg.) Philologiques II. Le maître de langues: Les premiers enseignants d'allemand en France (1830–1850). 1991. – (Mithrsg.) Les études germaniques en France 1900–1970. 1994. – (Mithrsg.) Philologiques III. Qu'est-ce qu'une littérature nationale? Approches pour une théorie interculturelle du champ littéraire, 1994. – Aufsätze zu Heine, Börne, deutschen Emigranten in Paris im 19. und 20. Jh., zur Sozialgeschichte der deutsch-französischen Kulturbeziehungen und zum Kulturtransfer.

Lyrik-Anthologien
aus der deutschen Literatur

Auswahl

Blumen auf den Weg gestreut. Gedichte. (H. Wunderlich) 308 S. 16 Farbabb. Geb.

Deutsche Balladen. (K. Nussbächer) 647 S. UB 8501 – auch geb.

Deutsche Gedichte. (D. Bode) 368 S. UB 8012 – auch geb.

Deutsche Gedichte 1930-1960. (H. Bender) 463 S. UB 7914

Deutsche Gedichte der sechziger Jahre. (H. Piontek) 294 S. UB 8211

Deutsche Gedichte des 18. Jahrhunderts. (K. Bohnen) 455 S. UB 8422 – auch geb.

Deutsche Großstadtlyrik vom Naturalismus bis zur Gegenwart. (W. Rothe) 525 S. 8 Abb. UB 9448

Deutsche Liebeslyrik. (H. Wagener) 429 S. UB 7759 – auch geb.

Deutsche Lyrik-Parodien aus drei Jahrhunderten. (Th. Verweyen / G. Witting) 335 S. UB 7975

Deutsche Sonette. (H. Kircher) 541 S. UB 9934

Deutsche Unsinnspoesie. (K. P. Dencker) 117 S. UB 9890

Gedichte des Barock. (U. Maché / V. Meid) 413 S. 4 Abb. UB 9975

Gedichte des Expressionismus. (D. Bode) 261 S. UB 8726

Gedichte der Romantik. (W. Frühwald) 532 S. UB 8230 – auch geb.

Der Göttinger Hain. (A. Kelletat) 456 S. 5 Abb. UB 8789

Kalendergeschichten. (W. Theiß) 432 S. 47 Abb. UB 9872

»Komm, heilige Melancholie«. Eine Anthologie deutscher Melancholie-Gedichte. (L. Völker) 592 S. 36 Abb. UB 7984 – auch geb.

Konkrete Poesie. (E. Gomringer) 176 S. UB 9350

Kristallisationen. Deutsche Gedichte der achtziger Jahre. (Th. Elm) 182 S. UB 8827

Lyrik des Exils. (W. Emmerich / S. Heil) 511 S. UB 8089

Lyrik des Jugendstils. (J. Hermand) 95 S. UB 8928

Lyrik des Naturalismus. (J. Schutte) 260 S. UB 7807

Lyrik für Leser. (V. Hage) 159 S. UB 9976

Moderne deutsche Naturlyrik. (E. Marsch) 336 S. 6 Abb. UB 9969

Nichts ist versprochen. Liebesgedichte der Gegenwart. (H. Gnüg) 254 S. UB 8559

Rheinreise. Gedichte und Lieder. (W.-D. Gumz / F. J. Hennecke / W. Ross) 415 S. 21 Abb. Geb.

Die vier Jahreszeiten. Gedichte. (E. Kleßmann) 291 S. Geb.

Philipp Reclam jun. Stuttgart

Gedichte und Interpretationen

Diese bislang größte Interpretationssammlung in historischer Folge ist für Lehrende und Lernende an Schulen und Hochschulen gedacht und soll ebenso allen anderen interessierten Lesern Zugang zu einzelnen Gedichten – oft zu sehr berühmten Gedichten – und lyrischen Epochen öffnen. Die Auswahl der Texte und ihre Deutung sind so angelegt, daß die jeweils epochenspezifischen Formen und Themen an repräsentativen Beispielen vorgeführt werden und eine verläßliche Abfolge zu einer Geschichte der deutschen Lyrik sich ergibt. Die textnahen, den Argumentationsverlauf und die Gestaltung der Gedichte erschließenden Interpretationen sind selbstverständlich mit den notwendigen geistes- und sozialgeschichtlichen Erläuterungen verbunden; Sekundärliteratur zur ferneren Orientierung wurde beigefügt.

Band 1: *Renaissance und Barock.* Hrsg. von Volker Meid. 416 S. UB 7890

Band 2: *Aufklärung und Sturm und Drang.* Hrsg. von Karl Richter. 464 S. UB 7891

Band 3: *Klassik und Romantik.* Hrsg. von Wulf Segebrecht. 464 S. UB 7892

Band 4: *Vom Biedermeier zum Bürgerlichen Realismus.* Hrsg. von Günter Häntzschel. 448 S. UB 7893

Band 5: *Vom Naturalismus bis zur Jahrhundertmitte.* Hrsg. von Harald Hartung. 428 S. UB 7894

Band 6: *Gegenwart.* Hrsg. von Walter Hinck. 430 S. UB 7895

Alle sechs Bände auch in Kassette erhältlich.

Außerdem: *Deutsche Balladen.* Hrsg. von Gunter E. Grimm. 473 S. UB 8457